KB054132

테크노소셜리즘

The Rise of Technosocialism

테크노소셜리즘

브렛 킹 · 리처드 페티 지음 | 안종희 옮김

매일경제신문사

추천사

당신의 테크노소셜리즘은 어떤 맛인가? 나의 절친 피터 다이아먼디스(엑스프라이즈 재단 CEO, 실리콘밸리가 주목하는 혁신기업가)는 종종 내가 테크노소셜리즘technosocialism이라는 용어를 만들었다고 말한다. 그 말이 사실인지 모르겠지만 나는 이 용어를 1988년쯤 국제우주대학교International Space University에서 첫 수업을 할 때부터 사용하기 시작했다. 그 수업은 전 세계에서 온 100명 이상의 대학원생과 함께 한 아주 멋진 시간이었다. 중국과 당시 소련 출신 학생들은 사회주의로 인한 빈약한 조건과 기회 부족에 대해 은밀히 토론했다. 소련 학생들은 변화를 내다보며 흥분을 감추지 못했고, 특히 그해 여름 소련 정부가 모든 역사 강의를 취소하고 모든 사람에게 거짓 역사를 가르쳤다는 점을 인정했을 때 그러했다.

서류상으로 소련의 사회주의 헌법은 모든 사람에게 평등과 번영을 보장했다. 하지만 현실적으로 소련의 시스템은 세계 역사상 가장 심각한 참극을 만들어냈다. 지배계층은 모든 권력뿐만 아니라 모든 부를 장악했다.

유럽 학생들은 공산주의의 온건한 버전인 사회주의를 지지했다. 이론적으로 사회주의는 재산을 소유할 수 있지만, 나를 비롯한 많은 이들은 그들 모두 동일한 문제에 시달릴 것이라고 생각했다. 이를테면 엘리트 계층이 사회를 통제하고 공동의 이익은 평등하게 배분되지 않을 것이다. 사람은 최선을 다해 일하고 기꺼이 자기 노동의 성과물을 모든 사람과 공평하게 나누는 이상적인 기계가 아니다.

솔직히 말해보자. 의욕이 넘치는 사람들은 최선을 다해 자신의 몸과 마음을 활용한다. 어떤 이는 이타적이지만, 어떤 이는 동기가 부족하여 정치체계의 결함을 이용해 살금살금 자신의 길을 개척하며 상층부로 올라간다. 안타깝게도 이런 썩은 사과가 많지 않아도 시스템은 망가질 수 있다. 인간은 이성적으로 고귀하지만, 한편으로 심각한 결함이 있는 존재다.

인간이 이런 상황에서 벗어난다면 어떻게 될까? 과학기술을 통해 인간의 필요를 해결할 수 있다면 어떻게 될까? 인공지능과 로봇처럼 급격히 발달하는 과학기술이 다른 유형의 사회주의 혁신을 통해 우리의 모든 필요가 충족되는 사회를 만들어낼 수 있고, 결국 그렇게 될 것이라고 보는 것은 타당하다. 혁신 덕분에 높은 수준의 주거, 식량, 의료, 에너지, 교육, 교통이 거의 무료로 제공된다면 어떻게 될까? 우리는 이른바 테크노소셜리즘을 맞이하게 될 것이다.

내가 말하는 테크노소셜리즘은 정부보다는 스마트한 기업가들이 인간의 필요를 채워주는 혁신이나 기업과 관련이 있다. 우리는 이미 이런 시스템의 초기 단계에 살고 있다. 예컨대 구글과 덕덕고DuckDuckGo와 같은 인터넷과 검색엔진들은 지식의 독점적 지위를 없애고 민주화했다. 무선 기술과 스마트폰은 세계 인구의 65%에게 과거에 비해 아주 적은 비용으로 저렴하고 고품질의 음성 및 영상 통화를 제공하고 있다. 사물인터넷과 결합한 인공지능은 교육을 급속하게 발전시키고 있다. 곧 모든 사람이 일주일에 몇 달러만 내고 수준 높은 온라인 인공지능 교사를 통해 완벽한 교육을 받을 수 있을 것이다. 교육은 각 학생의 특성에 맞게 그들의 특별한 능력과 관심에 맞추어 제공될 것이며, 지금보다 훨씬 더 나아질 것이다.

인공지능에 의해 구동되는 인간을 꼭 닮은 기계인 휴머노이드 등의 다른 로봇이 등장하면 대부분의 인간노동을 대체하여 많은 이들에게 두려움을 안겨 줄 것이다. 나는 비욘드 이매지네이션(BE)_{Beyond Imagination}라는 회사를 운영한다. 이 회사의 공동설립자는 나를 포함하여 레이 커즈와일, 폴 제이컵스, 토니 로빈스, 그 외 다른 전문가들이다. 2021년 우리는 고도로 발전된 범용 휴머노이드 로봇 비옴니_{Beomni}를 완성했는데, 비옴니는 인간 조종사에 의해 훈련된 인공지능 엔진을 장착하고 있다.

비옴니의 등장으로 임금 증가로 인한 고용주들의 걱정을 덜어줄 수 있을 것이다. 획기적인 혁신을 통해 인간은 아바타 모드로 비옴니를 조종할 수 있으며, 비옴니가 어디에 있든지 전 세계의 사람들은 무선 또는 와이파이 연결을 통해 로봇에 접근하여 원격 작동할 수 있다. 비옴니는 기회를 민주화하고 접대 서비스, 건설업, 광산업, 농업 분야는 물론, 엔지니어, 간호사, 의사와 같은 화이트칼라 직업에 적용할 수 있는 즉각적인 서비스 분야를 창출할 것이다.

비옴니는 등장 초반에는 인간의 일자리를 없애지 않고 오히려 만들어 낼 것이다. 점차 시간이 지나면서 이 시스템은 인간 활동을 통해 일을 배우고 점차 준 자율형 로봇으로 발전하여 한 사람이 동시에 많은 곳에서 일할 수 있도록 해줄 것이다. 최종적으로 비옴니는 완전한 자율형 로봇으로 발전해 인간의 일자리를 대체할 것이지만 이것은 인간에게도 좋은 일이다. 비옴니는 다른 자율 로봇과 함께 모두를 위한 번영을 증진할 것이며, 의료에서부터 교통에 이르기까지 모든 비용이 감소함에 따라 지구의 빈곤도 줄어들 것이다. 비옴니와 같은 로봇이 모든 곳에 사용되면 인류의 다양한 필요들이 공평하게 충족되고 그 중요성이 감소될 것이다.

이 말은 의사와 같은 자동화된 전문직 노동력을 언제 어디서나 만날 수 있다는 뜻이다. 예방적 의료서비스를 제공할 수 있는 인공지능이 장착된 로봇 의사를 이용할 수 있게 되면 모든 사람, 특히 사물인터넷과 연결된 사람들은 최고 수준의 건강을 누릴 수 있을 것이다. 로봇 의사는 당신의 건강 상태를 진찰해 즉시 문제를 확인하고 처방을 내려줄 수 있을 것이다. 양자컴퓨터와 함께 인공지능은 빠르게 발전할 것이며, 지금처럼 재생에너지와 배터리 저장장치의 놀라운 기술 발전으로 이어질 것이다. 저렴한 청정에너지와 모든 노동을 수행할 수 있는 로봇이 결합하면 식료품은 물론 다양한 물질적 재화, 주택과 도로와 같은 사회기반시설이 거의 무료가 될 것이다.

이 책에서 제시하는 테크노소셜리즘의 몇 가지 버전은 기술이 일자리를 대체하기 때문에 실직한 인간의 기본적인 필요를 충족하기 위한 보편적인 재원이 필요할 것이라고 주장한다. 내가 보기에 이것은 문제를 해결하기보다 더 큰 문제를 이끌어내는 논리다. 하지만 나의 의견에 동의할 필요는 없다. 당신 스스로 생각해보고 가능성을 탐색하기 바란다. 이것이 당신이 읽고 있는 이 책을 내가 좋아하는 이유다. 《테크노소셜리즘》은 폭넓은 주제와 잠재적 미래 전망에 관한 논의를 열어줄 것이다. 내 의견에 동의할 필요는 없지만 이런 주제에 대해 생각하고 토론할 필요는 있다.

토론을 통해 테크노소셜리즘에 대한 당신의 관점이 넓어질 것이다. 당신은 역사적으로 기술 발전의 모든 단계에서 혁신이 특정 일자리를 대체하면서 더 많은 일자리를 창출했다는 사실을 깨닫게 될 것이다. 농업과 제조업 분야의 자동화는 일자리 증가, 부상자와 사망자 감소, 그리고 생산 증대로 이어졌다. 그렇다. 물론 일자리를 잃는 사람들이 있을 것이다. 따라서 우리는 그런 실직자를 위한 사회안전망과 재훈련을 보장해야 한다. 테크노소셜리즘의 기본적인 요점은 정부 개입 없이 모든 사람의 필요를 충족시키는 것이다.

우리의 필요를 충족시키기 위한 비용은 현저히 낮아지고 동시에 재화와 서비스의 질이 급격히 개선되면, 우리가 일해야 하는 노동시간은 줄어든다. 그러면 가족, 운동, 여가활동, 더 고상한 목적을 위해 더 많은 시간을 사용할 수 있다. 로봇이 대부분의 노동을 완벽하게 대체하게 되면 사람들은 타인을 돕고, 환경과 노인을 보살피면서도 소득을 얻을 수 있다.

코로나19가 강타할 때까지 나는 매년 2주 동안 휴가를 내 중학생들을 가르쳤다. 그들은 인공지능과 로봇의 세계에서 성장한 아이들이었다. 나는 사물인터넷, 양자컴퓨팅, 3D 프린팅, 자율주행차에 대해 가르쳤다. 그들은 부모 세대가 종사했던 단순한 일자리가 미래에는 사라질 것이며 각자의 지성을 개발하기 위해 어느 때보다 더 열심히 공부해야 한다는 것을 바로 이해했다.

내가 주장하는 테크노소셜리즘은 당신이 어떤 일이든 스스로 일을 하고 있는 한 대단히 유용할 것이다. 이미 부유한 사람들의 자녀와 손주들을 위한 보편적 기본소득(UBI)이 존재하지만 이들 손주의 90퍼센트가 노동의 가치에 대한 이해가 부족하고, 무언가를 이루기 위해 분투하는 것에 익숙지 않고, 돈을 이해하지 못하는 탓에 물려받은 재산을 잃을 것이다. 창의적이지 못한 사람들에게 글로벌 경제를 창출하는 일은 악몽과 같다.

마지막으로 나는 환경 문제에 대해 기술적 해결책을 확신하는 신봉자다. 그래서 나는 친구인 존, 제프와 함께 2017년 엑스프라이즈 비전 행사에서 탄소추출상Carbon Extraction Prize을 제정했다. 일론 머스크는 이 상을 위해 올해 무려 1억 달러 이상의 기금을 제공했다. 더 이상의 환경 파괴를 막는 것만으로는 부족하다. 우리는 환경을 복구해야 하며 그것은 테크노소셜리즘을 통해 가능하다. 인간이 버린 쓰레기로 오염된 수많은 강과 바다에 수많은 로봇이 청소작업을 수행하는 걸 상상해보라. 이것이 내가 그리는 테크노소셜리즘이다. 당신의 테크노소셜리즘은 어떤 모습인가?

미국 로봇 스타트업 '비욘드 이매지네이션'의 최고경영자
해리 클로어Harry Kloor

테크노소셜리즘

21세기는 인류 역사상 가장 파괴적이고 논쟁적인 시대가 될 것이다. 이 세기에는 그동안 정치, 경제, 사회구조 면에서 가장 신성시하던 이데올로기가 도전받을 것이다. 인류는 이전에는 상상할 수 없었던 방식으로 환경에 적응해야만 할 것이다.

매우 낙관적인 요소도 많지만 인류는 집단적 목표와 목적을 위해 단합해야 할 것이다. 인공지능의 등장으로 우주의 최대 미스터리를 해결하는 데 가까이 가고, 아울러 사회가 자동화되어 실로 막대한 부와 번영이 주어질 것이다. 우리는 곧 인간 수명을 늘리고 인간을 다중행성 생물종으로 만들고, 남성, 여성, 노인, 아이 할 것 없이 모든 인간의 욕구를 채워줄 기술을 갖게 될 것이다. 10~20년 이내 우리는 전 세계 에너지 시스템을 완전히 재생에너지로 재편하고, 21세기에 가능해질 경제 발전을 통해 교육, 의료, 주거, 소비, 식량, 농업을 전혀 다른 개념으로 만드는 여정을 시작할 것이다.

우리는 이 책에서 자세히 다루는 내용이 미래의 잠재적 결과를 설명하는 최소한의 설명이라고 믿는다. 미래는 기술이 중심이 되고 집단적 사회의식과 목적이 중시되는 세계가 될 것이다. 이런 표현이 사회주의나 베네수엘라의 경제 붕괴 또는 마르크스의 책들에 대한 우파들의 고전적인 보수적 관점을 떠올리게 만든다면 그런 단순하고 순진한 생각은 그만두기 바란다. 그것은 결단코 우리가 이야기하려는 내용이 아니다.

우리는 일어나고 있는 사실을 직시할 뿐이다. 심각한 위기가 정기적으로 세계를 계속 강타하고, 다양한 트렌드, 힘을 얻는 새로운 세력, 동시에 불거지는 사회 문제들 때문에 세계 곳곳에서 민주주의와 자본주의를 비롯한 서구의 정치적 이상에 대한 전통적인 관점에 이의를 제기할 것이다. 이것은 포용과 정책 측면에서 정부, 민간, 비정부기구에 의한 거대한 변화를 요구하는 전 지구적 사회운동으로 설명할 수 있을 것이다. 만약 새롭게 등장하는 지정학적, 경제적 현실을 더 잘 설명하는 용어를 찾는다면 우리는 그것을 받아들일 것이다.

'신자본주의'라는 용어는 어떨까? 아니다. 자본주의는 이런 의도치 않은 결과의 핵심 동인이자, 사회분열과 빈약한 인센티브를 만들어낸다. '21세기 민주주의'라는 용어는 어떨까? 아니다. 이것은 소셜 미디어, 인공지능, 기술이 정치적 이슈와 정책에 미칠 영향을 설명하는 것과 거리가 멀다. '포퓰리즘'이라는 용어는? 아니다. 포퓰리즘 운동은 매번 실패 하는 시스템의 매우 일반적인 증상이다. 기존 세력에 대한 반대 급부일 뿐 정치적, 사회적 분열에 대한 해결책이 아니다.

20세기에 우리가 경험한 폭넓은 정치 스펙트럼을 생각해보자.

미국의 민주당은 흔히 중도와 급진 좌파 사이에 해당한다고 생각되지만, 실제로 세계 역사적 관점에서 보면 민주당은 사회주의보다는 중도 우파에 가깝다. 보편적 의료, 무상 교육, 강력한 사회보장과 같은 이슈는 정부를 급진 좌파로 만들지 않는다. 사실, 오늘날 이러한 기본적인 서비스를 보장하는 많은 민주 국가들은 중도 우파에 해당한다.

새롭게 등장하는 주요한 힘들이 21세기에 고전적인 정치 스펙트럼을 완전히 뒤집어놓을 가능성이 있다. 첫째, 높은 수준의 자동화가 '큰 정부'를 효율적으로 만들 것이다. 기술 덕분에 20세기에 지불했던 비용과 노력의 일부만으로도 국민이 정부에 기대하는 모든 서비스를 제공할 수 있기 때문이다. 둘째, 기후문제, 팬데믹, 불평등 확대의 영향으로 세계 통치구조가 점차 폭넓은 집단적 권리와 정책에 초점을 맞출 수밖에 없을 것이다. 셋째, 가치체계의 변화로 인해 고전적인 자본주의에서 벗어나 공동체를 우선으로 하는 보다 지속 가능하고 포용적인 대안으로 바뀔 것이다.

각국 정부가 기후변화와 반복적인 팬데믹에 대응하기 위해 세계적으로 협력하면서 더욱 협력적인 통치구조가 만들어질 것이다. 사회적 기여와 환경 책임에 초점을 맞춘 전략과 함께 인간의 대량 실업을 완화하는 방식으로 높은 수준의 자동화를 적극적으로 도입할 것이다. 그렇게 하지 않으면 국가 이미지가 추락할 것이다.

경제적으로 우리는 폭발적인 불확실성의 시대로 접어들고 있다. 지난 40년 동안 우리는 세계에서 가장 부유하고 많은 수익을 올리는 개인과 기업들을 모방해왔다. 하지만 변화가 가속화되면서 점점 사회의 많은 사람들이 뒤처지고 있다. 부유한 개인의 수와 기업 이익의 규모는 지구 환경 문제를 고려할 때 더 이상 거시경제적 성공의 긍정적인 주요 지표로 간주될 수 없다.

　기술이 공급과 수요의 경제를 재편하면서 자본 시장은 바뀔 것이며 노동 참여의 모습도 완전히 뒤바뀔 것이다. 각국 정부가 사람들을 충분히 교육하고 재훈련하며 지원하지 않는다면, 아울러 다음 세대가 요구하는 인프라에 투자하여 21세기 경쟁력에 초점을 맞추지 않는다면, 그 결과는 처참할 것이다. 기술에 기반해 전통적인 직업을 재배치하는 문제와 별개로, 대다수 국민이 자신에게 경제적 미래가 없고 사회에서 실제로 가치 있는 역할도 하지 못하고, 다른 사람들이 즐기는 성공에 자기 몫이 없다는 것을 깨닫는 것은 보다 철학적인 문제가 될 것이다. 이런 와중에도 새로 등장하는 수익성이 높은 산업은 적절한 계획이 뒷받침되지 못한 교육 기회의 부재와 잘못된 이민 정책 때문에 심각한 노동력 부족에 시달릴 수 있다.

　'테크노소셜리즘'은 완전히 새로운 것이 아니다. 이것은 국민의, 국민을 위한 철학이며, 놀라운 기술 발전에 의해 가능하며 현 상태에 대한 지속적인 도전을 통해 강화된다. 우리는 정책과 기술을 함께 활용하여 공동체의 집단적인 기본적 필요를 보장하고, 더 폭넓은 사회통합과 불확실성과 가변성을 낮추는 더 나은 일에 집중해야 할 것이다. 사회주의의 특징이 집단의 필요를 강조하는 것이고 과학기술이 그런 필요에 부응하여 훨씬 더 저렴한 정치적, 경제적 비용으로 해결해준다면, 논리적으로 볼 때 기존의 방식보다 한결 더 효율적이고 경제적일 것이다.

이 책에서 우리는 미래의 잠재적인 결과를 다양하게 살펴본다. 미래학자, 기업가, 학자로서 우리가 가장 우려하는 것은 우리의 사회적, 정치적, 경제적 모델이 빠르게 다가오는 미래에 얼마나 적응할 것인가이다. 역사의 교훈은 이런 미래가 거의 불가피하다고 말한다. 전체적으로 볼 때 우리는 두려울 정도로 무방비 상태다. 왜 그럴까? 우리가 지난 200년 동안 불확실성과 불평등을 초래하는 기계와 시스템을 만들고, 강화하고, 장려했기 때문이다. GDP, 일자리, 분기 실적, 선거 주기에 관한 단기적 강조는 몇 년 단위의 장기 계획을 세울 능력을 약화시키고 흔히 문제를 뒤로 미루게 만든다. 이러한 근시안적 단기적 시각은 점점 더 심각해져서, 우리가 집단적 차원에서 새로운 현실에 적응하지 못한다면 더 큰 문제가 발생할 것이다. 인간이 하나의 생물종으로 존속하려면 더 장기적인 계획 주기, 더 폭넓은 경제적 참여를 받아들여야 한다.

이 책은 미래의 혹독한 현실을 직면하는 내용이다. 이 책은 오늘날의 사회변동과 향후 발전과정을 살펴보고, 아울러 우리의 안정, 자유, 건강한 미래에 대한 위험을 완화하기 위한 실제적이고 성숙한 정책에 대해 논의한다. 또한 망가진 현재 시스템을 고수할 경우 벌어질 결과에 대해서도 살펴본다.

우리는《테크노소셜리즘》이 당신의 미래, 가족의 미래, 지역사회의 미래에 대해 숙고하는 계기가 되길 바란다. 낙천주의자인 우리는 이런 변화를 통해 우리가 분열되지 않고 모두를 위한 더 번영하고 포용적인 미래를 만들 수 있다고 믿는다. 무엇보다 중요한 것은 우리 모두의 의견 일치다.

CONTENTS

PART 3 · 기술 슈퍼부자들

PART 4 · 짤 가요, 아담 스미스!

PART 5 · 최적의 인류

PART 9 · 미래의 경제학

PART 10 · 테크노소셜리즘의 부상

PART 1

급증하는 불확실성

"정부의 목적은 국민이 안전하고 행복하게 살 수 있게 하는 것이다.
정부는 통치자들이 아니라 통치를 받는 사람들의 이익을 위해 존재
한다."

미국 제3대 대통령 토머스 제퍼슨

불과 21일 만에 세계 최대 경제 대국이 무릎을 꿇었다. 이 기간은 코로
나19 바이러스 환자가 시애틀에서 처음 확진된 2020년 1월 20일을 시
작으로 2월 11일까지다. 이 시기에 미국 주식시장은 역대 최악으로 폭
락하기 시작하여 결국 시가 총액의 3분의 1 이상이 날아갔다. 이 모든
사태는 고작 직경 0.125마이크론에서 125나노미터 크기의 바이러스
탓이었다. 코로나19 바이러스로 명명된 SARS-CoV-2 바이러스는 머리
카락 크기보다 400배나 작은 '숨은 복병'이었다.

2020년 5월 말 미국인 4명 중 1명이 실업수당을 신청했고 총실
업자수는 4,000만 명을 넘어섰다. 코로나19 바이러스 위기 이전엔
미국에서 단 한 주도 실업자가 백만 명 넘게 발생한 적이 없었다.

하지만 미국 대선이 있었던 2020년 6개월 동안 매주 평균 100만 명이 새로 실업을 신고했다(5월 넷째 주에 200만 명의 실업자가 발생해 정점에 이르렀다). 국제노동기구(ILO)는 2020년 2분기 말에 전 세계적으로 적어도 1억 9,500만 명이 대량 실직하고 총 노동시간의 6.7%가 감소할 것으로 추정했다. 하지만 이런 부정적인 영향이 모든 경제 계층에 똑같이 적용된 것은 아니었다.

영국의 경우 가장 빈곤한 지역의 코로나19 바이러스 감염병 사망자는 가장 부유한 지역에 비해 두 배 더 많았다(영국통계청). 당시 미 연준의장 제롬 파월은 5월의 한 연설에서 연 소득 4만 달러 이하인 가구의 40%가 2020년 5월에 적어도 가구원 중 한 사람이 실직했다고 말했다. 아스펜 연구소의 금융 안보 프로그램과 코로나19 퇴거 방지 프로젝트는 실직 및 임금 감소 예측치를 기초로 1,900만에서 2,300만 명에 달하는 미국 세입자들이 2020년 말에 쫓겨날 위험이 있다는 결론을 내렸다. 이는 미국 전체 세입자의 21%에 해당한다. 비슷한 예로, 2020년 6월 부동산 투자기업 애머스트 캐피털Amherst Capital은 2,800만 가구(6,400만 명)가 코로나19로 인해 퇴거당할 위험이 있다고 추정했다. 2020년 11월 뉴욕 레스토랑의 88%가 임대료를 내지 못했다.

뉴욕시 보건부는 이 위기 동안 뉴욕에 사는 아프리카계와 라틴계 미국인들이 코로나19 바이러스로 사망할 확률이 백인들보다 두 배 이상이라고 발표했다. 이것은 유전학적 문제가 아니라 접근성과 치료 비용 문제, 즉 가장 빈곤한 계층과 부유한 계층 간의 의료 불평등과 관련된 문제였다.

시장의 실패

코로나19는 의학의 실패라기보다는 자유 시장경제와 통치 형태의 실패라고 분명히 말할 수 있다. 미국은 임박한 팬데믹에 대비해 산소호흡기, 항바이러스 치료제, 그 외 의약품을 비축할 수 있는 여유가 충분히 있었다. 하지만 실제로는 그렇게 하지 못했다. 자유 시장경제는 필요한 만큼 신속하게 대응하지 못했다. 의료 시장이 정상적으로 돌아간다 해도 난데없이 갑자기 출현한 바이러스에 동시에 감염된 수백만 명의 사람들에게 필요한 물품을 몇 주 안에 제공할 능력이 없었다.

사람들은 미국 의료체계가 자유시장 모델이라고 주장하지만, 코로나19는 이 모델이 소득수준에 상관없이 바이러스 감염에 직면한 모든 미국인에게 공정하지도, 공평하지도 않다는 사실을 보여주었다. 코로나19는 자유시장 모델에는 본질적으로 더 큰 공공선 또는 사회적 선을 위한 핵심 지표가 없다는 것을 확실히 보여주었다. 코로나19로 인한 1일 사망자가 9/11 테러 사건 사망자보다 더 많았고, 코로나19로 인해 10만 개 이상의 기업이 문을 닫았고, 최소 3,000만 명이 실업수당과 경기부양 지원금으로 살아가는 동안에도 주식시장은 급격히 상승했다.

과거 20년 이상 잠재적 팬데믹에 대해 경고한 터라 팬데믹이 상상력의 실패라고 주장하기도 어렵다. 2005년 미국 보건복지부와 질병통제예방센터(CDC)는 코로나19 유형과 비슷한 팬데믹 시나리오를 분명히 예상하고 인플루엔자 팬데믹 대응계획을 만들었다. 이 팬데믹이 코로나19인지는 정확히 몰랐지만 어쨌든 발생할 거라는 사실은 알았다. 어떻게? 인류 역사에서 팬데믹은 주기적으로 발생했기 때문이다.

> "사람들은 이렇게 묻습니다. '지금 이 순간 당신을 가장 잠 못 들게 하는 것은 무엇인가요?' 두말할 것도 없이 인플루엔자 팬데믹입니다. 여기에 모인 모두가 아마도 같은 생각일 것입니다."
>
> 미국 보건복지부 장관, 알렉스 아자르(2018.04.17.)

세계보건기구(WHO) 역시 2004년부터 스페인 독감 유형의 인플루엔자에 대한 대응계획을 갖고 있었다. 최악의 상황이 닥치자 이 계획은 국제정치, 과학에 관한 논쟁, 의사소통의 미비, 주·연방 기관·다른 국가·다국적기구 간의 형편없는 조율 문제가 겹치면서 제대로 실행되지 않았다. 팬데믹을 잘 대비하여 즉시 단호하게 행동한 정부들도 바이러스의 감염 피해나 경제적 타격을 피하지 못했다. 팬데믹은 대체로 정치적인 의제로 다루어지지 않는다. 하지만 심각한 팬데믹이 마지막으로 발생한 지 백 년이 지났고 그동안 내내 준비했음에도 불구하고, 코로나19는 전 세계를 혼란 상태에 빠뜨렸다. 코로나19의 광범위한 영향을 이해하려면 아직도 몇 년을 더 지켜보아야 하고, 정상 상태로 회복하려면 사회적 변화가 꼭 필요할 것이다.

빌 게이츠는 유명한 2005년 테드 강연에서 이미 코로나19 바이러스와 비슷한 팬데믹의 발생이 시간 문제에 불과하다고 언급하면

테크노소셜리즘

서 효과적인 세계적 대응 역량을 갖추기 위해 함께 노력하자고 촉구했다. 코로나19가 발생했을 때 그의 예측이 너무나 공교롭다고 생각한 음모론자들은 빌 게이츠가 자신이 옳다는 것을 증명하고 백신 제조를 통해 이익을 얻으려고 바이러스를 만들었다고 말했다. 빌 게이츠 부부의 입장을 생각해보자. 전 세계적으로 빈곤을 줄이기 위해 수십억 달러를 기부하고 소아마비와 같은 질병을 치료하는 데 주목할 만한 성공을 거두었음에도 불구하고, 이런 노력이 모두 미래의 코로나19 백신을 통해 사람들의 몸에 마이크로칩을 이식해 두뇌를 통제하기 위한 것이라는 비난을 받다니? 사실, 빌 게이츠에게 특별히 선견지명이 있었던 것이 아니었다. 그는 전 세계 면역학자들과 감염병 학자들이 그랬듯이 팬데믹이 시간문제라는 것에 동의했을 뿐이었다.

봉쇄 조치의 실효성, 스웨덴의 이례적인 대응 방식, 아시아 국가들이 미국 같은 국가들보다 팬데믹에 훨씬 더 잘 대응한 이유에 관한 논쟁이 격렬하게 지속되었다. 세계 곳곳에서 항의자들이 봉쇄 조치 해제를 촉구하며 시위를 벌였다. 주요 도시의 의료진들은 어찌할 바를 몰랐고 육체적으로 정서적으로 한계 상황에 내몰렸다. 2020~2021년 겨울로 접어들자 미국의 코로나19 환자가 급증하면서 팬데믹이 악화되었다. 코로나19 바이러스는 우리가 좀처럼 상상해본 적 없는 정치적, 사회적, 경제적 시스템이 제대로 작동하지 않을 수도 있다는 사실을 분명히 보여준다. 더 심각한 위기가 닥친다면 과연 어떤 일이 벌어질까?

초기 대응은 적절했을까?

일부 정부의 코로나19 바이러스 대응 정책이 팬데믹 초기에 피해를 줄이는 데 확실한 효과를 보여주었음에도 어떤 정부는 이와 같은 대응 정책을 거부했다. 대만은 사람 간 전파가 확인되기도 전에 우한에서 오는 입국자들에게 바이러스 검사를 받게 했다. 2020년 2월 1일 세계보건기구가 초기에 이런 제한 조치가 불필요하다고 (잘못) 발표했을 때도 홍콩, 대만, 싱가포르는 중국 본토에서 출발한 여행객에 대한 제한 조치를 시행했다.

2003년 사스(SARS) 이후, 대만은 팬데믹을 대비한 중앙통제센터를 설치했다. 2020년 1월 20일 이 센터는 코로나19 바이러스에 대한 정부의 대응을 조정했다. 통제센터는 국경 통제, 학교 및 직장 정책, 공공 의사소통 계획, 의료자원 평가를 포함한 124개의 조치 목록을 만들었다.

1월 20일 대만 질병통제예방센터는 정부가 4,400만 장의 외과수술용 마스크, 190만 장의 N95 마스크, 1,100개의 음압 병실을 확보해두었다고 발표했다. 당시 대만의 부통령은 우연히도 저명한 감염병 전문가였다. 그는 정기적인 브리핑을 통해 마스크 착용 시기, 손 씻기의 중요성을 안내하고, 마스크를 사재기하면 일선 의료종사자들이 필요한 장비를 이용할 수 없다고 설명했다. 이것은 지금으로선 당연하고 간단한 방법처럼 보이지만 팬데믹 초기에는 일반적이지 않았다. 그 덕에 2021년 상반기 기준, 대만의 코로나19 바이러스 사망자는 불과 187명이었다.

싱가포르의 경우 독감, 감기 증상 또는 열이 있는 사람들은 모두 즉시 코로나19 바이러스 검사를 받도록 했다. 정부는 지역 신문에 전면 광고를 싣고, TV와 라디오에 광고를 내보내 사람들에게 아프면 집에 머무르라고 촉구했다. 지난 2003년 사스 사태를 겪은 후 싱가포르는 여러 정부 기관이 참여하는 합동 태스크포스를 만들어 미래의 팬데믹 발생 시 개입과 홍보를 조정하도록 했다. 이 태스크포스는 2009년 HINI 팬데믹, 그리고 2016년 지카Zika 바이러스 확산 때에 가동되었다. 또한 코로나19 바이러스 팬데믹이 발생한 2020년 1월에도 다시 운영되었다. 싱가포르는 2월 중순까지 도시국가 전역에 1,000개 이상의 바이러스검사소를 설치했다. 뉴욕시 맨해튼은 싱가포르 크기의 10분의 1 정도이지만 2020년 6월까지 검사소는 100곳에 불과했다. 4월 중순에 맨해튼의 검사소는 고작 9곳뿐이었다. 당시 싱가포르의 코로나19 바이러스 사망자는 33명이었다.

홍콩은 2003년에 발생한 사스에 큰 타격을 입은 도시였다. 우리 저자들은 사스가 유행하던 시기 내내 홍콩에서 살면서 사회의 변화 과정을 직접 목격했다. 버려진 쓰레기로 가득한 좁고 어두운 골목길이 깨끗하게 청소되었다. 모든 시민들은 공공장소에 있을 때 마스크를 썼다. 모든 항구, 은행, 주요 쇼핑몰, 빌딩에는 열화상카메라와 온도측정기가 설치되었다. 열이 있는 사람은 집이나 병원으로 보내졌다. 집에 도착하면 집 밖에서 신발을 벗고 집 안으로 들어와 손을 씻은 뒤 다른 물건을 만졌다. 그리고 옷을 바꿔 입고 입었던 옷은 세탁했다. 홍콩 정부는 1월 28일 재택 명령을 발표했다. 뉴욕은 3월 20일, 영국은 3월 23일에 재택 명령을 발표했다. 홍콩의 코로나19 바이러스 사망자는 200명이었다.

　코로나19 바이러스에 직면한 상황에서 이런 수준의 규제와 시민 참여는 서구사회에선 일반적이지 않다. 이탈리아의 경우 바이러스 확진자가 발생한 도시의 시장들은 졸업 파티를 연 가정을 방문하여 모임을 해산하기 위해 화염방사기로 위협해야 했다. 미국의 캔자스주, 미시간주, 노스캐롤라이나주, 오하이오주, 플로리다주에서는 시위자들이 거리로 나와 재택 명령에 항의하면서 제한 조치를 거부했으며 특히 마스크 착용을 반대했다. 마이애미 비치, 칸쿤, 뉴올리언스에서는 사람들이 모여 봄 방학을 맞이하여 파티를 열었다. 오하이오주 출신의 22세 학생 한 명은 이렇게 분명히 말했다. "코로나에 걸린다면 걸리고 말죠… 코로나가 무서워 즐거운 시간을 놓치진 않을 겁니다. 난 기다려왔어요. 오랫동안 마이애미 봄 방학을 고대했어요. 두 달이나 이 여행을 계획했어요. 이제 드디어 좋은 시간을 보내려고 한다고요."

　2주간의 봄 방학 동안 이런 이벤트에 참여한 수백 명의 학생이 코로나19 바이러스에 감염되었다. 일주일 뒤 12명 이상의 학생들이 사망했다. 루이지애나주의 지역 당국은 감염 위험이 낮다고 생각했지만 행사 뒤 한 달 만에 올리언스 카운티에서만 6,000명의 확진자와 약 400명의 사망자가 발생했다. 트럼프 대통령이 계속 밀어붙인 정치 집회로 인해서만 3만 명의 감염자와 700명의 사망자가 발생했을 가능성이 있다는 주장도 제기되었다. 전 세계에서 바이러스를 대대적으로 확산시킨 행사 목록을 집계해보니 감염자의 약 20%가 전 세계 코로나19 바이러스 환자의 80%를 감염시킨 원인이라고

　　　　　　　　　　　　　　　　　　　　　테크노소셜리즘

밝혔다. 그런 행사에서 사회적 거리두기와 마스크 착용이 지켜지지 않았기 때문이었다. 많은 미국인들이 마스크 착용이 효과가 없으며 경제 봉쇄가 개인의 권리에 대한 침해, 심지어 불법이라고 주장하기도 했다. 질병통제예방센터가 팬데믹 초기에 개인보호장비 부족 때문에 엇갈린 메시지를 발표한 것은 큰 실수였다.

2020년 12월 미국 인구는 세계 인구의 4%밖에 되지 않지만 미국의 코로나19 바이러스 감염자는 세계 코로나 확진자의 25% 이상이었다. 이 수치는 도저히 믿기 힘들어 보인다. 어떻게 세계 최고의 선진국이 이렇게 근본적으로 잘못된 대응을 할 수 있단 말인가?

유럽에서 시행 중인 법들은 싱가포르의 '트레이스 투게더Trace Together'와 같은 앱을 불법으로 규정한다. 다수의 서구 국가에서 개인의 자유는 사회의 집단적 필요보다 더 강조되었다. 코로나19 바이러스가 발생하자 주변 사람들의 이익에 반하여 행동할 수 있는 우리의 자유가 시험대에 올랐다. 마스크 착용부터 하나의 시험이 되었다. 당신의 개인적 권리(마스크 착용을 거부할 권리)가 (당신이 감염시킬 수 있는) 주변 사람들보다 더 중요한가?

〈MIT 테크놀로지 리뷰〉의 편집장 기디언 리치필드는 이것을 이렇게 표현했다. "우리가 너무 긴밀하게 연결되어 있으면 바이러스가 서로에게 전파될 수 있습니다. 하지만 배타적으로 고립되어 있으면 한 곳에서 일어난 일이 다른 곳에서 발생하는 일은 없습니다." 몇몇 국가가 다른 국가들보다 위기에 더 잘 대처하는 명확한 증거가 제시되었지만 위기에 몰린 국가들은 그 결과를 대부분 무시했다.

봉쇄 조치를 취하자 의도하지 않은 효과가 발생해 전체 인류를 위협했던 기존의 문제들이 해결되었다. 일부 세계 최대 도시들이 거의 전면적인 봉쇄 조치를 취한 뒤 몇 주 만에 대기오염 수준이 급격히 떨어졌다. 밀라노, 로마, 바르셀로나, 파리와 같은 유럽 도시들은 이산화질소 농도가 약 50% 떨어졌다.

인도의 펀잡주에서는 30년 만에 처음으로 주민들이 100km 이상 떨어진 히말라야산맥을 볼 수 있었다. 베니스에서는 운하가 너무 맑아서 운하 바닥에서 헤엄치는 물고기를 볼 수 있었다. 물고기는 거의 1세기 만에 처음 관찰되었다. 브라질의 멸종위기종 거북이 평상시라면 사람들로 붐볐을 해변에서 알을 낳는 모습이 목격되었다.

세계적으로 볼 때 흔히 스페인 독감으로 불리는 1918~1919년의 HINI 팬데믹이 마지막으로 발생한 것은 100년 전이다. 당시 우리는 미래의 팬데믹에 대해 논의하고 준비해왔지만(수십억 달러를 지출했다) 코로나19가 발생하자 이 모든 준비를 포기했다. 왜 그랬을까?

역사적으로 볼 때 인류 역사에서 경제적으로 가장 논쟁적인 지금 시기에, 코로나19 바이러스는 경제적 불확실성을 극단적으로 표출시켰다. 인류 역사상 가장 부유한 경제 기반을 갖고 있는, 믿기 어려울 정도의 놀라운 기술 발전의 시대에 왜 우리는 코로나19 바이러스와 같은 문제를 해결할 수 없을까? 상황은 더 나아지고 있는가? 아니면 더 나빠지고 있는가?

하나의 생물종으로서 우리는 동료 인간이 위협받는 상황이 되면 바이러스 확산을 막고, 빈곤을 없애고, 기후변화가 지구에 미치는

코로나19 바이러스 감염 시기 유럽의 이산화질소 농도

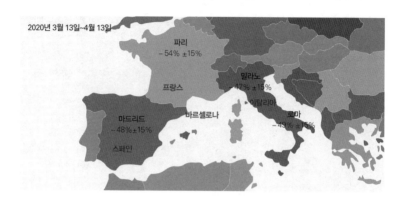

2020년 3월 13일~4월 13일

파리
−54% ±15%

밀라노
−47% ±15%

프랑스

이탈리아

바르셀로나

마드리드
−48%±15%

로마
−49% ±15%

스페인

출처: KNMI/ESA Copernicus)

영향을 줄이려는 지구적 행동을 강력하게 지지할 것으로 생각한다. 하지만 우리는 이런 위험을 완화하기 위해 함께 행동하지 못하고 있다. 실제로 많은 경우 치유 행동으로 이어질 의미 있는 정책은 차치하고, 이런 이슈들이 실제적인 문제인지 합의조차 못하고 있다.

2050년이면 해수면이 최소 60cm 상승하고 기온이 2℃ 상승할 것이라는 예측이 거의 확실시되는 지금, 마치 우리가 즉각 배출량을 제로 수준으로 줄일 수 있다는 듯이 경제 성장을 고려한 합리적인 탄소 감축에 목표를 두고 논쟁을 벌이고 있다.

우리는 지난 100년 동안 인간이 환경에 피해를 주고, 그 결과 대기질과 수질이 떨어지고 상당히 중대한 충격이 발생할 가능성이 있다는 점을 알고 있었다. 코로나19로 인한 사망자의 두 배 이상인

700만 명에서 800만 명의 사람들이 매년 환경오염으로 사망하는데도, 아직도 우리는 인간의 생명과 화석연료의 혜택을 맞바꾸고 있다. 이런 환경 손상이 우리의 해안선과 농업을 영구적으로 바꿀 것이며, 그로 인해 대량 이민과 식량부족이 발생할 것이라는 증거가 쌓여가고 있는 지금, 우리는 아직도 인류의 전 지구적 대응 여부를 놓고 논쟁을 벌이고 있다. 왜 그럴까?

상상력의 실패?

오늘날 16억 명의 사람들은 적절한 주거시설의 혜택을 누리지 못한다. 미국의 경우 코로나19 이후 노숙자가 250만 명 이상으로 급증한 것으로 추정되지만 1,700만 채 이상의 집이 비어 있다. 세계 인구의 10% 이상이 굶주리고 있으며, 식량 안보에 관한 불안이 코로나19 팬데믹 기간 동안 급증했다. 한창 좋은 시절 미국이 연간 식량 생산량의 40%, 즉 6,300만 톤을 폐기했던 것과 달리 미국에서만 3,800만 명의 사람들이 굶주렸다. 전 세계적으로, 식료품점과 슈퍼마켓의 패닉 바잉panic buying 사태는 사람들이 코로나 초기에 비축해 둔 식료품을 모두 소비할 수 없게 되자 음식물 쓰레기 문제를 증폭시켰다. 지나치게 많이 구입한 화장지 역시 그다지 도움이 되지 않았다.

지난 2년 동안 전 세계를 엄습한 위기는 우리에게 자기 성찰과 함께 이미 실패했고 앞으로도 실패할 가능성이 있는 시스템에 대해 다시 생각해볼 기회를 제공한다. 우리는 단순히 정상 상태로 돌아가려고 노력할 것인가? 아니면 모든 인간의 미래에 적합한 '새로운 정상 상태'를 만들기 위해 준비할 것인가?

조지 플로이드, 아머드 아버리, 브레오나 테일러의 죽음 이후, 수만 명의 시위자가 여러 미국 도시의 거리로 나섰다. 16개 주의 25개 도시에서 항의 시위가 폭동으로 돌변하자 통행금지령을 내렸다. 오늘날 미국에 사는 아프리카계 미국 청년들의 사망원인 중 6위가 경찰 폭력이다. 미국 전역에서 분노하고 실망하며 환멸을 느낀 채 만연한 인종차별과 불의를 해결하라고 정부에 호소하는 시민들과, 경찰, 주 방위군, 정보기관, 비공식적인 민병대가 맞서고 있다. 합리적인 사회적 담론이 형성되는 것이다. 경찰의 폭력적 행동에 반발하기 전에도 불의와 불평등에 대한 항의의 빈도가 수년 동안 꾸준히 증가했다. 뒷 부분에서 알게 되겠지만 전 세계적인 항의 시위의 빈도와 규모는 엄청나게 증가하고 있고, 이것은 우리 사회의 기능에 근본적인 문제가 있음을 분명히 보여준다.

2019년 10월 마지막 주에 레바논 총리와 이라크 총리가 계속되는 반정부 시위로 인해 사임했다. 일주일 뒤 볼리비아에서도 똑같은 일이 일어났다. 이미 1년여 동안 미국, 영국, 칠레, 홍콩, 프랑스, 인도네시아, 네덜란드, 페루, 시리아, 이스라엘, 러시아의 지도자들이 수만 명에서부터 100만 명 이상 참여하는 정치적 항의 시위에 시달렸다. 2019년 9월 19일과 20일 185개국에서 600만 명의 시위자들이 세계 최대의 시위에 참여했다. 기후변화에 대한 대응 조치 부재에 항의하는 시위였다. 그리고 2021년 1월 6일에는 약 3만 명의 트럼프 지지자들이 미국 국회의사당과 그 주변 지역을 급습하여 미국 대통령 선거 결과를 바꿀 것을 요구했다.

종합하면 근대 민주주의와 자본주의는 수많은 다양한 사람들과 지구에서 함께 사는 다른 생물들을 힘들게 하고 있다. 더군다나 코로나19는 전 세계적으로 부유한 사람들보다 가난한 사람들을 더 힘들게 했다. 시민들은 봉쇄 조치, 수입 감소, 상승하는 주식시장 등으로 인해 사뭇 다른 경제적 현실을 맞닥뜨려야 했다.

바이러스는 불평등을 강화한다

오늘날 지구의 대다수 사람들은 역사상 가장 부유하고 기술적으로 발전된 시기에 경제적, 사회적 불확실성에 직면해 있다. 대부분의 통계 수치에 따르면, 지금이 인류 역사에서 가장 살기 좋은 시대다. 빈곤, 기아, 유아 사망, 질병이 최저 수준이고, 수명, 물질적 풍요, 교육 수준이 높아졌다.

그런데 역설적이게도 가장 부유한 민주주의 국가의 가장 가난한 시민들은 일종의 새로운 중세 시대로 내던져진 것처럼 느낀다. 봉건영주와 정치적 엘리트들은 그들이 한때 꿈꾸었던 경제적 잠재력을 스스로 빼앗아 가버렸다. 코로나19는 중산층 시민들에게 더 심한 타격을 주면서 이런 상황은 증폭되었다.

이른바 1% '부유한' 엘리트와 나머지 99% 사람들 사이의 격차는 미국, 영국과 같은 부유한 민주국가에서 가장 크다. 이처럼 왜곡된 부의 배분이 실리콘밸리보다 더 뚜렷하게 나타난 곳은 거의 찾아보기 어렵다. 캘리포니아주의 중위소득은 25년 동안 바뀌지 않았지만 같은 기간에 주택가격은 187% 상승했다. 직장 채팅 앱 블라인드의 최근 조사에 따르면, 억대 연봉을 받는 기술 노동자 중 70%는 샌프란시스코 베이 지역의 단독주택이나 아파트를 구입할 수 없다.

아이러니하게도 샌프란시스코 부동산 시장에 가장 강력한 영향을 끼친 것은 경기가 아니라 코로나19였다. 구글, 페이스북, 트위터, 애플과 같은 기업들의 재택근무 정책은 기술 노동자들의 상당수가 베이 지역 밖에서 주거지를 구하게 되는 결과로 이어졌고, 20년 이상 이어온 수요 추세를 바꾸어놓았다.

역사의 교훈은 이런 수준의 불평등은 계속 유지될 수 없다는 것이다. 정치적, 사회적 변화는 지적, 정치적 토론을 통해 발생하지 않고 사회적 대격변을 통해 이루어진다. 트럼프, 브렉시트, 보리스 존슨, 남미의 트럼프로 불리는 브라질 대통령 자이르 보우소나루, 극우 프랑스 지도자 마린 르 펜이 부상하게 된 배후 요인을 살펴보면, 주류 미디어에서는 그 요인이 오래된 전통 또는 문화에 대한 뚜렷한 위협적 반감이라고 종종 언급하지만 아마 기술 변화의 속도가 가장 강력한 요인이라고 할 수 있다.

2019년에 발표된 〈에델만 트러스트 바로미터 리포트Edelman Trust Barometer Report〉에 따르면, 전 세계 인구의 47%가 기술 혁신이 너무 빨라 '나와 같은 사람들에게' 부정적인 영향을 미칠 것으로 생각한다. 59%의 사람들은 자신의 고용 전망을 개선하는 데 필요한 교육훈련이나 기술을 습득하지 못할 것이라 믿으며, 55%는 자동화와 그 외 다른 혁신이 이미 일자리를 빼앗고 있다고 생각한다. 이미 광범위한 반대, 항의, 논쟁을 부추기는 불확실성 요인이 눈덩이처럼 커지고 있다.

이 책의 핵심은 네 가지 주요 스트레스 요인이 결합해 극심하고 장기적인 경제적 불확실성을 만들어내며, 이것이 사회통합을 계속 위협한다는 것이다. 이런 스트레스 요인들은 전통적인 경제 정책을 재검토하게 만들 뿐 아니라 인류를 위한 새로운 르네상스를 생각하게 만들 것이다. 알다시피 이것은 거대 담론이다.

불평등을 유발하는 요인들에 대한 전 세계의 저항은 기술로 인한 실업과 기후변화의 영향과 관련하여 늘어만 가는 우려와 결합하여 이 혼란에서 벗어나기 위한 집단적 행동으로 이어지고 있다. 코로나19는 이런 복합적인 상황 속에서 발생한 일시적인 위기일 뿐 더 많은 팬데믹이 계속해서 발생할 수 있다. 이러한 새로운 지구적 변화는 전통적인 관습을 거부하는 세대에 의해 이미 주도되고 있다. 그들은 이념적으로 포용적인 사고를 지향하고 더 폭넓은 사회의식을 갖고 있으며, 기술을 이용해 세계의 힘든 문제를 해결할 수 있다고 믿는다. 새로운 세대들은 세상을 전진시키길 원하지만 전통을 옹호하는 세대들은 세상이 너무 빨리 바뀌는 것에 대해 걱정하면서 과거의 좋았던 시절을 그리워한다. 이런 상황이 세대 간 갈등을 유발하는 것이다. 정치인들이 보다 전통적이고 회고적인 성향을 띨 경우 사회 갈등은 더 커진다.

산업혁명 때와 마찬가지로 정치학과 경제학은 매우 다른 미래를 향해 발전해야 할 것이다. 통제되지 않는 자본주의에 기초한 서구

불안정한 사회 변화를 유발하는 주요 스트레스 요인

사회적 경제적 불확실성

불평등
1%의 부자와 99%의 가난한 사람들 간의 장기적인 분열

팬데믹
주기적으로 찾아오는 전염병에 대한 형편없는 정책

인공지능
인공지능과 관련된 새로운 위험과 노동력 대체

기후변화
지구 해수면과 기온의 상승으로 인한 수많은 위기

방식의 민주주의도, 마르크스주의에 기초한 공산주의도 지금과 같은 멈출 수 없는 힘들에 직면해 사회통합을 회복하지 못할 것이다. 사회주의 역시 어려운 문제 대부분을 해결하지 못한다 하더라도 아무튼 통합적인 사회의식이 이 시대에 절대적으로 요구될 것이다. 기술 진보는 우리의 난제를 해결할 수 있지만 동시에 불평등과 분열도 심화할 수 있다. 그동안 인류는 이 정도 수준의 지구적 불확실성에는 직면해본 적이 없었다.

장차 우리가 계속된 지구적 위기에 맞서 함께 결집하여 정치적 사회적 갈등을 줄이고, 더 폭넓게 경제적으로 참여하는 모습을 보길 원한다면, 지금 불평등의 문제를 해결해야 한다. 불평등은 국가별 지니계수로 측정된다. 지니계수는 0과 1 사이의 값이다. 0은 모든 사람이 똑같은 수입을 갖는 사회를, 1은 한 개인이 모든 수입을 갖는 사회(다른 사람들은 모두 소득이 0이다)를 나타낸다. 미국의 지니계수는 분명한 이야기를 들려준다. 오늘날 불평등은 1930년대 대공황 시기와 똑같은 수치다. 구매력을 고려하면 아마 그때보다 훨씬 더 심할 것이다.

지난 수십 년 동안 여러 서구 국가들도 비슷하게 불평등이 심화되었지만, 미국의 극단적인 자본주의 형태에 여러 결함이 드러났다. 경제학자 토마 피케티는 《21세기 자본》에서 현재 미국의 불평등 수준은 "과거 역사상의 어떤 사회, 현재의 어떤 사회보다 더 높을 것"이라고 말했다. 더군다나 이 수준은 코로나19가 문제를 더 악화시키기 이전 기준이다.

작가 조너선 테퍼는 《자본주의의 신화The Myth of Capitalism》에서 미국 자본주의가 실패한 것은 개방적이고 매우 경쟁적인 시장에서 소수의 강력한 기업이 기술, 금융, 의학, 에너지와 같은 핵심 산업을 지배하는 경제로 바뀌었기 때문이라고 주장한다. 이러한 경쟁 소멸로 인해 이익이 안정화되고 더 폭넓은 경제적 참여가 줄어들면서, 오늘날의 많은 불균형이 생겨났다.

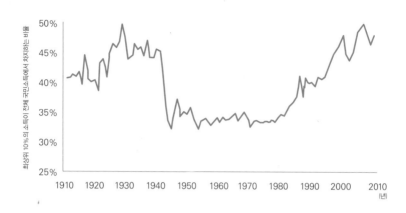

미국의 소득 불평등 1910~2010년

최상위 10%의 소득이 전체 국민소득에서 차지하는 비율

2020년 말의 지니계수는 0.54(역사상 최고 수준)로 추정된다.

이런 상태를 그대로 내버려두었을 때 과연 자본주의가 스스로 상황을 바로잡을 수 있을까? 자본주의는 지구적인 불평등 문제를 해결하고 사회에 필요한 안정을 제공할 수 있을까? 역사는 자본주의가 대규모 사회 문제의 해결을 응원하지 않는다는 점을 여실히 보여준다. 자본주의의 원동력은 경제 성장이지 사회 정책이 아니다.

자본주의는 경제적 이익을 창출하는 기업과 시장에 보상을 제공한다. 기업과 시장은 사회 문제를 해결하거나 사업의 일부를 공공선에 바치는 것에 관심이 없다. 분기 또는 연간 실적 보고서를 보면, 애널리스트가 기업이 사회가 필요로 하는 더 폭넓은 가치를 외면하고 이익을 선택했다고 기업에 압력을 가하는 경우는 거의 찾아볼 수 없다. 자본주의와 주식시장에는 일반 시민들의 이익과 윤리에 따라 행동하게 만드는 분석 지표가 의무화되어 있지 않다. 그런 지표가 존재했다면 우리는 담배, 화석연료 및 에너지 기업이 배출하는 대기오염, 탄소 배출가스로 인해 폐암에 걸리지 않았을 것이고, 저품질의 패스트푸드로 인한 비만, 의료비용으로 인한 의료 파산 등을 겪지 않았을 것이다. 코로나19 바이러스 위기는 오랫동안 수익 창출에 최적화된 의료시스템이 지구적 팬데믹 상황에서 얼마나 취약한지 분명히 보여주었다. 고작 대통령 한 사람이 미국이라는 국가가 수십 년 동안 어렵게 수립한 팬데믹에 대한 대처 계획을 무너뜨릴 수 있는 것이다.

시간이 흐르면 자본주의가 이런 문제를 해결할 수 있다고 주장하는 사람들에게 우리는 40~50년 전 시장이 이 문제를 해결하지 못했기 때문에 기후 위기를 맞이하고 있다는 점을 상기시키고 싶다. 또는 경기에 참여하는 프로선수들에겐 코로나19 바이러스 검사를 제공하지만 요양원 입소자와 직원들에게는 그럴 수 없는 당장 눈에 보이는 불평등을 상기시키고 싶다. 기후 문제는 차치하고, 1970년대부터 우리는 이미 화석연료의 오염물질이 일반 대중에 미치는 영향에 대해 알고 있었다. 따라서 청정에너지 기술 개발을 가속화해야 했고 그럴 수 있었지만 시장은 나쁜 대기질에 매년 영향을 받는 시민들의 생명과 화석연료 및 에너지 기업의 이익을 기꺼이 바꾸었다.

전통적인 정치적 설명에 따르면, 자본주의는 개인의 권리를 보장하는 경제시스템의 필수 요소라고 말한다. 하지만 자본주의는 우

기후변화　팬데믹

경제적 초점

공동 소유권

개인의 권리
· 소유권

불평등, 팬데믹, 기후변화가 유발한 경제적 불확실성 탓에 한동안 자본주의는 개인의 이익보다 집단의 관심사를 더 중시할 수밖에 없을 것이다.

리가 당면한 최대 위기를 막지 못했고, 그 결과 경제가 모든 시민을 위해 장기적으로 기능할 수 있도록 개인의 권리와 공공선 사이의 더 큰 균형이 필요하다는 사실을 주목하게 되었다. 앞으로 20년간 기후변화, 불평등, 반복되는 팬데믹은 경제 정책이 균형점을 향해 움직이도록 정부와 사회를 압박할 것이다.

이것은 경제이론이 아니라 경제학을 더 폭넓은 사회적 목표에 적용하는 문제와 관련된다. 개인의 권리는 분명히 보장되어야 하지만 다른 사람에게 피해를 주지 않는 범위 안에서 그렇다. 스칸디나비아 국가들은 민주사회주의 경제가 어느 정도의 균형점을 찾을 수 있다는 점을 입증한다.

아울러 Y세대와 Z세대들은 전 세대에 비해 점점 자산 소유와 축적에 대해 크게 관심을 갖지 않는다. 그들은 부모의 부가 세계 금융위기와 코로나19 기간에 대폭 감소하는 것을 보았기 때문이다. 그들은 홍콩, 뉴욕, 런던, 시드니, 도쿄와 같은 대도시에 자신 소유의 주택을 절대 살 수 없는 세대다. 이런 도시에서 활발해지는 공유 소

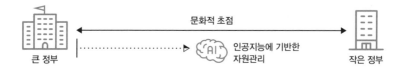

유 구조, 공유 자산 서비스, 공유경제는 주택과 자동차와 같은 자산을 직접 소유하는 것이 지금 시대에 맞지 않다는 것을 보여준다. 소셜 미디어가 확대되고, 인간에 대한 집단적, 종족중심적 관점이 늘어나면서 정책 참여가 모든 정치적 차원에서 더 폭넓게 이루어지고 있는 것이다.

많은 보수주의자들은 큰 정부가 비효율적이며, 민간 기업과 자유시장이 자원을 더 잘 배분하여 경제를 성장시킬 수 있다고 주장한다. 이런 주장의 이면에는 공평과 접근성에 미치는 부정적 영향에도 불구하고 무조건 경제 성장이 우선이라는 생각이 깔려 있다. 인공지능에 기반한 정부 서비스와 자원 배분은 이런 낡은 가정을 완전히 바꿀 것이다. 당장 크고 효과적인 정부 메커니즘이 경제적으로 성공할 수 있다면 그 이유는 자동화를 통해 정부의 역할과 관료주의를 대폭 감소시킬 수 있기 때문이다.

테크노소셜리즘이란?

이 책은 21세기에는 자본주의를 개혁할 수밖에 없다는 것을 단호하게 주장한다. 세계적 차원의 불평등 심화로 인해 경제 엔진은 그 어느 때보다 소수의 사람들을 위해 움직이고 있고, 아울러 로비 활동과 기득권층에 크게 영향을 받는 정책의 개혁은 계속 지연될 위험을 갖고 있다.

테크노소셜리즘란 무엇인가? 이것은 정치운동이 아니라 사회적 결과물이다. 첫째, 테크노소셜리즘은 경제 전체에 해를 가하지 않는 틀 안에서 장기적인 경제 성장을 재설정하면서도 모든 시민의 경제 참여를 최대한 보장한다. 둘째, 테크노소셜리즘은 기술 인프라에 대한 강력한 투자를 통해 정부의 생산성을 급격히 개선하여 정부가 큰 역량을 발휘하게 한다. 따라서 흔히 정부 정책의 제약 요인이 되는 재원 조달과 예산의 압박이 대부분 사라질 것이다.

테크노소셜리즘 외에 무엇이 향후 50년 동안 지구를 위한 대안이 될까? 크게 두 가지 축을 기준으로 전망해본 현대 사회의 미래 모습은 네 가지다. 한 축은 집단 대 개인, 그리고 다른 한 축은 혼란한 미래 대 질서정연한 미래이다.

- **신봉건주의** 더 나은 평등의 필요성을 거부하고 고용과 소비가 위축되면서 폭넓은 경제 성장에 실패하는 통제되지 않은 자본주의를 생각해볼 수 있다. 부유한 엘리트와 가난한 사람들 간의 장기적인 분열은 중산층이 사라지면서 지속적인 혁명적 행동

과 저항을 유발해 파멸로 치닫는다. 슈퍼 부자들은 폐쇄된 영역 안에서 수명 연장 기술, 인공지능, 풍요를 누리는 반면, 그 밖의 사람들에게 대량 실업, 기아, 질병이 일상이 될 것이다.

- **루디스탄**Ludistan 인공지능과 같은 기술 진보에 대한 거부가 특징인 사회를 생각해볼 수 있다. 느리고 부적절한 기후 대응으로 세계 경제가 멈추고, 반복적인 위기로 인구 증가가 위축된다. 주요 해변 도시들은 해수면 상승으로 거주할 수 없게 된다. 곡물 수 확량이 감소하면서 식량부족과 기아가 폭발적으로 증가한다.

- **페일디스탄**Failedistan 세계 최대 경제국들은 계획수립, 사전숙고, 정 책을 시행할 수 없어 기후와 시장의 붕괴와 같은 혼란스러운 통 치상황을 맞게 된다. 기후변화로 인해 수억 명의 글로벌 이민이 발생한다. 국경 붕괴와 자원 전쟁이 격화되고 정부가 붕괴된다.

- **테크노소셜리즘** 사회가 고도로 자동화되어 대부분의 인간 노동이 대체된다. 기술 발전 덕분에 주거, 의료, 교육, 기본 서비스를 어디서나 저렴한 비용으로 이용할 수 있다. 자본주의는 장기적 지속 가능성, 평등, 인류 전체의 발전을 지향하는 방향으로 재 조직된다. 기후 위기 완화 활동을 통해 수 세기 동안 글로벌 경 제협력이 이루어진다.

'루디스탄'이나 '페일디스탄'이라는 용어가 낯설다면 간단히 기

인류가 직면할 잠재적 미래 모습

루디스탄

폭넓고 체계적인 위험
기술 거부
인간 우선주의
로봇·인공지능 금지

테크노소셜리즘

고도의 자동화
광범위한 평등
지속 가능한 번영
유비쿼터스 기술

포용적 · 집단적

질서정연한 미래

혼란스러운 미래

페일디스탄

너무 늦은 기후 대응
세계적 불황
자원·이민 전쟁
보편적인 독재 통치
글로벌 폭동·무질서

신봉건주의

폐쇄적인 도시 구역에 사는 부자들
광범위한 불평등
기술 격차
기업 지배

배타적 · 분열적

술 거부 국가 또는 공동체 거부 국가라고 생각해도 된다. 이 시나리오 외에 다른 대안이 있다고 생각할 수도 있다. 우리가 도출한 결론은 오랜 역사적 비유와 반복적인 위기에 직면한 인간의 행태에 관한 연구에 기초한 것으로 충분히 계속해서 보완될 수 있다.

테크노소셜리즘에 대해 읽으면서 독자들이 이것이 정치적 논쟁이 아니라는 점을 이해하기를 바란다. 철학적, 경제 정책적인 토론으로 보는 것이 더 정확하다. 우리는 이 책을 통해 인간의 진정한 목적에 관한 철학적 논의, 하나의 생물종으로서 인간이 성취하려는 목표, 불평등을 최소화하려는 움직임 사회경제 발전에 어떻게 기여하는지 살펴보고자 한다. 모든 유형의 경제이론에 관한 논의는 사회의 핵심 요소인 포용성을 촉진하여 더 폭넓은 행복과 더 나은 번영을 이루기 위한 것이다. 이때 토론의 핵심 주제는 경제의 목적이 무엇인가에 관한 것이다. 즉, 경제의 올바른 역할이 특정한 개인에게 힘을 부여하는 것인지, 아니면 다른 무엇보다도 최대한 많은 시민의 필요를 충족시키는 것인지와 관련된다.

향후 30년 동안 인류는 수많은 위기에 직면할 것이며, 그로 인해 부유한 사람과 가난한 사람들 간의 격차가 더 벌어질 것이다. 또한 자유시장은 도무지 해결할 수 없는 그동안 세계가 경험한 역사상 가장 큰 문제에 직면할 것이다. 우리는 이런 문제들을 어떻게 다룰 것인지를 선택해야만 한다. 이 선택에 따라 인류의 미래가 결정될 것이며 성공 가능성도 다양해질 것이다. 우리는 어떤 선택을 할 것인가? 그리고 그것은 모든 인류에게 유익한 선택이 될 것인가? 소수에게만 유익한 선택이 될 것인가?

PART 2

인류의 변곡점

"좋은 위기를 절대 그냥 흘려보내지 마라."

영국 전 총리, 윈스턴 처칠

인류는 많은 위기와 재난을 겪어왔다. 역사 기록이 제한적이긴 하지만 79년 베수비오 화산이 폭발하여 폼페이가 용암과 화산재에 파묻힌 사건부터 2004년 크리스마스 다음날에 쓰나미가 동남아시아를 강타한 사건, 세계의 주요 재난들, 세계적 전염병 유행, 경제 붕괴는 우리의 집단 기억에 뚜렷이 각인되어 있다. 하지만 아주 광범위한 지역과 수많은 사람에게 영향을 미친 진정한 세계적 재난은 상당히 드물었다(칙술루브 혜성을 제외하면). 그런데 약 1세기 전부터 양상이 달라졌다.

흑사병은 시대를 바꾸는 엄청난 사건이었고, 중세 항구들을 오가는 상선들의 등장으로 상황이 훨씬 더 악화됐다. 활발해진 항공 여행, 더 잦아진 이민, 기술 발전으로 팬데믹이 더 넓은 지역에 영향을 미칠 가능성은 근대 이전 시대보다 엄청나게 크다. 여기에다 경제가 세계화되면서 글로벌 경기침체를 유발하는 현재 경제적 위기

특성이 추가된다. 흔히 말하듯이 중국 시장이나 미국 시장이 재채기 한번 하면 나머지 국가들은 감기에 걸릴 수밖에 없다.

　지금은 현대 사회의 특성으로 인해 팬데믹, 세계 금융 위기, 기후 변화의 영향이 무차별적일 뿐만 아니라 고대인들에게 영향을 미쳤던 위기보다 훨씬 더 넓은 세계 여러 지역에 피해를 준다. 또한 그런 재난에 대처하는 글로벌 협력이 어느 때보다 더 중요하지만, 이 시대는 심각한 이념적 분열로 인해 그런 협력이 불가능한 것 같다. 어떤 이는 세계화와 현대 기술에 책임이 있으며, 더 폐쇄적이고 독립적인 사회가 더 낫다고 주장할지도 모른다. 그러나 다른 국가들과 단절된 현대 경제는 생존할 수 없으며, 성장도 번영도 불가능해 시민들에게 필요한 소득을 제공하지 못한다. 브렉시트는 아마 향후 10년 동안 이에 대한 더 많은 증거를 보여줄 것이다.

　이 모든 역사에도 불구하고 하나의 생물종으로 우리는 미래를 계획하거나 위기에 대비하는 일에 형편없이 무력하다. 우리는 재난에 대한 예방계획을 갖고 있기는 하지만 비상 대응 예산을 초과하면 그저 "그런 일이 이곳에서 일어나지 않기를 바라는" 경향을 보인다. 경제 성장을 계획하고 있지만 서구 세계의 경우 현재 20개년 또는 50개년 인프라 개발계획이 없다. 심지어 뉴욕과 마이애미와 같은 도시들은 해수면 상승으로 인한 범람을 대비한 계획도 없다. 산업 시대가 시작된 이후로 기본적인 교육과정은 거의 바뀌지 않았는데도 우리는 이 과정을 여전히 신뢰하면서 사람 같은 로봇이나 날아다니는 택시와 함께 살아갈 자녀들을 과거 방식으로 교육하려고 한다. 우리는 문제를 뒤로 미루고 다음 세대에게 떠넘긴다. 우리의 자녀와 손주를 위해 더 나은 시스템을 만들 책임이 우리에게 있는데도 말이다. 왜 그럴까?

오늘날의 시스템은 후손들을 위해 더 나은 미래를 건설하는 걸 장려하지 않는다. 현대 시스템은 우리에게 단기적으로 부를 창출하도록 부추긴다. 2분기 안에 투자수익이 발생하지 않는 아이디어 사업이라면 관심을 끌 수 없다.

과학과 기술이 해답일까?

지난 300~400년 동안 과학과 기술이 꾸준히 발전하면서 반복적인 논쟁 패턴이 나타났다. 이 기술이 사회에 유익할까 아니면 해로울까? 근래 들어 인공지능이 사회에 미치는 영향에 대해서도 똑같은 논쟁이 격렬하게 진행되고 있다. 인공지능은 사회에 도움이 될까? 어떤 직업이 영향을 받을까? 어느 국가가 승리할까? 인공지능은 순수하게 긍정적인 결과를 낳을까? 아니면 불평등을 가속화할까?

인공지능은 수십 년 동안 공상과학의 대중적인 주제였다. 하지만 인공지능의 잠재력이 점점 더 드러나면서 이것이 좋은 것인지 또는 나쁜 것인지에 대해 더 많은 논쟁이 이루어지고 있다. 예컨대 일론 머스크와 작고한 스티븐 호킹은 인공지능이 인류를 파괴할 수 있는 거의 종말론적 가능성을 언급했다. 정확히 말하면, 머스크는 인공지능이 사람들이 일을 할 필요성을 없앨 것이며, 인간이 뉴럴링크

Neuralink(일론 머스크가 설립한 뇌 연구 스타트업)와 경쟁하게 될 것이라고 말했다. 피터 디아만디스와 레이 커즈와일 같은 사람들은 인공지능이 인류에게 문화적, 경제적 르네상스를 선사하며 풍요, 장수, 상상할 수 없을 정도의 집단적 부를 제공할 것이라고 설파한다.

우리는 마치 인공지능을 선택하는 결정권이 우리에게 있는 것처럼 잠재적 미래에 대해 논쟁한다. 글로벌 자본 시장은 혁신, 고도의 자동화와 생산성을 통해 차별성을 확보하고 고수익을 달성하는 기업들에 거의 배타적으로 맞추어져 있다. 어떤 국가가 세계화라는 불가피한 추세를 반영하지 않고 고립적인 정책을 추진하거나, 사람들이 자동차 생산라인을 손으로 작동시키고, 말을 이용해 밭을 쟁기질하던 옛 시절이 좋았다면서 과거를 재현하는 것은 환상에 가까운 일이다. 과거로 돌아가기 위해 현재 곳곳에서 기능하고 있는 인공지능, 모바일 커머스, 소셜 미디어를 그만두게 하는 것은 불가능하다. 현재의 세계화는 대체로 통신 발달의 결과이며, 시장과 상거래는 점점 더 많이 연결되고 있다. 역사는 지난 250년 동안 어떤 산업이나 정부도 기술의 영향을 늦추거나 중단하지 못했다는 것을 보여준다.

현재 세계에서 가장 수익성이 높은 기업들은 과거의 주요 일류 기업에 비해 터무니없이 적은 노동자를 고용한다. 지속적인 생산성 증가와 구글, 애플, 페이스북, 아마존을 가리키는 GAFA와 페이스북, 애플, 아마존, 넷플릭스, 구글을 가리키는 FAANG과 바이두, 알리바바, 텐센트, 샤오미를 가리키는 BATX의 등장으로 기업들은 1960년대의 선도적인 주요 기업들보다 10배 이상의 수익을 올리면

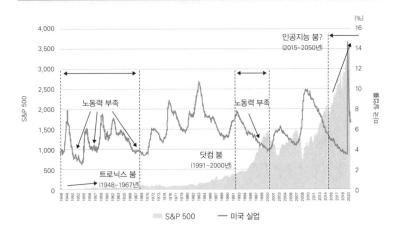

S&P 500 대 미국 실업률

인공지능 붐?
(2015~2050년)

노동력 부족

노동력 부족

닷컴 붐
(1991~2000년)

트로닉스 붐
(1948~1967년)

S&P 500   미국 실업

과거에는 노동력 부족이 기술의 활성화를 불러왔다.

서도 고용하는 직원 수는 훨씬 더 적다. 아직 머신 러닝machine learning(자신의 동작을 스스로 개선할 수 있는 슈퍼 컴퓨터의 능력)은 아직 걸음마 단계일 뿐인데도 말이다. 이런 기술이 더 강력해지면 어떤 영향을 미칠지 상상해보라.

4차 산업혁명의 중심은 사회의 대부분을 자동화하는 인공지능이 차지할 것이다. 오늘날 우리가 개발하는 알고리즘은 반복적인 특성을 가진 모든 일에서 인간과 경쟁할 것이다. 알고리즘은 이제 암을 진단하고, 인간 전문가와 경쟁할 수 있을 정도로 엑스레이와 MRI 결과를 판독할 수 있다. 복잡한 금융 알고리즘은 수만 명의 주식중개인, 금융자문가, 신용위험 관리자 등을 대체하고 있다. 곧 로봇이 우리를 자율주행차에서 몰아내고, 식료품, 음식, 소비재를 배달할 것이다. 이런 것들은 이전에는 인간만이 할 수 있었던 분야였다. 연구자들은 미국과 같은 선진 경제에서 이처럼 자동화가 지속되면 적어도 노동력의 절반이 영향을 받을 것으로 예측한다. 개발도상국에서라면 그 영향이 더 클 수 있다.

인공지능이 새로운 일자리를 대량 창출할 것인지, 아니면 대량 실직을 유발할 것인지에 대한 애널리스트들의 의견이 비슷하게 갈린다. 전자를 주장하는 사람들은 1960년대 전자산업과 관련한 트로닉스 붐과 1990년대 후반 끝에 닷컴만 붙으면 상한가였던 닷컴 붐 시기에 새로 창출된 일자리를 채우기에 숙련 노동자가 부족했고, 그 시기에 창출된 부는 다양한 서비스 산업을 활성화했다는 사실을 언급한다. 맥킨지에 따르면 닷컴 호황기 때 인터넷이 비효율적인 일부 직업을 없앴지만 대체된 일자리 1개당 2.4~2.6개의 새로운 일자리가 생겼다.

> "프랑스의 한 분석에 따르면, 지난 15년 동안 인터넷은 120만 개의 일자리를 만들고 50만 개의 일자리를 없앴다. 달리 말하면 순수하게 증가한 일자리는 70만 개였고, 사라진 일자리 1개당 2.4개의 일자리가 생긴 셈이다. 이 결과는 연구 대상 국가의 4,800개 이상의 중소기업을 대상으로 한 맥킨지 조사에도 그대로 나타난다. 이 연구는 사라진 일자리 1개당 2.6개의 일자리가 만들어졌고, 더 나아가 기술을 완전히 통합하여 폭넓게 활용한 기업들은 평균적인 기업보다 두 배 이상의 일자리를 창출했음을 보여준다."
>
> 맥킨지 글로벌 인스티튜트(2011. 05.)

다가오는 인공지능 붐이 1960년대의 트로닉스 붐, 1990년대 후반의 인터넷과 닷컴 붐과 근본적으로 다른 까닭은 인공지능이 경제 전반의 핵심 기술을 더 폭넓게 재조정하기 때문이다. 인공지능이 고용에 미치는 영향은 상거래 분야에 주로 영향을 미친 닷컴 붐보다는 산업 시대가 출현할 때와 더 비슷하다. 산업 시대 초기 사람들은 농업, 직물 분야에서 벗어나 기계화와 산업화로 편입될 수밖에 없었다. 직물 노동자들은 대부분 20년에 걸쳐 증기기관으로 움직이는 방직기계에 일자리를 빼앗겼고, 그로 인해 유명한 러다이트 운동이 발생했다. 네드 루드와 같은 직물 노동자들이 일자리를 잃자 이 자동 방직기계를 파괴하려고 했다.

인공지능은 분명히 새로운 일자리를 아주 많이 만들겠지만, 한편으로 지난 200년 동안 기술 발전에 의해 상대적으로 피해를 보지 않은 산업들의 핵심적인 일자리, 즉 지금까지 대부분 인간에 의존해온 직업을 없앨 것이다.

세계경제포럼은 〈일자리의 미래 보고서The Future of Jobs Report〉(2018년)에서 가능성은 반반이라고 예측했다. 만약 우리가 일자리를 잃은 노동자들을 위한 새로운 교육훈련과 프로그램을 지원하면서 경제 전체 차원에서 새로운 기술 습득을 준비한다면 피해보다 이익이 더 클 것이라는 것이다. 7,500만 개의 일자리가 대체되고 1억 3,300만 개의 새로운 일자리가 생겨난다. 하지만 이것은 일자리 프로그램을 만들어 교육하고 장기적인 전략적 정책 개발 안에서 매우 체계적인 접근방법을 취할 때만 가능하다. 그렇지 않으면 대부분의 국가에서는 우리가 아는 2020년 이전 일자리의 최소 절반이 2040년대에 사라질 것이다.

우리가 바라보는 일에 대한 관점 자체가 근본적으로 바뀔 것이다. 인공지능이 우리 사회에 미칠 영향의 절반만 가정해도 자동화로 인해 많은 일자리가 사라지고 유급 직원들의 일이 줄어들 것이다. 따라서 중기적으로는 임금이 줄고 다수의 가난한 사람들과 중산층의 소득이 개선되지 못할 가능성이 매우 크다. 전 세계의 포퓰리즘 운동과 항의 시위 이면에 놓인 경제적 불확실성은 더 악화될 것이다.

여기에 기후변화라는 변수도 있다. 우리는 지구온난화의 잠재적 영향에 관한 예측치를 조사하면서 학계의 연구 결과를 살펴보았다. 또한 미국 군대, 유엔, 세계 최대 규모의 보험사와 같은 비학문적 단체가 수행한 과제, 그리고 세계 최대 에너지기업의 연구, 헤지펀드와 금융기관, 기후변화에 영향을 받을 가능성이 있는 도시의 도시계획 부서, 정부 부서, 민간 싱크탱크, 연구기관의 예측도 살펴보았다. 현재의 기후변화가 실제 인간에 의한 것이 아니라고 믿는다면 당신은 소수파에 속한다.

2019년 리사이클링 파트너십Recycling Partnership이 수행한 여론조사에 따르면, 미국인의 96%가 어떤 형태로든 기후변화를 걱정했으며, 네 명 중 세 명이 기후변화로 결국은 인류가 멸종할 것으로 생각했다. 가장 오래된 측정치(17세기의 온도계를 이용하고 해안선에서 측정함)에 근거한 자료는 지구가 뜨거워지고 있으며 해수면이 올라가고 있음을 보여준다. 이런 기초적인 분석 자료를 반박할 수는 없다. 유일하게 논쟁이 가능한 주제가 있다면 이것이 얼마나 빨리 발생할 것인지와 인간에게 책임을 물을 수 있는지에 관한 것이다.

전 지구적 차원에서 사회통합 수준을 생각할 때 기후변화가 우리를 파괴하고 불확실성을 심화시키고 위험을 초래할 잠재력은 다른 어떤 것과 비교할 수 없을 정도로 크다.

허용할 것인가? 예방할 것인가?

기술의 역사와 이것이 지난 수백 년 동안 유발한 혼란스러운 역사를 되돌아보면, 사람들은 기술 진보를 잠시는 멈출 수 있지만 계속 막을 수 없다는 것을 습득하게 된다. 모든 역사를 통틀어 그 어떤 시기에도 인간은 기술의 발전과 그것이 사회에 미치는 영향을 한 번도 막지 못했다. 기후변화에 대해서도 똑같이 말할 수 있다.

역사는 인공지능과 기후변화에 대해 찬반 논쟁을 벌이는 대신 불가피한 영향력에 대비하는 데 더 많은 시간을 투자하고, 이 과도기를 부드럽게 넘기기 위해 최선을 다하라고 말한다. 역사상 가장 파괴적인 기술에 직면한 지금 어떻게 적절하게 대비해야 할까? 코로나19에서 보았듯이 앞으로 닥칠 미래의 팬데믹으로 인한 경제적 피해를 막으려면 우리의 행동을 어떻게 바꾸어야 할까? 해수면 상승으로 인한 해변 지역 인구의 이주와 그에 따른 이민의 홍수가 초래할 영향을 완화하려면 어떤 글로벌 정책을 만들어야 할까? 이런 문제들은 사회, 통치구조, 경제, 정치에 어떤 영향을 미칠까?

증기기관과 전기의 등장은 세계를 바꾸는 게임 체인저였고 그로 인해 산업혁명이 시작되었다. 1860년대 미국에서는 대륙횡단 철도, 전신, 주간 고속도로 덕분에 국가 가치사슬value chain이 만들어져 기업들이 번영했다. 석유와 가스가 발견되고 내연기관이 발명되면서 20세기 초 이런 산업에 몰린 달러를 중심으로 막대한 부가 창출되면서 경제가 엄청나게 발전했다.

많은 국가, 특히 개발도상국들은 오늘날 중요한 기술 변화를 겪고 있다. 그들은 사회를 운영하고 작동하는 방식을 근본적으로 바꾸고 기술적으로 사회적으로 성과를 내고 있다. 개발도상국들은 20세기 선진국들보다 훨씬 더 빠른 속도로 기술 변화를 흡수하고 있다.

핵심 질문은 이렇다. 대규모 집단 또는 사회 전체가 어떤 기술이나 이데올로기(가령 기후변화)를 거부하기로 결정했을 때 그것이 사회에 부정적인 영향을 미칠까? 미국이 증기기관, 철도, 전신, 내연기관을 거부했다면 미국은 오늘날 세계 최대 경제국이 되었을까? 세계가 더 잘 살게 되었을까?

애덤 티어러Adam Thierer는 《허가받지 않는 혁신Permissionless Innovation》에서 인류가 역사상 가장 큰 발전 단계에 접어들고 있다고 상정한다. 그는 이러한 기술 도약이 실제로 가능하려면 사회가 신기술의 발전에 대해 대체로 '내버려 두는' 접근방법을 취해야 한다고 주장한다. 티어러는 혁신은 대부분 기본적으로 허용되어야 한다고 말한다.

이런 이데올로기의 반대편에는 '사전예방 원칙'이 있다. 이 이데올로기는 개발자들이 새로운 혁신이 사회에 아무런 해를 끼치지 않을 것임을 입증할 때까지 개발을 제한하거나 허용하지 말아야 한다고 말한다. 티어러는 사전예방적 접근법은 혁신이 경제적 경쟁력,

생산량과 시장 이익을 급격히 떨어뜨리기 때문에 사회에 해롭다고 주장한다. 예컨대 인공지능이 인간의 일자리를 대체하지 않는다는 것이 입증될 때까지 인공지능의 이용을 제한하면 이 기술을 사용할 가능성은 점점 낮아질 것이다. 그렇다고 어떠한 보호나 사전예방 조치 없이 인공지능이 사회에 출시되도록 허용하면 우리는 의도하지 않은 결과를 경험하고 엄청난 혼란에 직면할 가능성도 있다. 적어도 대규모의 고용 충격이 발생할 것이다. 이 상반된 위험을 어떻게 관리해야 할까?

우리가 위험을 감지하는 시각 역시 과도하게 선정적인 보도로 인해 편향되거나, 매일 접하는 소셜 미디어 버블social media bubble(특정 이념이나 문화적 견해만 주장하고 다른 시각은 배제하는 미디어 환경)에 영향을 받을 수 있다. 예컨대 코로나19 팬데믹의 경우를 생각해보자. 2020년 12월 〈미국의사협회저널JAMA〉은 코로나19가 심장병과 암을 제치고 미국의 사망원인 1위가 되었다고 발표했다. 코로나19와 테러에 관한 매체 보도와 소셜 미디어의 추측은 실제보다 훨씬 크게 과장되는 경향이 있다.

> "뉴스매체들은 매일 빼놓지 않고 신규 확진자와 사망자를 보도하지만 이런 수치를 예측하는 것은 쉬운 일이 아니다. 미국의 코로나19의 하루 치명률은 2,988명의 목숨을 앗아간 2001년 9월 11일 테러 사건 때와 같다. 이는 9/11 테러 사건이 1.5일마다 발생한다거나 각각 150명을 태운 제트기 15대 중 2대가 매일 추락하고 있다는 것과 같다."
>
> 〈미국의사협회저널〉(2020.12.17.)

어떻게 하면 주류매체와 소셜 미디어를 걸러내어 우리 자신, 가족, 친구들의 위험을 정확히 평가할 수 있을까? 이것을 해결한다면 우리는 엄청난 부자가 되거나, 자신이 믿는 정보 버블 속에서 살기 원하는 특별 이익집단으로부터 비난을 받을 것이다. 최근 밝혀진 바에 따르면, 소셜 미디어가 트럼프의 2020년 대선 패배를 둘러싼 음모론의 확산에 결정적인 역할을 했으며, 그 이후 2021년 1월 6일 미국 의사당 난입 사건으로 이어졌다. 이것은 분명히 사회에 나쁜 결과를 초래한 것이다. 그렇다면 소셜 미디어를 금지해야 할까? 사람들은 대부분 아니라고 주장할 것이다.

트럼프와 다른 포퓰리스트들의 부상, 백신 반대 음모론과 코로나바이러스 기원설의 부상은 확실히 소셜 미디어 플랫폼과 광범위한 부족중심주의와 관련이 있다. 이런 피드백 고리가 사회에 끼치는 해악은 무엇일까? 역설적이게도 주류매체와 소셜 미디어를 통한 가짜 정보의 확산은 둘 다 시간이 지나면서 상당한 경제적 피해를 유발하는 원인이 된다.

데이터에 의해 움직이는 사회에서는 데이터 투명성이 반드시 필요하다. 신뢰할 만한 출처와 합의는 폭넓은 수용을 위해 유용한 메커니즘이다. 궁극적으로 가짜 정보와 검증된 사실과 데이터를 걸러낼 더 나은 방법을 확보해야 한다. 응집력 있고 통합된 사회에는 대안적 사실Alternative facts(특정 사안에 대해 사실이 아닌 내용을 일컫는다)이 확산될 여지가 전혀 없다. 거짓 데이터는 제거해야 한다. 이를 위해 학계는 자격을 갖춘 동료 연구자가 자료를 검토하는 메커니즘을 제공해왔다. 그렇지만 주류매체나 소셜 미디어는 자료 검토가 불가능하다. 인공지능을 이용한다면 특정 정보에 태그를 붙여서 관련 데이터와 미래의 실제 영향을 파악할 수 있을 것이다. 사실을 부인하여 경제적으로 중대한 부정적 영향을 초래한, 다음 두 가지 선례를 살펴보자.

백신접종 거부 운동

미국과 같은 국가에서의 홍역처럼 대부분 사라졌다고 간주되는 질병이 백신접종을 거부한 결과 다시 발생했다. 미국 질병통제예방센터(CDC)는 2000년에 사실상 미국에서 홍역이 사라진 이후 2019년에 홍역 환자(기준은 3명 이상의 환자)가 두 번째로 많이 발생했다고 밝혔다. 홍역 박멸 이후 가장 많이 보고된 홍역 환자 수는 2014년 667명이었다. 이것은 1998년 의학전문지 〈랜싯The Lancet〉 때문에 발생한 백신접종 거부 운동과 관련이 있다. 세계보건기구에 따르면 홍역 환자는 2016년 이후 전 세계적으로 30% 급증했고, WHO의 연례보고서는 홍역을 건강을 위협하는 10대 요인 중 하나로 지목했다. 코로나19의 확산을 막기 위해 전 세계가 백신을 출시하는 상황이지만 많은 사람이 널리 퍼진 가짜 정보 캠페인 탓에 광범위한 보건 프로그램에 참여하기를 거부하고 있다. 경제적 측면과 치료 효과 측면에서 백신의 역사적 성과를 살펴보면 다음과 같다.

1. 천연두

천연두에 관한 최초의 역사적 기록은 기원전 1350년에 등장한다. 천연두는 백신이 만들어지기 전 누적 사망자가 3억~5억 명에 달했다. 1967년 한 해 동안 1,000만~1,500만 명의 환자가 발생했고 치명률은 17%였다. 천연두 환자 중에는 사망하지 않은 사람도 있었지만 매년 10만 명이 시력을 잃었다. 1958~1979년까지 WHO가 전 세계적으로 천연두 백신접종 캠페인을 시작했다. 지난 25년 동안 천연두로 인한 사망자는 발생하지 않았다.

2. 홍역

홍역은 11~12세기에 등장했다. 1657년 최초로 기록된 홍역 환자는 미국 보스턴에서 발생했다. 20만 명 이상의 홍역 환자가 미국 남북전쟁 때 발생하여 500명 이상이 사망했다. 미국에서 백신이 나오기 전 인구의 95%가 15세 때 이전에 감염되었다. 20세기 내내 미국에서는 연평균 50만 명의 환자가 발생해 매해 500명이 사망했다(역사적 평균 사망률은 1,000명당 2.83명이다). 1978년부터 2000년까지 전 세계적으로 홍역 백신접종 캠페인이 실시되었다. 2000~2017년까지 홍역은 미국에서 사실상 사라졌고(백신접종을 하지 않은 가정에서 매해 2,000~3,000명의 경증 홍역환자가 발생한다), 1990~2016년 사이 전 세계적으로 홍역환자가 93% 감소했다. 1998년 〈랜싯〉은 MMR 백신과 자폐증을 연결하는 앤드루 웨이크필드 박사의 논문을 발표했다. 2010년 〈랜싯〉은 연구가 조작되었다는 증거가 드러난 후 그 논문을 철회했다. 하지만 2019년에는 이전에 거둔 발전이 후퇴하여

──── 테크노소셜리즘

전 세계적으로 14만 명의 환자가 발생했다(1950년 이후 홍역 기록으로는 최악의 해였다).

3. 소아마비

기원전 1400년 이집트 때 상형 문자 부조에 소아마비 증상이 나타난다. 미국 최초 소아마비 유행병의 기록은 1875년 기록이다. 1916년 뉴욕에서 발생한 소아마비 유행병으로 6,000명이 사망하고 2~3만 명이 영구적으로 마비되었다. 그 결과 수영장, 유원지, 공공도서관, 공공공원이 전염 우려 때문에 폐쇄되었다. 인공호흡장치가 1928년에 도입되었는데 장비 1개당 1,500달러의 비용이 소요되었다(당시 평균 가족의 비용으로 오늘날 기준으로는 약 23,000달러다). 인공호흡장치는 1955년 백신이 나올 때까지 가장 효과적인 소아마비 치료 방법이었다. 백신이 나오기 전 1988년까지 전 세계에서 매년 35만 명의 환자가 발생했다. 오늘날에는 한 해 500명 이하의 환자가 발생한다. 소아마비 백신을 발명한 조너스 소크 박사는 미국에서 국가 영웅으로 평가되고 있다. 빌&멜린다 게이츠 재단의 최근 활동 덕분에 이 질병을 완전히 없애지 못한 국가는 세 국가 정도다.

4. 장티푸스

두 명의 미국 대통령, 윌리엄 헨리 해리슨과 자카리 테일러는 장티푸스로 사망했다. 남북전쟁 당시 8만 명의 북군이 장티푸스로 사망했는데 이는 전투에서 죽은 사람보다 더 많은 숫자였다. 1800년대 말, 전체 미군이 백신을 접종하여 1차 세계대전의 중요한 사망원인이었던 장티푸스를 박멸했다. 근래 나쁜 수질 때문에 매년 1,100만~2,000만 명이 장티푸스에 감염되며, 그 결과 매년 12만~16만 명이 사망한다. 장티푸스 백신이 있지만 장티푸스를 일으키는 살모넬라 타이피균은 하수로 흘러나가 다른 물과 섞일 수 있다.

역사를 돌아보면 백신은 생명을 살리는 엄청난 성공을 거두었으며, 수십 종류의 질병의 대대적인 유행을 완전히 역전시켰다. 2010~2015년 사이에만 백신은 최소 1,000만 명의 목숨을 살렸다. 역사적 관점에서 보면, 이미 사용 중인 백신 덕분에 누적 10억 명 이상의 사람들이 생명을 건졌거나 장기적 장애를 피했던 것이다. 추정컨대 대량 사망 예방, 막대한 의료 및 치료 비용 절약, 경제적 손실 감소 등과 같은 간접 효과로 인한 경제적 편익이 수조 달러가 될 것이다.

하지만 최근 발생한 백신 거부 운동으로 이러한 성과의 상당 부분이 사라질 수 있다. 백신 거부 운동으로 인한 세계 경제 피해 규모는 20억~50억 달러 정도이며, 매년 백만 명 이상이 사망할 것으로 추정된다. 이런 가짜 정보와 싸우는 한 가지 방법은 과학과 과거 백신이 가져온 엄청난 성과를 사람들에게 교육하는 것이다.

백신으로 예방 가능한 질병들로 인해 미국의 성인들을 치료하는 데 연간 약 90억 달러가 소요된다. 오늘날 백신접종 덕분에 200만~300만 명의 사망을 예방하지만 백신접종이 더 확대되고 최근 20년 동안 등장한 백신 거부 추세를 되돌린다면, 추가로 150만 명의 사망을 예방할 수 있다. 유럽 지역의 홍역 환자는 20년 만에 최고 수준이며, 지난해 72명의 아동과 취약한 성인들이 홍역으로 사

테크노소셜리즘

망했다. 유럽 지역은 지난 10년 이상 홍역으로 인한 사망자는 한 명도 없었던 것에 비하면 의미 있는 숫자다. 영국 국립보건원의 새로운 연구에 따르면, 2012~2013년 동안 머지사이드주에서 홍역으로 발생한 총비용(440만 파운드)은 홍역을 예방할 수 있는 백신접종 비용(18만 2,909파운드)보다 20배 이상 더 많았다. 이 비용에는 홍역으로 인한 실업과 그에 따른 새로운 구인 활동 비용이 포함되어 있으며, 총비용의 약 44%(200만 파운드)를 차지했다.

2020년 4월 카이저 패밀리 재단Kaiser Family Foundation의 연구에 따르면, 보험에 가입하지 않은 코로나19 환자 치료비가 139억 달러에서 418억 달러까지 소요될 것으로 추정했다. 1998년 발표되어 논란을 불러일으킨 〈랜싯〉 MMR 보고서가 홍역 백신접종 거부로 이어진 걸까? 최근 연구는 자폐 스펙트럼 장애의 절반이 위장관 미생물군계 문제 때문에 발생한다는 점을 강력히 시사한다. 이런 상황에도 불구하고 오늘날 수백만 명이 백신이 유해하다고 믿는다.

백신에 관한 과학을 무시한 장기적인 대가는 전 지구적으로 수조 달러에 달할 것이다. 이런 막대한 지출은 다른 경제 영역에 어떤 영향을 미칠까? 우리는 백신의 작용방식에 대해 교육하고 사람들이 이해할 수 있고 인정할 만한 정보에 공평하게 접근할 수 있도록 더 열심히 노력해야 한다.

│ 기후변화에 대한 무방비 │

기후변화가 세계 경제에 미치는 영향력을 조사해보면, 그것과 대적할 만한 다른 이슈는 거의 없다고 해도 과언이 아닐 정도로 강력하다.

미국, 영국, 호주는 앞장서서 기후변화를 부정하는 국가들이다. 이와 달리 당신이 중국, 아르헨티나, 이탈리아, 스페인, 터키, 프랑스, 인도에 산다면 기후변화를 사실로 받아들이는 인구의 80% 이상에 속한 사람이다. 모건 스탠리에 따르면, 지난 3년 동안 기후 재난으로 북미에서만 4,150억 달러의 피해가 발생했고, 그중 많은 부분이 기후변화와 관련된 산불과 허리케인으로 인한 것이었다. 2017년에는 텍사스에서 발생한 허리케인 하비로 인해 1,250억 달러의 피해가 발생한 것으로 추정된다. 2012년 허리케인 샌디는 약 710억 달러의 피해를 입혔다.

더 심각하고 집중적인 기후변화는 이미 세계 경제에 뚜렷한 영향을 미치고 있다. 호주의 경우 호주 기후위원회는 고수온으로 인해 그레이트 배리어 리프(호주 북동부 퀸즈랜드 해안을 따라 발달한 큰 산호초)에 백화 현상이 발생해 1만 개의 일자리가 사라지고 2025년까지 매년 10억 달러의 관광 수입이 줄어들 것으로 추정된다.

2019년 1월 16일 전 연준의장 4명, 백악관 경제자문위원회 전 위원장 15명, 노벨상 수상자 27명(대부분 경제학상)이 점진적으로 탄소세를 인상하여 그 수입을 소비자에게 '탄소 배당금' 또는 세금 공제로 배분하는 정책에 찬성하는 서한에 서명했다.

지구온난화로 인한 피해 증가

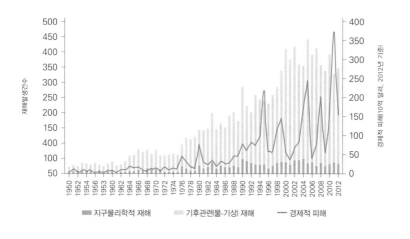

자연재해 발생 빈도가 잦아지면서 피해가 증가하고 있다.

출처: EMDT(2017); OFDA/CRED International Disaster Database

기후변화를 부정하고 아무런 대책을 세우지 않는 행동에 따른 대가와 해택을 따져보자. 기상 변화에 따른 비용, 인프라와 경제에 미치는 피해, 대규모 난민 위기로 이어지는 식량부족이나 기후 난민과 같은 재난 사태가 분명히 발생한다. 하지만 에너지 인프라 시설을 개선하면 초기에는 비용이 증가하지만, 장기적으로 에너지 저장 효율성이 높아져 비용이 낮아지고 신뢰성이 높아져 경제에 긍정적인 영향을 미칠 것이다. 한편 부자들은 이동이나 적응을 위한 비용을 더 쉽게 감당할 수 있어 기후변화는 불평등을 더 심화시킬 것이다.

69

PART 2 인류의 변곡점

향후 20~50년 동안 기후변화의 영향은 더 심각해져 역사상 가장 막대한 경제적 피해가 발생할 것이다. 2차 세계대전 마지막 해, 세계 GDP의 약 40%가 전쟁 활동에 지출되었다. 2050년 한 해에만 세계 GDP의 60%가 기후변화에 지출될 것이다. 지금 기후변화 대응을 거부하면 언젠가는 막대한 지출을 피할 수 없게 된다. 역설적으로 결국 기후변화에 대응하지 않을 수 없을 그때가 되면, 초기 재난, 무너진 경제, 해수면 상승으로 인한 범람, 몰려드는 난민 속에서 살아남은 사람들은 막대한 경제적 손실을 감수해야 할 것이다.

21세기의 후반기에 우리가 전 지구적으로 기후변화 문제에 대처하여 인류와 문화의 적응과 지속을 위해 투자하면 2차 세계대전 이후보다 더 큰 경제(공학과 인프라) 호황을 누리겠지만, 그렇지 않으면 엄청난 사회적 혼란이 발생할 가능성이 있다. 족히 10억 명이 넘는 피해자가 발생할 것이다. 이것은 기후변화에 대한 무대책으로 인한 끔찍한 대가다. 기후변화의 경제적 영향은 기대하는 것보다 훨씬 더 심각할 수 있으며 그 영향은 다음과 같다.

- 2050년까지 해수면 상승으로 약 600개의 주요 도시가 소멸
- 2050년까지 쌀, 밀, 감자, 옥수수 생산량의 12~25% 감소
- 2050년까지 해수면 상승과 농업 실패로 인해 3억 6,000만 명에서 10억 명의 기후 생태 난민 발생
- 연이은 기후재난으로 보험 보상금액을 감당할 수 없어 한해 6조 달러의 세계 보험시장이 완전히 붕괴
- 2050년까지 온열 사망자가 250~300% 증가

그동안 전 세계 각국 정부의 역사적 저항과 널리 퍼진 무대책으로 지금껏 본 적 없는 부정적인 경제적, 사회적 영향이 발생할 것이다. 이것은 이미 의문의 여지가 없는 사실이다. 전체적으로 볼 때, 지금 인류가 이런 상황을 바로잡기 위해 전체 세계 경제의 목표를 완전히 재설정하지 않는다면 그것은 완전히 미친 짓이 될 것이다. 이런 내용이 신문의 1면 기사, 케이블 TV 뉴스쇼에서 첫 번째로 다루어지지 않는 것이 이해되지 않는다. 왜 그럴까?

2017년 전 세계의 화석연료 보조금은 5.2조 달러(GDP의 6.5%)라는 막대한 비용으로 기후문제를 해결해야 한다는 사회적 담론과는 정반대 방향으로 움직였다. 여전히 최대 보조금 지급 국가는 중국(1.4조 달러), 미국(6,490억 달러), 러시아(5,510억 달러), 유럽연합(2,890억 달러), 인도(2,090달러)였다. 역설적으로 2015년 보조금을 지급하지 않고 화석연료 가격을 책정했다면 세계 탄소배출량은 28%, 화석연료로 인한 공기 오염 사망자는 46% 각각 감소했을 것이고, 반면 GDP가 3.8% 증가해 정부의 조세수입이 늘어났을 것이다. 전력 생산과 관련하여 화석연료 보조금은 지난 몇 년 동안 재생에너지 보조금의 두 배 이상이었다.

2000~2016년 동안 미국의 화석연료 산업은 기후 정책을 막기 위해 약 20억 달러를 로비자금으로 사용했다. 여기에는 지난 수십 년 동안 기후변화나 지구온난화를 부인하기 위해 기업이 작성한 보고서와 연구에 지출한 돈은 포함되지도 않는다. 또한 기후변화에 대해 일관적으로 무대책을 기본으로 하는 정치인들에 대한 정치자금 기부금도, 수십억 달러의 화석연료 보조금도 포함되지 않는 것

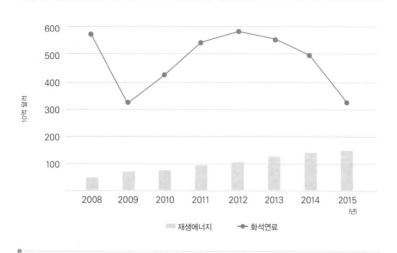

세계 화석연료 소비 보조금 추정치

세계 화석연료 보조금 대 재생에너지 보조금(전력 생산부분만) 현황.

출처: IEA

이다.

　자본주의와 자유시장이 인류보다 산업을 더 중시하는 방향으로 조종될 수 있다는 사실을 이보다 더 잘 입증하는 증거가 있을까? 아마 없을 것이다.

┃ 기술에 대한 두려움 ┃

기술과 학문의 발전에 대한 저항으로 질병, 오염, 열악한 위생 등

테크노소셜리즘

의 결과를 초래하면서 수백만 명의 수명이 단축되고, 경제 잠재력이 제한되고, 의료, 금융, 교육과 같은 기본적인 서비스에 대한 접근이 제한된 계층의 발전이 저지당했다. 아울러 기술은 불평등 가능성을 높이고, 엄청난 경제적 격차를 유발하고, 정치적, 사회적 긴장을 높이고, 인종차별과 증오범죄를 자극하고, 우리가 당면한 문제의 많은 부분에 영향을 끼쳤다.

유전자치료는 곧 유전적 장애와 게놈에서 물려받은 질병을 제거할 도구를 제공할 것이다. 하지만 유전적으로 설계된 아기의 등장과 함께 그에 따른 윤리적 난제에 직면할 것이다. 우리는 곧 화성에 인간이 사는 모습을 보겠지만 대다수는 지구에 이렇게 많은 문제가 있는데 우주에 수십억 달러를 지출하는 것이 과연 맞는지 의문을 제기할 것이다. 오늘날 미국인의 72%가 아마존에서 물건을 주문하고 바로 다음 날 배송받을 수 있다. 하지만 여전히 지구의 수십억 명이 깨끗한 물이나 기본적인 위생을 보장받지 못한다. 우리는 심장발작을 예측하는 데 도움을 주는 스마트워치를 갖고 있다. 하지만 보험사는 개인의 의료 정보와 센서 정보에 기초해 보험상품에 가입하고자 하는 당신을 거절하는 불법행위를 저지른다. 우리는 교통사고와 사망자를 줄여주는 자율주행차를 갖게 되겠지만 수많은 트럭 운전사들이 실직하게 될 것이다.

쉬운 대답은 없는 것 같다. 우리가 기술을 받아들이면 분명히 도전과제에 직면할 것이며 일자리를 잃지 않을까 하는 불안이 발생할 것이다. 하지만 기술 진보를 거부한다면 궁극적으로 훨씬 더 막대한 피해가 발생할 것이며, 특히 우리의 자녀와 자손들이 물려받을 미래에는 더 그럴 것이다. 예컨대 인공지능이나 유전자치료와 같은 기술로 인한 문제점에 초점을 맞출 때 우리의 논의는 이런 난제를 중심으로 전개된다. 이를테면 이런 기술을 받아들여야 할까? 또는 기술을 받아들이기보다 그 잠재적인 피해를 예방해야 할까?

인간이 항상 불가피하게 기술을 받아들여왔다는 역사의 교훈을 고려할 때 이런 논의방식은 문제가 있다. 실제 경제 상황에서 기술을 거부하면 경쟁력에서 뒤처져 끌려 다니다가 결국은 경쟁력을 유지하기 위해 과거에 피했던 기술을 받아들일 수밖에 없다. 기술은 변화를 일으키고 기존 산업은 차츰 쇠퇴한다. 우리는 이제 전 세계적 차원에서 석탄과 석유를 이용하는 행위가 사라지는 시기를 보고 있다. 특정 정치인들의 장기간에 걸친 활동, 산업계의 로비 집단과 노동조합이 수십 년간 이 분야를 지키기 위해 싸워왔음에도 불구하고 말이다. 영화와 음반 산업은 냅스터Napster, 비트토렌트BitTorent와 같은 스트리밍 기술을 거부하고 미디어 콘텐츠의 다운로드를 막기 위해 수억 달러를 쏟아부었지만 실패했다. 오늘날 스트리밍 서비스는 주요한 매체 전달 수단이 되었다.

역사적 맥락에서 살펴보면 앞으로의 사회는 새로운 기술로 질서정연하게 이전하는 과정을 훨씬 더 잘 수행할 것이다. 일자리 교육 훈련 프로그램을 만들어 석탄 광부들을 다른 산업들, 예를 들면 크리스털, 실리콘과 같은 다른 자원을 채굴하는 광산으로 이전시키거나, 에너지 산업을 개편하여 재생에너지와 에너지 저장시스템으로 전환할 수 있을 것이다. 특히 태양 에너지는 세계 모든 주요 국가에서 석탄이나 가스를 이용한 발전 단가보다 더 저렴한 시기가 도래했다. 향후 20년 동안 불가피하게 지구 전체가 이러한 재생 가능한 에너지 시스템을 지향하게 될 것이다. 그런데도 왜 이런 에너지에 인센티브를 제공하지 않는 것인가?

우리에게는 다양한 잠재적 미래가 놓여 있다. 스펙트럼의 한쪽 끝에는 변화를 극단적으로 거부하는 경로, 다른 한쪽 끝에는 새로운 획기적인 기술을 수용하고 변화된 세계에 적응하는 최적의 경로가 있다. 아울러 명확한 정책 방향을 갖고 기후변화를 완화하는 노력을 하면서 평등과 포용을 개선하고 강력한 윤리적 기준을 강화할 수 있다. 혹은 정치적 혼란을 감수하거나 기본적인 과학적 자료를 무시하고 완전히 방임적인 접근방식을 선택할 수도 있다.

우리 앞에 놓인 과제는 어떤 유형의 사회가 이러한 가능성의 용광로에서 나와 전진할 것인지를 예상하는 것이다. 우리는 이 질문에 대답하려고 시도할 것이며, 그렇게 함으로써 세계가 만나게 될 가장 가능성이 높은 경로 또는 가능성의 범위를 그려볼 것이다. 테크노소셜리즘 세계를 언급하는 것은 정치 철학을 바꾸기 위한 정치 전략에 관해 말하려는 것이 아니다. 다양한 압력들이 결합하여 지구적 변화를 초래하고, 이에 따라 우리 사회와 생활방식이 재편될 것임을 알리려는 것이다.

이런 이슈 중 가장 긴급한 것은 기후변화의 영향이다. 하나의 생물종으로서 인류가 기후변화에서 살아남으려면 탄소배출로 인한 대규모 피해를 회복하고 공기와 물에서 오염물질을 제거하고 화석연료 사용을 중단해야 한다. 지구의 산림파괴를 막기 위한 완전히 새로운 산업을 창출해야 한다. 미래 세대를 위해 반드시 이 과제를 수행해야 하는데도 현실은 여전히 정치적으로 수용 가능한 탄소배출량을 놓고 논쟁 중이다. 이런 논쟁만 계속하다가는 백 년 뒤에는 더 이상 지구에 사는 그 어떤 사람도 일자리를 잃은 석탄 광부 또는 내연기관 엔진에서 오염물질을 방출하는 자동차회사에 대한 논쟁 따위를 할 수 없을 것이다. 쓸데없이 논쟁하는 동안 우리의 후손들을 절망에 빠뜨릴 최악의 시나리오가 눈앞에 다가오고 있다.

인간이 지금과는 다른 시각으로 자원을 배분했다면, 돈과 화폐가 존재하지 않는다면, 그런 세상에서는 기후변화가 결코 위협적이지 않을 것이라는 말은 맞을 것이다. 하지만 실제로는 그렇지 않다. 따라서 그런 상태를 만든 시스템을 고쳐야 한다. 너무 이상적인가? 너무 순진한가? 우리의 형편없는 정책과 계획에 의해 만들어질 미래를 후손들에게 물려주지 않는 것이 윤리적이고 포용적인 사회가 마땅히 걸어가야 할 유일한 길이다.

지금은 중대한 시기다. 당신은 해결책을 만들거나 혹은 그 문제를 그냥 받아들일 수도 있다. 지구의 한 구성원으로서 인류의 미래를 위해 노력하거나, 아니면 지난날 다양한 시기에 등장했던 정치적, 경제적 이데올로기들과 한패가 되어 역사상 등장했던 그 어떤 전쟁보다 더 많은 사람을 죽일 수도 있다. 지금은 인류의 획기적인 전환점이다. 당신은 어느 쪽에 설 것인가?

PART 3

기술 슈퍼부자들

"인류의 1%가 하위 99%가 소유한 것과 맞먹는 부를 통제하는 세
상은 절대 안정될 수 없다."

버락 오바마 대통령의 유엔총회 고별 연설(2016.09.)

부를 깔때기라고 상상하면 왜 억만장자나 미래의 슈퍼부자들의 부가
거의 무한대로 증식하는 것처럼 보이는지 쉽게 이해할 수 있다. 부가 하
나의 사업에 묶여 있는 일부 억만장자들의 경우 그 산업계가 침체하거
나 그들의 사업에 문제가 생기면 부는 줄어든다. 하지만 대부분의 억만
장자들의 자산은 매일 점점 더 많이 계속 축적된다. 억만장자 대부분은
아무리 빠르게 수많은 돈을 지출하거나 기부해도 빈털터리가 되지 않
는다. 아무리 노력해도 가진 부가 절반으로 줄어드는 일조차 일어나지
않는다.

2000년 빌 게이츠와 멜린다 게이츠 부부는 재단을 설립하고 468
억 달러를 기부했다. 당시 그는 세계 최고의 부자로서 재산이 600
억 달러였으며 기부금액은 그의 재산의 약 80%였다. 그 기부 이

세계의 억만장자들

세계에서 가장 부유한 억만장자들의 순자산은 증가했다.

출처: Forbes, Seeking Alpha, Annual Reports 등

후 지금 빌 게이츠의 재산은 그때보다 더 많아진 1,350억 달러다. 2020년 아마존의 공동설립자이자 제프 베이조스의 전 부인 맥킨지 스콧은 구호단체와 자선기관에 60억 달러를 기부했다. 2020년에만 그녀의 순자산은 233억 달러가 증가했다.

억만장자들은 자산을 투자상품, 새로운 기업, 벤처 캐피털, 사모펀드에 효율적으로 배치하기 때문에 새로운 부를 획득하는 그들의 능력이 더 확장된다. 그 결과 그들은 점점 더 부자가 된다. 이런 부 획득력은 오늘날 세계 최대 금융자원이 불공평하게 배분되어 있다

는 것을 의미한다. 코로나19 팬데믹이 가장 부유한 사람들과 가장 가난한 사람들에게 미친 영향을 한번 살펴보자.

세계 상위 25대 부자들은 2018년 3월부터 2021년 1월까지 8,000억 달러의 부를 축적했다. PWC의 계산에 따르면, 전 세계 2,189명의 억만장자 중 25명의 최고 부자들의 재산은 2020년 동안 모두 1조 9,000억 달러 증가했다. 이것은 역사상 처음으로 세계 억만장자들의 전체 재산 규모가 2017년 말 8조 9,000억 달러에서 10조 달러 이상이 되었다는 뜻이다.

다른 한편으로 세계은행은 코로나19로 인해 2021년 말까지 1억 5,000만 명이 '극빈층'으로 전락할 것이라고 경고했다. 전 세계의 극빈층은 2019년에 8,000만 명이었다. 전 세계적으로 극빈층이 증가하는 것은 20년 만에 처음 발생한 일로서 심각한 통계수치다.

유엔 경제사회사무국이 2020년 초에 발간한 〈세계사회보고서 World Social Report〉에 따르면 소득 불평등은 2008년 금융 위기 이후 대부분의 선진국에서 증가했다. 전체 인구의 70% 이상이 팬데믹 이전에 이미 일상적인 삶의 질에 타격을 받고 있었다. 이미 언급했듯이 기후변화와 팬데믹은 상류층보다 저소득층과 중산층 가구에 훨씬 더 심각한 영향을 미쳤다.

세이브 더 칠드런 재단이 수행한 37개국 조사에 따르면, 4가구 중 3가구가 팬데믹 시작 이후 소득이 감소했다. 전 세계적으로 코로나 팬데믹이 불평등을 증가시킨 최소 네 가지 이유는 다음과 같다.

1. 고임금 노동자는 재택근무를 할 수 있지만 저임금 노동자들은

보통 근무 유연성이 떨어진다. 그 결과 그들은 실질임금이 줄어들 가능성이 있을 때에도 일을 계속하기 위해 더 많은 비용을 감당해야 한다.

2. 저소득층 및 중산층 노동자의 많은 비율이 간호, 경찰, 교육, 청소, 위생, 소매점과 같은 필수 서비스직에 종사한다. 그들은 직업 특성상 감염된 사람들과 접촉할 확률이 더 높다.

3. 저소득층 및 중산층 노동자들은 호텔, 레스토랑, 관광산업처럼 봉쇄나 통행 제한으로 부정적인 영향을 받는 분야에 상당히 많이 종사한다.

4. 선진국과 개발국을 비교해보니 팬데믹이 극빈층과의 불평등 증가를 가속화했다. 특히 기업을 지원하고 실업자를 위한 사회 안전망을 제공하는 대규모 경기부양 프로그램을 실행한 선진국에서 더 뚜렷하게 나타났다.

팬데믹의 여파로 불평등은 계속 논쟁적인 이슈가 될 것이다. 중기적으로는 시장구조가 기술을 중심으로 상당히 중대한 변화를 겪게 될 것이며, 이로 인해 앞으로 불평등 해소가 더 어려워질 수 있다.

시장과 부를 재편하는 기술

요즘 세계에서 시가 총액 상위 10개 기업 중 9개는 기술 기업이다. 2021년 1월 현재 기업의 시장가치 순으로 나열하면 다음과 같다.

1. 애플: 2조 5,500억 달러

2. 사우디 아람코: 1조 7,500억 달러

3. 마이크로소프트: 1조 7,000억 달러

4. 아마존: 1조 6,000억 달러

5. 델타 일렉트로닉스(태국): 1조 4,000억 달러

6. 알파벳(구글): 1조 2,000억 달러

7. 테슬라: 8,340억 달러

8. 페이스북: 7,570억 달러

9. 텐센트: 7,380억 달러

10. 알리바바: 6,200억 달러

세계 10위 기업 중 기술 기업이 아닌 곳은 사우디 아람코 하나뿐이다. 따라서 지구상에서 가장 부유한 25명의 억만장자 중 절반이 기술 중심 기업과 관련이 있다는 점은 놀라운 일이 아니다.

미국의 5대 기술주들의 시장가치가 10년도 안 되어 6조 4,000억 달러 증가했으며 코로나19 기간에 기술 기업의 주가는 폭발적으로 증가해 불과 한 해 동안에 총 시장가치가 2조 6,000억 증가했다. 이런 추세는 이들 5개 기술 기업(페이스북, 아마존, 애플, 마이크로소프트, 알파벳)만의 일이 아니다. 시장은 기술 자본과 가치 창출을 중심으로 재편되고 있다. 이런 주식들이 성장한 것은 팬데믹 기간에 더 유용했고 사람들의 삶에 깊이 파고들어 더 큰 잠재력을 갖게 되었기 때문이다.

지난 200년 동안 상대적으로 안정된 유일한 산업은 금융이었다.

규모가 더 커진 거대 기술기업

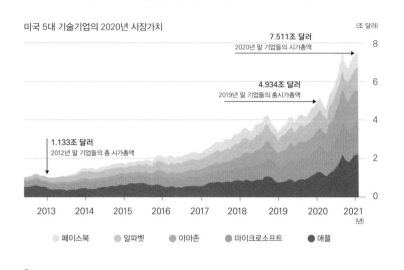

미국 5대 기술기업의 2020년 시장가치   (조 달러)

7.511조 달러
2020년 말 기업들의 시가총액

4.934조 달러
2019년 말 기업들의 총시가총액

1.133조 달러
2012년 말 기업들의 총 시가총액

2013 2014 2015 2016 2017 2018 2019 2020 2021
(년)

● 페이스북   ● 알파벳   ● 아마존   ● 마이크로소프트   ● 애플

지난 10년 동안 시가총액이 증가한 거대 기술기업 현황

출처: FactSet (Graphic Kara Dapena / The Wall Street Journal)

하지만 오늘날 금융 역시 기술에 의해 크게 요동치고 있다. 2020년
알리페이, 텐센트 위챗페이, 엠페사, 페이티엠, 카카오 등과 같은
모바일 기반 결제 시스템의 총 결제금액은 약 55~56조 달러였다.
참고로 전 세계 신용카드 산업 전체의 결제금액은 26조 달러 이하
였다.

20년 뒤 순수 핀테크 기업들이 금융서비스 시장 총 가치의 약 3
분의 1을 차지할 것이다(현재 연간 약 23조 달러). 더 중요한 점은 전통
적인 금융서비스 기업들도 모두 디지털로 전환되어 대부분 기술 중

심 기업이 된다는 것이다.

육상 교통은 고도로 자동화되고 전기차가 자동차 시장을 완전히 압도할 것이며, 핵심 역량이 배터리와 저장 기술, 인공지능 기반 자율주행 모델로 바뀔 것이다. 개인 소유의 자동차는 급격히 감소할 것이며, 자동차는 주로 구독 기반 또는 공공 소유의 인프라가 될 것이다.

의료기술은 주로 유전자치료, 실시간으로 건강을 모니터하는 바이오센서 기술, 인공지능 기반 진단 능력에 크게 의존할 것이다. 의약품은 점차 사람들 각각의 유전체와 실시간 센서 정보에 기초해 맞춤형으로 제공될 것이다.

재료 과학 분야에서 점점 완전히 새로운 세계가 펼쳐질 것이다. 나노기술과 소행성 채굴이 시장을 완전히 바꿀 것이다. 광업의 경우 계속 땅에서 천연자원을 채굴하겠지만 고도로 자동화되고 지속 가능한 수요와 환경 영향을 고려하여 운영될 것이다. 천연자원의 재활용 그 자체가 하나의 온전한 학문 분야가 될 것이다.

세계 최대 기업의 미래는 기술 발전에 맞추어 전개될 것이며, 주식시장은 기술을 가장 중시하는 기업들과 전체 기술의 성장에 의해 움직일 것이다. 땅에서 자원을 채굴하고, 식량을 생산하거나 원재료를 제품으로 바꾸는 역량은 분명 경제의 구성요소로 남겠지만 더 이상 시장 수익과 성장을 주도하지는 못할 것이다. 21세기의 모든 선도 기업들은 기술을 가장 중시하고 산업 전문화를 이차적으로 여기게 될 것이다. 따라서 의료기술기업, 에너지기술기업, 자율교통기업, 자동화된 제조기업(예를 들어, 기가팩토리), 알고리즘 금융 등이 나타날 것이다. 이런 이유로 기술 자체가 기업가와 산업가들이 21세기에 돈을 버는 방식을 새롭게 바꾸어, 더 이상 생산성(고도의 자동화를 의미하지만), 독점적 운영방식, 또는 브랜드 지배력과 같은 전통적인 지표에 의존하지 않게 될 것이다.

| 미래를 지배하는 산업 |

향후 20~30년 동안 어떤 산업 또는 기술이 시장 성장을 주도할까? 다른 논평가들처럼 우리도 다음과 같은 내용들이 포함될 것으로 본다.

1. **인공지능** 인공 일반 지능Artificial General Intelligence, 자율주행차, 개인용 디지털 비서, 의료 진단 또는 로봇 배송 장치는 새로운 시장을 창출하는 수준의 변화를 가져오고 지배력을 갖는다. 인공지능은 10년 내 모든 산업으로 확산할 것이며 인간의 상호작용을 똑같이 구현하는 인공지능이 2030년대까지는 나오지 않겠지만 수천만 개의 일자리가 자동화에 의해 사라질 것이다.
2. **장수 요법과 건강 기술** 장수 요법 또는 생명 연장은 그 자체로 몇 조 달러 규모의 시장이 될 것이다. 유전자 치료법과 바이오 기술, 의료용 센서 기술, 인공지능 기반 진단은 시장을 움직이는 거대한 기술이 될 것이다. 생명 연장은 수익성이 높으며, 적어도 초기에는 매우 독점적이고 값비싼 분야가 될 것이다.

3. **임베디드 기술**Embedded Technologies 스마트폰은 곧 머리에 착용한 디스플레이를 통해 자료를 제공하는 증강현실 기반 개인용 컴퓨터인 스마트 글라스로 보강될 것이다. 개인용 인공지능 비서가 우리 삶에 깊숙이 뿌리내릴 것이다. 스마트뱅크 계정이 우리의 돈은 관리하고 스마트 헬스케어 모니터링이 인공지능 서비스, 유전자 은행 등과 연결될 것이다. 로봇이 거리를 돌아다니고 자율 드론이 하늘을 날아다닐 것이다.

4. **소행성 채굴** 먼 이야기가 아니다. 민간 상업 우주선이 발전하면서 2030년대에 소행성 광석 채굴이 분명히 가능해질 것이다. 유일한 소행성 광석 채굴 후보인 소행성 16프시케는 10,000,000,000,000,000,000달러 또는 세계 경제 전체보다 약 10만 배 더 큰 가치가 있다고 말한다. 이와 같은 소행성 채굴은 21세기 후반기에 태양계를 넘어 인간의 확장을 가속화할 것이다.

5. **기후 완화 활동** 지구를 푸르게 만들고, 소매 에너지 생산과 유통을 재편하고, 극지의 빙상과 빙하가 녹지 않게 하고, 빨라지는 해수면 상승으로부터 도시를 보호하는 방파제를 건설하고, 탄소 제거 기술을 개발하고, 오염물질을 제거하는 일들은 모두 미래에 큰 일자리를 제공할 것이다. 종종 국가의 지원을 받긴 하겠지만 기후변화를 완화하는 분야에서 특별한 지식재산권을 확보하는 기업들의 가치가 매우 높아질 것이다.

6. **글로벌 인터넷 상거래 플랫폼** 인류의 마지막 10%에 인터넷 접근성을 제공하는 스타링크와 다른 기술 기업들, 스마트폰, 스마트

글라스, 스마트 지원 에코시스템을 통해 완전히 새로운 상거래와 서비스 계층을 만들어내는 글로벌 플랫폼들이 번영할 것이다.

7. **차세대 교육** 교육은 21세기에 엄청나게 새롭게 재편된다. 산업시대의 공교육 등장과 마찬가지로 교육 혁명은 이미 충분히 준비되어 있으며, 기존 교실 모델에 비해 언제, 어디서나 접근 가능하고 기술 중심의 지식 전달 모델이 장기적으로 승자가 될 것이다. 아이들에게 적응 능력을 가르치는 일이 매우 중요해질 것이다.

8. **자율 탄소 중립 교통** 테슬라가 오늘날 세계에서 시가총액이 가장 큰 기업이 된 것은 가솔린·경유를 이용하는 내연기관을 전기모터와 리튬 배터리로 대체했기 때문이 아니라 자동차의 패러다임 자체를 바꾸었기 때문이다. 자율주행차는 소유보다는 구독 서비스로 이어질 것이며, 전기자동차가 자동차 시장을 장악하면 완전히 새로운 충전 및 배터리 기술이 개발되고 재활용이 촉진될 것이다.

9. **실험실에서 재배한 식량, 로봇과 수직농법**(다층 선반에서 식물을 재배하는 농법) 실험실에서 키운 육류, 어류, 닭, 와인이 이 지속 가능한 저탄소 식량 생산의 주요한 특징이 될 것이며, 도시에 수직 농장이 설치되어 공급망이 단축될 것이다. 로봇 농업 기술 역시 상업적 농업을 고도로 자동화할 것이다. 블록체인을 이용해 식품 이력을 더 잘 추적할 수 있을 것이다.

10. **메타 물질과 나노기술** 탄소 나노튜브, 바닷물의 염분을 제거하는

나노 필터, 인공 광합성, 더 나은 광변환 소자처럼 나노기술을 이용한 새로운 물질은 이제 막 시작 단계다. 향후 20년 내 우리는 화성과 달에서 현지 자원을 활용하여 지블란ZBLan(가장 안정적이어서 가장 많이 사용되는 불소 유리), 상온 초전도체 등과 같은 새로운 무중력 물질을 만들어낼 것이다.

역설적이게도 소행성 채굴을 제외하면 이런 분야들은 거의 대부분 1900년대 초의 선도적인 기업들에서 전혀 다루지 않은 것들이다. 포드는 개인이 이용 가능한 교통수단을 혁신하였고, 오늘날 테슬라가 똑같은 일을 하고 있지만, 자율주행 전기차는 확실히 자동차의 존재 자체를 다시 생각하게 만드는 최초의 원리와 관련 있다. 몇 년 뒤 당신은 자율주행차를 타고 가면서 무엇을 하겠는가? 우리는 차를 소유할까? 통근이라는 것을 할까? 새로운 산업의 등장은 우리에게 많은 질문을 하게 한다.

미래의 억만장자들은 대략 세 가지 범주, 즉 혁신가, 질서 파괴자, 인도주의자에 속할 것이다. 혁신가는 베이조스, 마윈, 저커버그와 같은 사람들이다. 그들은 신기술을 적절한 규모로 적용하여 저렴한 유통비용으로 서비스 범위를 빠르게 확장하면서 사업을 구축한다. 질서 파괴자는 스티브 잡스, 일론 머스크처럼 사회 속에서 기술을 재구성하여 삶의 행태를 획기적으로 바꾸고, 산업을 전면적으로 바꾸는 사업을 창출한다. 인도주의자는 빌 게이츠와 같은 사람들로서 인류를 계몽하는 노력을 기울여 인류를 발전시키고 가난하고 소외된 자들을 위해 싸운다(그들의 해결책과 행동으로 찬사를 받는다).

21세기의 선도적인 '산업가'들은 지식 노동자를 고용할 것이다. 지식 노동자는 20세기의 몰락하는 산업에서 기술 혁신을 이루거나 혁신적인 기술을 더 넓은 분야에 빠르게 적용한다. 2050년에 지구에서 가장 큰 부자는 철강제조업자, 소매업자, 농부나 광산소유자가 아니라 떠오르는 분야 중 한 곳에서 나올 것이다. 슈퍼부자는 지금은 등장하지 않았지만 아마 인공지능 기반 사업 분야에서 나올 것이다.

엄청난 부를 창출할 인공지능

인공지능, 특히 결정적으로 중요한 인공 일반 지능은 분명히 특정 지역 또는 특정 기술에서 기반한 다양한 특색을 지닌 전문화가 이루어지겠지만, 그렇다고 너무 많은 종류의 인공지능이 꼭 필요하지는 않을 것이다. 아마 인공지능은 컴퓨터 운영체제나 앱스토어처럼 발전할 것으로 생각된다. 시장에서 차별성 있는 다양한 종류의 인공지능이 등장하겠지만 최고의 투자를 받는 인공지능이 가장 많이 가장 폭넓게 사용되는 인공지능이 될 것이다. 적극적 사용자 기반(또는 심층적인 상호작용)이 가장 많은 인공지능이 최고의 데이터와 학습 경험을 갖게 되어 가장 정확하게 반응하고, 그 결과 점점 더 확산되어 선택받게 될 것이다. 이런 방식으로 인공지능은 소규모 기술 스타트업이 아니라 자신의 역량을 급속하게 구축하고 확장할 수 있는 능력을 지닌 기업들이 소유할 것이다. 우리가 일상에서 사

테크노소셜리즘

용할 인공지능은 누가 소유할까? 먼저 이 책에서 사용하는 인공지능의 개념부터 정의하도록 하자.

인공지능이라는 용어가 처음 언급된 곳은 1860년대 대중문학 작품이었다. 1868년 에드워드 엘리스의 《대초원의 증기인간The Steam Man of the Prairies》에서 시작하여, 곧이어 1872년 새뮤얼 버틀러의 소설 《에레혼Erewhon》이 발표되었다. 그 이전 버틀러는 1863년 6월 13일 〈더 프레스The Press〉에 발표한 글에서 언젠가 인간을 능가하는 일종의 기계 생명을 언급했다. 1818년에 발표된 마리 셸리의 《프랑켄슈타인》도 일종의 인조 생명으로 간주할 수 있다. 로봇이라는 용어, 더 구체적으로 말하면 체코어 로보티roboti가 최초로 사용된 곳은 1921년 카렐 차페크가 쓴 공상과학 희극 《로숨의 유니버설 로봇Rossum's Universal Robots》이었다. 1923년 차페크의 희극은 최소 30개 언어로 번역되었다. 이 희극에서 언급된 로봇은 오늘날 우리가 생각하는 로봇과 정확히 같지는 않다. 안드로이드나 인조인간과 더 비슷했다. 최근 소설에 나타난 로봇은 《스타트랙Star Trek》의 데이터 중령, 영국 공상과학 시리즈 〈휴먼스Humans〉의 안드로이드, 또는 컴퓨터 게임 〈디트로이트〉에 나오는 안드로이드들이다. 하지만 '로봇'이라는 용어는 이미 정착되었고 오늘날에도 여전히 사용되고 있다. 로봇은 체코어로 기계 노예라는 의미를 함축한다는 것도 유념할 필요가 있다.

추론을 모방할 수 있는 기계를 수학적으로 표현하고 정의하려고 최초로 시도한 사람은 앨런 튜링Alan Turing이었다. 튜링은 "인간이 기계의 반응과 인간의 반응을 구분할 수 없다면 그 기계는 '지능적 존재'로 간주될 수 있다"고 최초로 말했다.

일반적인 인공지능이든 자연어처리(NLP)와 같은 특수한 능력을 지닌 인공지능이든 현재 인공지능에 가장 많이 투자하는 기업은 대부분 서구와 중국의 거대 기술기업들, 즉 앞에서 언급한 GAFA, FAANG, BATX이다. NLP 분야에서 가장 일반적인 상업적 사례는 아마존 에코 또는 알렉사와 같은 스마트 홈스피커에 장착된 인공지능이다. 안드로이드나 iOS 운영체계에 기반한 앱스토어와 같은 수만 가지 음성 기반 스마트 지원기기가 하나같이 상업적으로 큰 성공을 거두리라고 기대하지 않는다. 인공지능 역량 개발에는 수십억 달러가 소요되고 그와 관련된 마케팅과 하드웨어 유통에 거대한 기업 조직이 필요하기 때문이다.

결국 초반 투자에 성공한 거대 기술기업들이 장기적으로 최대 승리자가 될 것이다. 인공지능의 일부 특정 구성요소나 기술을 개발하는 기업들은 거대 기술기업에 의해 인수당할 것이다.

│ 확대되는 불평등 │

2018년 옥스팜은 세계 최고 부자 26명이 38억 명, 즉 세계 인구의 약 50%가 소유한 부와 맞먹는 자산을 갖고 있다는 내용의 보고서를 발표했다. 2013년에는 세계 최고 부자 86명이 세계 인구 절반이 가진 부를 소유했다. 2020년에 팬데믹 탓에 세계의 부가 7.2조 달러 감소했다. 하지만 세계 억만장자들의 부는 2020년 3월부터 12월까지 총 3.9조 달러가 늘어났다.

1995~2017년 지역별 억만장자들의 부의 변동

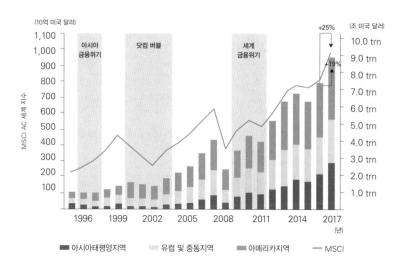

출처: UBS Wealth Management and PwC

2018년부터 2020년까지 억만장자들은 하루에 약 25억 달러를 벌어들였다. 그 결과 세계 최고 부자들의 부는 19% 늘었지만 세계에서 가장 가난한 절반의 부는 12.8% 줄었다. 그럼에도 불구하고 미국과 영국의 경우 억만장자들의 평균 세율은 세금 납부자의 하위 10%보다 훨씬 더 낮다. 프로 퍼블리카ProPublica는 2021년 6월 제프 베이조스가 2007년, 2011년, 2018년에 개인적으로 세금을 한 푼도 내지 않았다고 발표했다. 코로나19 기간에 인도 최고 부자 무케시 암바니가 단 한 시간 동안 번 수입을 비숙련 노동자가 벌려면 1만 년이 걸린다. 최근 억만장자가 가장 많이 증가한 곳은 미국이 아니라 중국이다. 앞으로 3년이 지나면 중국의 억만장자 수가 미국을 추월할 것으로 예상된다.

자본주의와 효율적인 시장의 지지자들은 개인보다는 기업이 자원을 더 효율적으로 배분할 것이며, 또 사회의 가장 가난한 사람들보다는 억만장자들이 훨씬 더 효율적으로 자원을 사용할 것이라고 주장할 것이다. 2018년 9월 일론 머스크는 '조 로건 익스피어런스Joe Rogan Experience' 팟캐스트에 출연해 대체로 억만장자들이 보통 사람들보다 자원배분을 더 잘한다고 말했다. 그는 그들이 추진력도 더 강하며, 대규모 자원에 접근하지 못하고 그런 자원의 전환을 관리한 경험과 능력도 없는 사람들보다 훨씬 더 효율적으로 상황을 바꿀 능력이 있다고 주장했다. 머스크는 자신이 엔지니어이고 그의 회사가 이룬 가장 중대한 발전은 혁신적인 분야였지만 그가 해결해야만 했던 가장 어려운 문제는 그런 기술을 제조와 업무 과정에 가장 폭넓고 가장 비용효율적으로 적용하는 일이었다고 말했다.

오늘날 자유시장 경제가 최고의 방법을 통해 생산량과 주주 이익의 측면에서 가장 효율적인 자본 이용자들에게 부를 배분하는 것은 분명하다. 하지만 이런 시스템이 최고로 효율적이라는 의미는 아니다.

가설이지만 어떤 사람은 선의의 탁월한 중앙집중적인 계획을 가진 한 명의 포퓰리스트가 동일한 일을 수행하는 다수의 실행자보다 자원을 더 효율적으로 배분할 수 있다고 주장할 수 있다. 자원배분을 분권화하여 합리적인 통제 메커니즘에서 멀어질수록 가치교환 메커니즘의 효율성이 떨어질 가능성이 더 큰 것처럼 보인다. 하

테크노소셜리즘

지만 완전 경쟁이 반드시 완벽한 자원배분을 만들어내지 않는 것은 경쟁자들보다 더 효율적인 독점 기업이 등장하기 전에는 반드시 엄청난 혼란이 발생하기 때문이다.

국가 또는 세계의 부를 더 많이 통제하는 억만장자들이 증가할 때 한 가지 큰 문제는 억만장자들의 추진력과 능력이 그들이 소유한 부나 이용 가능한 자원과 반드시 비례하지는 않는다는 점이다. 예컨대 미국 2위의 비상장기업 코크 인더스티리즈를 소유한 코크 형제는 수십 년에 걸쳐 부를 창출했지만 빈곤, 노숙인, 식량부족, 또는 기후변화를 완화하기 위해 이렇다 할 만한 노력을 기울이지 않았다. 사실 그들은 이러한 공동체적 관심사에 관한 여러 지표를 악화시키는 데 기여했다. 억만장자들만 비난하려는 게 아니다. 믿기 힘들 정도의 부를 보유하고 세계에서 가장 똑똑한 인재와 가장 희소한 자원을 독점한 무려 몇 조 달러 규모의 기업들을 우리가 비난할 이유는 없다.

하지만 한 번 살펴볼 필요는 있다. 애플사를 살펴보자. 오늘날 애플은 약 2,000억 달러의 현금을 보유하고 있다. 이것은 영국 외환보유고 전체 금액보다 더 많고, 호주 외환보유고의 몇 배에 해당한다. 구글과 페이스북과 마찬가지로 애플도 지구에서 가장 똑똑한 사람들을 고용한다. 하지만 그렇게 확보한 부가 역대 최고의 아이폰, 점점 얇아지는 맥북 에어, 색다른 공간감을 지닌 헤드폰, 터치스크린을 만드는 것 이외에 인류를 위해 무슨 일을 했을까? 구글에는 수만 명의 머신 러닝machine learning 박사, 데이터 과학자, 소프트웨어 엔지니어가 있다. 하지만 음성 검색 능력이나 최근 인스타그램에서 고

양이를 식별하는 능력 이외에 사회에 실제로 도움을 주는 경우는 아직 많지 않다.

이런 기업들과 개인들이 천문학적인 시장가치를 창출하고 GDP를 성장시키지만 사회적 차원(예를 들어, 서비스에 대한 기본적인 접근성이나 금융의 모바일화 측면)에서 얻는 혁신이나 개선의 수준은 매우 빈약하다고 말할 수 있다. 우리는 에너지, 교육, 연구 및 개발, 의학 분야를 혁신하는 데는 느리다. 지난날 얼마나 많은 저에너지 전기차가 화석연료 기업이 획득한 특허권, 또는 자본 부족 때문에 사장되었는가? 얼마나 많은 암 치료제가 돈벌이가 시원치 않다는 이유로 거대 제약기업에 의해 보류되었는가?

부를 축적하는 것과 그것을 인류 발전을 위해 널리 사용하는 것은 아주 다른 별개의 일이다. 억만장자와 수조 달러 규모의 기업들이 비효율적인 이유는 막대한 부를 보유함으로써 결국은 영향력이 더 큰 목표를 추구하지 못하게 하기 때문이다. 이런 기업들은 대부분의 자원을 인류의 삶을 개선하거나 당면한 난제를 해결하는 일보다 더 많은 부와 이익을 창출하는 데 사용한다. 분명히 예외는 있다. 가령, 인간이 다른 행성에 거주하는 것, 탄소중립 스마트도시, 전기자동차 교통수단에 대한 머스크의 비전, 구글의 야심 찬 프로그램 등이다.

시장의 목적은 인류 자체를 개선하는 것이 아니다. 이 점은 명백하다. 시장을 돌아가게 하는 동력은 경제 성장이다. 하지만 소비 진작과 경제 성장을 모두 목표에 두되 인류 전체를 개선하는 일로 초점을 바꾸도록 시장의 과제나 보상을 다시 설정할 수는 있다.

빈곤을 없앨 수 있을까?

세계는 지난 200년 동안 극단적인 빈곤 문제를 매우 효과적으로 해결했다. 극빈층(2020년 기준 하루 1.9달러 이하로 생활하는 사람)은 1800년 전체 인구의 85%에서 오늘날 9.4%로 감소했다. 실질적인 변화는 지난 50년 동안 일어났다고 볼 수 있는데, 1966년 50%에서 2017년 9.1%로 줄어들었다. 안타깝게도 팬데믹의 영향으로 극빈층은 5억 명으로 늘어날 수 있으며, 이는 대공황 이후 처음 역전되는 것이다. 유엔은 전 세계에 남아 있는 8억 5,000만 명의 극빈자들을 2030년까지 없앤다는 목표를 세웠다.

중국은 세계에서 가장 강력한 경제 성장에 힘입어 극빈층이 2012년 9,890만 명에서 2020년에는 사실상 제로로 줄어들었다. 중국은 빈곤 종식 정책이 성공할 수 있다는 점을 증명한다. 이는 더 나아가 미국, 호주, 영국처럼 부의 배분이 최상위 가구에 치중된 경제와 비교할 때 건전한 중산층의 성장이 사회의 저소득 및 중간 소득계층에도 유익하다는 것을 시사한다.

정책도 중요하지만 인류가 당면한 주요 문제의 많은 부분은 새로 개발된 기술을 적용하면 모두 해결할 수 있다. 이런 상황은 인류 역사상 처음 있는 일이다. 우리는 지금 당면한 가장 어려운 문제를 해결할 수 있는 자원과 기술적 능력을 갖고 있다. 뒤에서 노숙인과 식량부족을 종식하는 데 이용할 수 있는 기술들에 대해 언급할 것이다. 사실, 인류는 지구상의 모든 사람에게 의식주와 교육을 제공하여 빈곤선 위의 건강한 삶을 보장할 정도의 자원을 이미 갖고 있다.

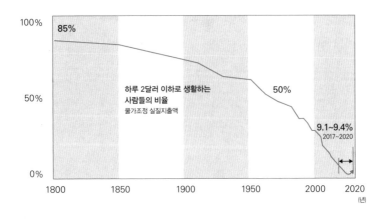

1800년부터 2020년까지 극빈층 비율

85%

하루 2달러 이하로 생활하는
사람들의 비율
물가조정 실질지출액

50%

9.1~9.4%
2017~2020

지난 54년 동안 세계 극빈층의 비율은 대폭 줄었다.

출처: 세계은행, OurWorldinData

간단히 말하면 문제는 그 자원을 배분하는 일이다.

누가 최초의 슈퍼부자가 될까?

아마 이 질문은 이렇게 해야 할 것이다. 언제 최초의 슈퍼부자가
나타날까? 누가 언제 최초의 슈퍼부자가 될지 예측하는 것은 어렵
지만 불가능하지는 않다. 마크 저커버그는 비교적 최근에 억만장자
클럽에 진입했으며, 23세에 이런 타이틀을 얻었다. 빌 게이츠는 저
커버그 이전에 가장 젊은 억만장자였으며, 31세이던 1987년에 이

테크노소셜리즘

런 지위를 얻었다. 하지만 가장 최근에 카일리 제너가 저커버그를 제치고 2017년 21세에 억만장자가 되었다. 카일리보다 10살 더 많지만 여전히 젊은 31세의 데이트 앱 범블Bumble의 설립자 휘트니 울프 허드는 2021년 2월 억만장자가 되었다.

역사적으로 억만장자의 지위는 부를 상속받거나 기업적 성공에 따른 것이었다. 하지만 지금은 다르다. 카일리 제너의 억만장자 지위는 그녀의 화장과 화장품 라인, 그리고 그녀가 소셜 미디어 영향력에 기반해 협상한 계약의 미래 가치에서 비롯되었다. 저커버그의 부는 거의 모두 페이스북 주식 가치에서 나온 것이지만 베이조스, 일론 머스크, 마윈과 같은 사람들의 부는 수천억 달러의 가치가 있는 다수의 기업에서 나온 것이다. 빌 게이츠 역시 요즘에는 마이크로소프트의 지분을 고작 몇 퍼센트 보유하고 있음에도 불구하고 다른 더 폭넓은 분야에 투자함으로써 계속 부를 축적하고 있다. 아마존의 가치는 기업의 상장 이후 9만 7,000% 증가했으며, 그에 따라 베이조스의 부도 똑같이 증가했다.

평균적으로 보면 빌 게이츠와 같은 사람들은 지난 50년 동안 10~15%의 연간 수익을 올릴 수 있다. 그들의 연간 소득과 이자가 그들의 전체 순자산에 추가된다고 가정해보자. 제프 베이조스가 지금 1천억 달러를 갖고 있다면, 순수하게 소득과 투자를 통해서만 순자산이 1조 달러가 되는데 대략 15년이 소요된다. 베이조스가 현재 보유한 소득과 투자 이외에도 아마존 지분은 16%다. 소득과 투자 이외에도 아마존의 가치가 향후 10년 동안 두 배로 증가한다면, 아마존의 가치에 대한 복합적 효과가 발생한다. 베이조스는 1998년부터 구글에 백만 달러를 투자했다. 이 투자는 현재 10억 달러 이상의 가치가 있다. 2025년 아마존의 가치는 7조 달러가 넘을 수 있으며 베이조스가 현재와 같은 투자를 유지한다면 10년쯤 뒤에는 그의 부가 1조 달러를 넘어설 것이다.

너무 빠른 것 같은가? 애플 컴퓨터를 생각해보자. 애플은 스티브 잡스와 스티브 워즈니악이 1976년에 설립했다. 1980년 기업을 공개할 때 총 460만 주를 주당 22달러에 매도했다. 2015년 3월 애플은 당시 마이크로소프트, 인텔, 시스코와 같은 기업들이 포함된 다우 30지수에서 AT&T를 대체했다. 2018년 8월 애플의 시장가치가 처음으로 1조 달러를 가뿐히 넘어섰다. 2020년 8월 19일 애플의 시장가치가 2조 달러를 넘어서는 데 걸린 시간은 2년에 불과했다.

애플이 현재 속도로 계속 성장할 가능성은 작다. 하지만 이 기업이 스마트폰처럼 소비자용 증강현실 기기 시장을 성공적으로 장악한다면, 또한 자율주행차와 같은 또 다른 영역으로 확장한다면, 애플의 가치는 2020년대 말쯤에는 10조 달러에 이를 수 있다. 스티브 잡스 가족이 제프 베이조스와 맥켄지 스콧이 아마존에 대해 소유한 지분율 정도로 애플 주식을 갖고 있었다면, 잡스 사망 당시 보유한 100억 달러 가치는 지금 거의 3,000억 달러에 이를 것이다.

애플과 아마존이 그동안 인상적인 성장을 보였지만 오늘날 세계에서 가장 빠르게 성장하는 기업 중 다수가 중국에 있다. 알리바바, 앤트 파이낸셜, 텐센트의 주가는 매년 약 18~25%씩 상승하고 있다. 화웨이는 최근 애플과 삼성과 어깨를 나란히 하는 스마트폰 제조회사가 되었다. 하지만 알리바바, 앤트 파이낸셜, 텐센트를 특별

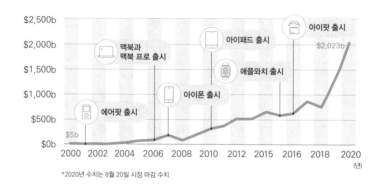

애플이 시가총액 2조 달러에 도달하는 과정 애플의 연말 시장가치

- 아이팟 출시
- $2,023b
- 아이패드 출시
- 맥북과 맥북 프로 출시
- 애플와치 출시
- 아이폰 출시
- 에어팟 출시
- $5b

*2020년 수치는 8월 20일 시장 마감 수치

애플의 시장가치가 17년 만에 50억 달러에서 1조 달러로 증가했으며, 불과 2년 만에 1조 달러에서 2조 달러로 성장했다.

출처: Statista, Wolfram|Alpha Knowledgebase, Moningstar

하게 만드는 것은 설립자들이 약 10% 이상의 주식을 소유하고 있다는 점이다. 현재의 성장 속도로 볼 때 알리바바와 텐센트는 향후 10년 동안 시가총액 기준으로 세계 최대 기업이 될 가능성이 있다. 앤트 파이낸셜은 세계 최대 민간 기업으로서 이미 시장가치가 1,500억 달러 이상이다. 알리바바와 앤트가 계속 성장 가도를 달린다고 가정하면, 마윈은 2027년 이전에 베이조스의 순자산을 능가할 것이다. 앤트 그룹이 계획대로 상장된다면 마윈은 아마도 더 일찍 베이조스를 추월할 것이다.

베이조스와 마윈은 분명한 슈퍼부자 후보들이며, 현재 세계에서 가장 빠르게 성장하는 경제에서 등장하고 있는 중국 전자상거래 또는 인공지능 기업들도 마찬가지다. 하지만 불과 2년 전만 해도 무시했을 인물이었지만 이제는 미국 경제의 다크호스가 된 사람이 있다. 바로 일론 머스크다. 2018~2021년 동안 일론의 순자산 가치는 약 250억 달러에서 2,000억 달러로 증가했다. 이것은 대부분 지난 5년 동안 테슬라 주가가 연 49% 상승했기 때문이지만 머스크의 순자산 증가에 주목할 만한 다른 요소들도 있다.

스페이스엑스SpaceX는 머스크가 2002년에 설립한 기업이다. 이 기업의 시장가치는 2010년 10억 달러를 넘어섰고 2015년에는 100억 달러가 되었다. 2020년 10월 현재 모건 스탠리는 스페이스엑스의 가치가 천억 달러를 훌쩍 뛰어넘으며, 향후 몇 년 안에 최대 2,000억 달러도 가능하다고 밝혔다. 이런 성장의 많은 부분이 스타링크Starlink의 우주선 발사 증가에서 비롯된 것이다. 스타링크의 시장가치는 연 매출이 300억~500억 달러인 점을 고려할 때 적어도 810억 달러가 될 것으로 추정되며 이는 기업 공개 전 기준이다.

슈퍼부자 후보들의 현재 재산과 지난 5년간의 재산 증가를 평가하고, 이를 기초로 미래를 예측해볼 때 일론 머스크, 제프 베이조스, 빌 게이츠, 마크 저커버그, 래리 페이지, 마화텅, 맥킨지 스콧, 마윈이라는 8명의 후보자가 2030년 정도면 슈퍼부자가 될 것으로 보인다.

현재 각 기업의 자산 증가 속도를 고려할 때 2030년이면 일론 머스크, 제프 베이조스, 마윈이 각각 순자산이 1조 달러가 넘는 세계 최고의 부자가 될 것이다. 모든 조건을 고려하면 향후 10년 이내에 최초의 슈퍼부자가 등장할 것이다. 최초의 슈퍼부자는 남아프리카인일까? 미국인, 또는 중국인일까? 아니면 새로운 인물일까? 세상을 변화시키는 인공지능 기반 기술을 가진 사람일까? 장수를 가능하게 하는 기술을 보유한 사람일까? 우리 모두 흥미로운 눈으로 지켜보고 있다.

PART 4

짤 가요, 애덤 스미스!

"GDP는 좋은 경제 지표가 아니며 좋은 행복 지표도 아니다."

컬럼비아대학교 교수, 조지프 스티글리츠

우리는 과거의 목적에 적합했던 경제시스템이 미래 인류의 필요에는 부합하지 않을 수 있다는 점을 받아들여야 한다. 이 점을 제대로 평가하기 위해 먼저 과거와 현재의 경제적 성과를 살펴보기로 하자. 이를 통해 우리는 개혁 없이 현재 경제시스템은 계속 효과적일 수 없다는 것과 경제시스템이 미래에 적합하도록 발전하기 위해 어떤 변화를 고려해야 하는지 알 수 있을 것이다.

우리 경제시스템과 관련하여 경제이론과 논문에 의존하지 않고 우리에게 필요한 역사적 내용과 우리에게 점차 불리하게 작용하는 상황을 통해 그 진실을 짚어보려고 한다.

현대 경제의 토대 측면에서 우리는 경제 정책, 인플레이션, 이자율과 같은 기본적인 내용, 그리고 지금까지 실행된 경제이론이 우리 경제를 어떤 경로로 어떻게 이끌어왔는지 살펴보아야 한다. 그

다음 중국과 인도의 성장하는 경제력을 역사적 관점에서 검토하고, 생산성, 그리고 이것과 불평등의 관계를 살펴본다. 또한 세계 금융 위기와 코로나19가 세계 경제 재편에 미친 막대한 영향, 각국 정부가 이 두 가지 큰 문제에 대처하는 방식, 부채 위기를 관리하는 방식을 둘러싸고 벌어진 불협화음에 대해 숙고해야 한다. 또한 블록체인, 디지털 화폐, 세계화, 기술 발전, 연결성, 규제, 아시아태평양 지역의 부상, 지식 경제의 정착과 같은 미래 경제를 좌우하는 힘들을 살펴보아야 한다. 살펴볼 내용이 많지만 경제시스템을 재검토하려면 먼저 기존 시스템의 좋은 점, 나쁜 점, 추한 점, 파괴적인 점을 숙고하지 않을 수 없다.

이 책의 목적은 모든 문제를 언급하는 것이 아니며, 물론 그에 대한 해결책을 모두 제시하려고도 하지 않는다. 분명한 것은 과거에 널리 수용된 경제적 사고 중 일부는 디지털 시대에 더 이상 효과가 없으며 무중량 경제(비물리적 형태의 재화를 거래하는 시장이 확대되는 경제)에 유용하지 않다는 점이다. 더 시급하게 다루어야 할 정말 큰 이슈들이 있고, 해결해야 할 큰 격차가 있으며, 이미 제시된 탁월한 아이디어와 실행 가능한 해결책이 있다. 그리고 생산적인 대화를 촉진하기 위해 우리가 토론 테이블에 올릴 몇 가지 아이디어도 있다.

기초부터 시작해보자. 경제 정책은 세상을 만든다. 고용, 투자, 통화공급, 조세, 인프라 투자, 복지, 공공부채 수준, 부채와 주식시장의 책략과 변화, 무역, 연구 및 개발 등은 경제 지휘자가 움직이는 정책 지휘봉에 맞춰 연주하는 뮤지션들이다.

정부의 주요 경제 정책 결정은 국가 재정이나 통화 정책의 영향력 아래에서 이루어진다. 각 정책에는 다양한 악기와 음색이 이용된다. 악기들이 정확하게 연주된다면 단기적으로는 불가능할지 몰라도 장기적으로 번영을 이루고 생활 수준이 개선될 것이다.

재정 정책과 통화 정책

재정 정책은 정부 지출과 조세 수입을 이용해 경제 변동을 안정화하고 정책 목표를 달성한다. 지난 25년 동안 많은 국가의 재정 정책은 국가 부채를 억제하고(항상 성공한 것은 아니다) 필요한 조치를 시행할 수 있는 유연성을 확보하는 데 초점을 맞추었다. 이런 유연성이 잘 나타난 것은 세계 금융 위기 때 많은 국가가 경기부양을 위한 공공사업계획과 함께 시민과 기업에 대한 직접 이전 지출을 포함한 다양한 재정 정책으로 대응했을 때였다.

하지만 재정 정책은 결과를 통제하거나 예측할 수 있는 마법 같은 수단이 아니다. 대부분 공공부문이 민간부문을 몰아내고 시장 균형을 교란할 수 있다. 아울러 위험을 오판하게 만들어 결국 최적화된 자원배분을 방해하고 민간 투자를 위축시키고, 균형이 회복될 때까지 유휴자산을 발생시킨다.

재정적 경기부양 정책의 경우 먼저 해당 법률 통과를 위한 긴 시간, 재정 배분 지체, 공공사업 프로그램의 시작과 완료 지체로 인해 정책 효과가 늦어진다. 이것은 정책의 효과를 관찰하고 측정할 시기가 되면 정책 목표가 바뀔 수 있다는 뜻이다. 재정 정책 규모가 너무 작으면 경제활동이 저조해져 침체에 빠질 수 있다. 또 재정 정책 규모가 너무 크면, 노동 공급이 고정된 상태에서 노동수요가 증가하고 인플레이션이 상승한다. 재정 정책은 미묘한 균형을 이루어야 하며 제대로 맞추기가 쉽지 않다. 이 책에서 간단히 살펴볼 미래 경제의 특징들은 정책과 매우 관련이 깊다. 예컨대 사람들이 더 오랫동안 일하면서 은퇴를 늦춘다면 노동 공급은 고정되지 않고 곧바로 늘어날 것이다. 여성의 노동시장 참여 증가도 똑같은 영향을 미칠 것이다. 이것이 저렴한 아동 돌봄과 교육 등이 매우 중요한 이유다.

통화 정책의 목표는 국가의 화폐공급 통제권을 이용해 지속 가능한 경제 성장을 달성하는 것이다. 중앙은행은 명목화폐(정부가 법으로 정한 통화)를 이용해 통화공급을 통제한다. 통화 정책은 경기를 확장하거나 축소할 수 있다. 경기 확장을 위해서는 이자율을 낮추고, 중앙은행은 돈을 '찍어' 화폐공급을 늘린다. 이렇게 하면 보통 인플레이션으로 이어지고, 이것을 그대로 두면 경제 성장을 방해하고 중대한 임금 인상 문제로 이어질 수 있다. 경기 수축을 위해서는 이자율을 높이고, 중앙은행은 자산을 매각하여 통화공급량을 줄인다. 이것은 경제 성장을 늦춰 실업을 발생시킬 수 있지만 인플레이션에 대한 제동장치 역할을 한다. 대부분의 선진국들은 세계 금융 위기 때 확장 정책을 선택했으며 앞으로도 그럴 것으로 보인다.

이념적 주장은 흔히 정책의 초점과 기간에 관한 논의에 영향을 미친다. 종종 이것은 고용에 관한 논쟁이 된다. 몇 가지 이유를 놓고 보면 고용에 초점을 맞추는 것이 옳지만 지금은 단기적인 사고

테크노소셜리즘

에 빠져 일자리와 고용에 관한 잘못된 결정을 내리고 있다. 우리의 과제는 단순히 더 많은 일자리를 만드는 것이 아니라 디지털, 인공지능, 무형의 부를 창출하는 미래 경제와 관련이 있는 일자리를 창출하는 것이어야 한다.

코로나19 기간에 대규모 지출, 조세 개혁, 화폐 발행을 동시에 시행했던 것은 우리가 분명하게 경제적 확장기에 있다는 걸 의미한다. 이후 인플레이션 증가, 명목화폐 평가 절하, 이자율 급등, 실업 증가라는 대가를 치를 공산이 매우 큰 시기가 오고 있다.

왜 인플레이션이 중요한가?

그렇다면 왜 인플레이션이 중요하며, 인플레이션이 계속 급상승하면 어떻게 될까? 오늘날 경제학자들은 대부분 인플레이션이 비교적 낮고 꾸준하게 상승하는 것에 우호적이다. 전 세계 중앙은행은 이를 반영하여 보통 연간 약 2%의 인플레이션 증가율을 정책 목표로 잡는다.

화폐 발행을 통한 화폐 공급량 증가(통화 팽창)는 일반적으로 물가상승으로 이어진다. 이는 사람들이 물건을 구입할 때 더 많은 돈을 지불해야 한다는 뜻이다. 현재 많은 양의 화폐가 발행되고 있어 물가가 상승할 것으로 예상되는데 문제는 얼마나 많이 오를까이다.

인플레이션으로 물가가 너무 빨리 오르면, 화폐의 구매력이 낮아져 사람들은 돈을 저축할 동기가 사라진다. 따라서 나중에 구입하여 손해를 보기보다는 지금 싼 가격에 사는 것이 더 낫다. 이것은 물건 사재기로 이어져 공급망을 붕괴시키기 때문에 문제가 더 심각해진다. 이런 행동이 유발하는 역기능의 예로 코로나19 팬데믹 기간에 많은 사람이 필수품으로 생각하는 화장지와 다른 물품을 미친 듯이 구매했던 상황을 들 수 있다. 이런 식으로 식료품, 의복, 의약품, 에너지, 건강 및 미용 제품, 스포츠 제품까지 사재기한다고 생각해보라. 끔찍할 것이다.

다른 한편으로 디플레이션이 일어나면 물가와 임금이 떨어지고 부채의 실질 가치가 증가한다. 돈이 줄어들고 부채가 늘어나면 소비자들은 지출을 줄인다. 이자율이 내려가지 않으면 부채를 상환할 때 더 많은 돈을 지불해야 한다. 이것은 경제 성장을 낮추어 다시 악순환이 반복된다. 디플레이션은 바닥에 도달할 때까지 경제를 추락시킨다.

경제학자들은 대체로 얼마간의 인플레이션은 필요하다고 받아들인다. 왜냐하면 물가가 정체되거나 떨어지면 임금 역시 떨어질 가능성이 있기 때문이다. 통제된 인플레이션은 통화정책이 더 잘 작동하도록 도와준다. 경기침체기에 이자율을 낮추어 대출비용을 줄여줌으로써 경기를 부양할 힘을 중앙은행에 제공하기 때문이다. 이렇게 되면 기업과 소비자들은 지출과 투자를 더 늘릴 수 있다. 이자율은 부분적으로는 인플레이션 상승률에 기초해 산정되기 때문에 인플레이션이 너무 낮은 경우 중앙은행이 이자율을 더 낮추는 것은 타당성이 떨어진다. 간단히 말해서 적당한 수준의 인플레이션은 중앙은행에 경제 성장을 촉발하는 데 필요한 민첩성을 제공한다.

현재 세계 통화 활동은 인플레이션 기대를 높여서 많은 사람들이 인플레이션 연계 채권과 같이 인플레이션을 회피할 수 있는 소비자 가격 연계 유가증권에서 도피처를 찾고 있다. 이 글을 쓰는 시점에 10년 만기 미국 국채 수익률과 이 채권의 인플레이션 연동 버전의 수익률 차이는 2.43%이며, 이는 8년 만에 최대 격차다. 인플레이션은 세계 경제 전망을 검토할 때 고려하는 유일한 요소가 아니지만 지금으로선 매우 중요한 요소다.

이자율 영향

팬데믹 기간 동안 우리는 수년 동안 낮은 이자율 환경에서 살아왔으며 이런 추세가 곧장 바뀔 조짐은 보이지 않았다. 미국 연준은 인플레이션을 막기 위해 당장은 이자율을 올리지 않을 것이라고 말하곤 했다. 아울러 팬데믹 시기는 경제가 회복하여 성장할 수 있도록 노력을 집중할 때라고 말했다. 현금의 가치는 앞으로 얼마 동안 비교적 낮을 가능성이 있으며 현금 유동성이 풍부한 상황이다. 이것은 현금 보유가 이롭지 않다는 걸 뜻하기도 한다. 잉여 현금을 어떻게 해야 할까? 좋은 질문이다.

낮은 이자율 환경밖에 경험해보지 못한 세대의 소득자와 투자자들이 이자율 변화에 어떻게 반응할지는 알 수 없다. 그들 중 다수는 주택 등의 자산을 구입하려고 빚을 질 것이다. 대출 비용이 낮고 자산 가격이 상승하는 동안이라면 합리적인 행동이다. 하지만 이자율이 상승하고 자산 가격 상승이 멈추거나 떨어지면 어떻게 될까?

각각의 변화가 얼마나 빨리 일어나는가에 따라 많은 것이 달라질 것이다. 하지만 우리가 지난 20년 동안 대학생들에게 경영학을 가르치며 놀랐던 것은 높은 이자율을 경험해보지 않은 많은 사람들이 이자율이 2~3% 정도로 높아져 그들의 실생활에 지대한 영향을 끼치는 상황이 닥치기 전까지는 이자율 변화에 대해 크게 우려하지 않았다는 점이다. 대부분의 학생들은 1% 상승은 걱정할 만한 큰 문제가 아니라고 생각했다. 그들에게는 이자율이 1% 상승하는 일이 재난 상태가 아니라는 말이다. 이자율 1% 상승은 사실상 현금을 빌리기 위해 지불해야 하는 대가, 즉 대출비용의 50%가 상승한다는 의미임을 한번 더 강조하기도 했다. 학생들은 매우 다양한 방식으로 이 문제를 이해했다.

여기서 요점은 이들이 다양한 배경을 지닌 대학원생이라는 점이다. 그들은 사회의 다양한 계층을 잘 대변했다. 금융에 대한 배경지식이 있거나 관련 분야에서 일하는 학생들은 수업 전에 이자율의 영향을 이해했지만 나머지 학생은 그렇지 않았다. 다양한 이자율로 부채를 지고 있는 상황에서 이자율이 상승한다면 사람들은 어떻게 반응할까? 이자율이 3%에서 1980년대 최고 이자율인 16% 이상으로 올라간다면 어떻게 될까? 슬프게도 세계 금융 위기 때 많은 사람들이 그랬듯이 사람들은 결국 집을 잃고 다시 시작해야만 한다. 미래 경제는 사람들에게 안전하다는 확신을 주어야 하며, 아울러 정말 나쁜 결과가 일어나지 않는 방식으로 구축되어야 한다.

경제이론의 실천

　선진국에서 경제를 관리하는 정부 정책과 조치의 관점에서 보면, 1920년대부터 두 가지 주요 학파인 케인스학파와 통화주의학파(프리드먼)가 현대 시기를 지배했다. 다른 많은 학파도 있지만 그들을 포괄적으로 검토하는 것은 미래 경제에 관한 권고라는 이 책의 과제에 크게 도움이 되지 않을 것이다. 두 주요 학파는 각각 저명한 지지자들을 확보하고 있으며 그 지지자들은 각 학파의 교훈을 성공적으로 실천해왔다. 물론 각 학파에 대한 확고한 비판자들도 있다.

　현재에 이르기까지 경제상황을 살펴보면 대공황(1930년대), 금본위제 철폐, 몇 번의 심각한 경기침체, 국제무역의 급격한 증가, 생산성의 엄청난 증가, 기술 발전, 세계 금융 위기, 현대 무역전쟁, 막대한 양적 완화, 경기부양을 위한 막대한 규모의 재정 정책, 커다란 이자율 변동, 스태그플레이션, 초인플레이션, 유동성 함정, 무중량 경제로의 변화라고 할 수 있다. 케인스학파와 신고전학파의 교훈이 신성시되던 시기에는 입증되지 않은 일들이 등장한 것이고 ㄱ 누구도 무중량 경제라는 미래가 올 것이라고는 생각조차 하지 못했다.

　현대통화이론(MMT)Modern Monetary Theory(화폐발행권을 독점한 정부가 화폐를 발행해 적극적으로 재정 정책을 펼쳐 실업을 막아야 한다는 거시경제이론)과 같은 현대적 사고방식들은 코로나19 시기에 인기를 끌었고, 시민에게 경기부양 지원금을 직접 제공함으로써 소비를 자극하기 위한 보편적 기본소득을 지지하는 데 활용되었다. 최종적인 금액은 아직 구체적으로 나오지 않았지만 미국이 전례 없이 많은 화폐를 발행해왔다는 점은 분명하며, 다른 국가들도 미국의 선례를 따랐다. 2020년에만 연준은 시중에 유통 중인 미국 달러 총액의 20% 이상을 발행했으며 지폐 인쇄기는 계속 돌아갔다. 앞서 언급했듯이 당장은 좋을지 모르지만 이 여정이 끝나면 장담할 수 없는 일이 된다.

케인스주의

케인스는 정부가 경제 성장을 지원하기 위해 경제 분야의 총지출액을 증가시켜야 한다고 믿었다. 이것은 재정 정책의 핵심요소인 조세와 지출이라는 직접적인 형태의 정부 조치와 통화정책의 핵심요소인 중앙은행이 통화공급량을 늘리거나 줄이기 위해 유가증권을 사고파는 정책을 통해 이루어진다.

케인스정책은 1930년대 대공황 이후 인기를 끌게 되었다. 이 정책은 그동안의 시장지향적, 민간부문 중심적인 정책을 넘어 실업에 대한 해결책으로 필요한 경우 정부의 개입을 허용하는 것으로 간주되었다. 총수요 자극에 초점을 맞추는 케인스정책은 노동자 친화적인 정책으로 간주되었고, 케인스정책은 이전에 유행했던 정책보다 더 포괄적인 경제관리 도구로 활용되었다.

케인스적 사고는 미국과 다른 국가에서 대규모 자본투자사업 프로그램으로 이어졌고 이는 조세개혁을 자극했다. 케인스가 주창한 개입주의적 접근방식은 공공부문 활동이 시장을 주도해서는 안 된다는 그 이전의 자유방임적 자본주의, 즉 간단히 말해서 정부가 시

테크노소셜리즘

장에 관여해서는 안 된다는 입장과 극명하게 대조를 이루었다. 케인스주의의 전성기는 1930년대 중반부터 1973년 오일쇼크까지 이어졌다. 오일쇼크로 인해 스태그플레이션이 발생해 통화주의 중심의 새로운 접근법을 채택하게 되었다.

케인스주의는 잘 작동했지만 어느 날부터 더 이상 통하지 않았다. 많은 경제학파가 그랬듯이 케인스주의도 한 시대를 풍미했지만, 그 뒤로는 예측하지 못한 방향으로 전례 없는 사건이 발생하면서 새로운 사고를 필요로 하게 되었다. 최근 들어 세계 금융 위기와 코로나19 팬데믹으로 인해 (케인스가 설립을 도왔던) IMF와 여러 국가들이 지금의 상황을 재정적 경기부양 정책으로 대처할 수 있다고 주장하면서 케인스주의적 적자재정으로 회귀하는 모습을 보이기도 했다.

│ 통화주의 │

통화주의는 경제 분야에서 정부의 주요 역할은 중앙은행을 통해 화폐공급을 통제하는 것이라고 주장한다. 통화주의자들은 물가 안정이 정부의 가장 중요한 목표가 되어야 한다고 믿는다. 그들은 너무 급격하게 통화공급을 늘리면 인플레이션 효과가 나타나고 유동성을 너무 많이 줄이면 디플레이션이 일어날 수 있다고 말한다. 따라서 대부분의 중앙은행은 약 2%를 목표 인플레이션율로 설정한다.

통화주의는 1950년대 말에 두각을 나타냈지만 1970년대 초 1차 오일쇼크가 큰 충격을 일으켜 급격한 인플레이션이 발생하고, 주식시장 붕괴, 실업률 증가로 이어지자 강력한 영향력을 갖게 되었다. 인플레이션에 대응하기 위한 긴축 통화 정책은 미국의 카터와 레이건 정부, 영국의 대처 정부에서 두드러지게 나타났다.

요즘 많은 사람들이 통화주의가 물가안정이라는 목표를 달성하지 못했다고 믿는다. 그들은 통화공급과 물가 수준의 관련성이 과대평가되었으며, 통화 수요는 애초에 생각했던 것보다 더 가변적이고 예측 불가능하다고 말한다. 경제에서 통화 증가는 그것이 부채가 될지 자산의 형태가 될지에 따라 개인과 국가에 큰 영향을 미치기 때문이다. 이미 부채 수준이 높다면 정부 개입 없이 부채를 추가로 늘리는 것은 실제 경제활동을 자극하는 데 그다지 도움이 되지 않는다.

중국의 경제 정책

중국은 세계에서 두 번째로 경제 규모가 크지만 많은 이들이 그 과정을 잘 이해하지 못하는 경우가 있다. 우리는 계속해서 이 책에서 미래의 잠재적 결과에 대해 중국과 미국을 비교할 것이다.

중국은 하나의 정당이 통치하는 공산주의 국가다. 중국은 1978년에 중요한 경제 개혁을 시작했으며 '중국 특색의 사회주의' 모델을 따르고 있다. 이것은 마르크스주의의 기본원칙이 수많은 산업

———테크노소셜리즘

전반의 막대한 수출과 함께 선도적인 경제국가라는 오늘날의 중국의 역할에 맞게 수정되었다는 뜻이다.

중국은 많은 산업의 세계화와 동양과 서양을 이어주는 핵심 연결자로서 중요한 역할을 해왔다. 중국은 일대일로 계획Belt and Road Initiative, 대만구 개발계획(GBA)Greater Bay Area(광동-홍콩-마카오를 연결하는 통합 경제지역 개발계획)과 같은 주요 정책, 엄청난 경제 규모와 인구 밀도를 통해 세계 경제에 중요한 영향력을 미치는 세계적인 국가가 되었다. 더 많은 국가가 중국에 더욱 의존하고, 자원과 재화를 끌어당기는 중국 인구의 중력효과가 전 세계에 나타나면서 특히 더 심화되고 있다. 최근 미중 무역 전쟁은 세계에 대한 중국의 경제적 중요성을 분명히 보여주었으며, 지속적인 무역 전쟁 상황은 미래 경제 형성에 엄청난 영향력을 끼칠 것이다.

중국의 경제발전은 5개년 계획을 통해 조정되며, 최근 14차 발전계획의 목표는 내수 소비를 진작하고 이전 계획의 주요한 특징인 농촌에서 도시로의 이동을 지속하는 것이다.

우리는 합쳐서 40년 이상 대중화 지역Greater China에서 살면서 일했다. 중국의 부상에 대해 단 한 가지 시사점을 언급한다면, 중국은 다른 국가들이 하지 않는 방식으로 장기적으로 사고하고 계획한다는 점이다. 이를 통해 중국은 과제를 수행할 수 있는 절대적으로 강력한 국가가 되었고, 우리가 보기에 이러한 상황은 미래에도 지속될 것이다. 서구의 많은 국가가 정치적 이슈에 초점을 맞추다가 특정 사안에 대해 얼버무리거나 망설이다가 결국에는 시의적절한 결정을 내리지 못한다. 하지만 중국의 경우 산업과 지역 전반에 대한 장기전략 개요를 수립한 다음, 중국 기업가들의 의견을 포함한 장기적인 계획을 통해 그 전략에 집중할 수 있다.

중국의 통화 정책은 중국 인민은행이 관리하며 경제 성장 촉진, 물가안정, 환율관리를 목표로 삼는다. 중국은 코로나19 동안 통화량을 급격하게 늘렸지만 이 글을 쓰는 시기에 양적 완화 정책을 축소하기 시작했다.

거시적 관점에서 보면 세계 경제의 미래는 다른 어떤 국가보다도 중국에 더 의존할 가능성이 있다. 주요 글로벌 기후변화사업 계획에는 중국의 지지가 필요할 것이다. 아마도 중국은 디지털 경제 발전과 디지털 화폐 분야에서 가장 발전된 국가일 것이다. 중국은 인공지능, 유전 연구, 바이오기술, 양자 정보시스템 분야에 막대한 돈을 투자하고 있다. 그리고 중국이 아시아, 아프리카 지역의 국가들과 맺은 깊은 경제적 연대는 다양한 천연자원에 접근하는 데 유리한 입지를 제공할 것이다.

중국 경제에 관해 이해해야 할 내용은 중국이 1820년에 세계 최대 경제국이었으며, 그때까지 오랫동안 선도적인 국가였다는 점이다. 사실 중국은 지난 천 년 동안 오랜 기간에 걸쳐 세계 최대 경제국이었다. 따라서 중국인들의 입장에서 보면, 중국이 세계 최대 경제대국으로 재등장하는 것은 역사에서 줄곧 나타난 자연스러운 질서를 회복하는 것에 지나지 않는다.

│ 지금 인도는? │

　인도는 장래가 아주 밝다. 1800년대 상당 기간 인도의 경제 규모는 중국에 이어 세계 두 번째였다. 현재 인구 규모도 세계 2위이며, 거주 인구가 10억 명 이상인 국가는 중국과 인도뿐이다. 인구 규모가 3위인 미국의 인구는 그보다 한참 적은 3억 3,000만 명이다. 중국과 인도를 합치면 세계 인구의 36% 이상을 차지한다.

　1980년으로 거슬러 올라가면, 인도와 중국은 GDP 기준으로 거의 비슷한 경제 규모였다. 정확히 말하면 인도가 약간 앞섰다. 그 이후 30년 동안 중국 경제는 연평균 10%씩 성장했지만 인도는 한참 뒤떨어졌다. 세계 최대 민주주의 국가인 인도는 여러 장점을 갖고 있지만 정치 시스템이 점점 복잡해지고 족벌주의가 득세하고 지역 간 분열이 심각해지면서 경제발전이 정체되었다. 이런 상황은 느리고 비효율적인 의사결정으로 이어졌고, 계획 주기가 너무 길어 계획이 승인되는 시점에는 계획의 타당성이 떨어지게 되었다. 아울러 원활한 활동을 가로막는 광범위한 부패와 형식적인 관료주의가 있었다. 또한 인도는 문해력 비율, 성평등, 보건 측면에서 중국에 뒤떨어졌다. 의사결정은 느렸고 거대한 인적 자본 잠재력은 제대로 활용되지 못했다. 인도와 파키스탄 사이의 장기적인 분쟁은 인도(파키스탄 역시)의 경제발전을 가로막는 또 다른 요소일 것이다.

　2010년 이후 인도는 중국을 따라잡으려고 노력하고 있지만 대략 중국 경제 규모의 10분 1 정도이며, 팬데믹 대응에서도 중국과의 격차가 확인되었다. 인도는 자국을 중국의 지배에 대항하는 균형자 역할을 하는 국가로 보길 좋아하며, 중국과 근접한 위치에서 인구가 많은 민주주의 국가라는 지위에서 이익을 볼 가능성이 있다. 또한 인도에는 외국 다국적 기업, 특히 로봇 기술 분야 기업의 업무 위탁과 아웃소싱을 수행하는 대규모 숙련된 산업이 있다. 서비스 분야는 인도의 GDP에서 큰 비중을 차지하며, 인도가 미래 세계 경제에서 중요한 위치를 차지할 수 있는 토대가 된다. 인도가 전열을 잘 가다듬는다면 미래 경제에서 무시할 수 없는 국가가 될 것이다.

│ 생산성의 핵심적 역할 │

20세기의 경제는 생산성이 올라가면 빈곤이 감소한다는 사실을 보여주었다. 소득과 부의 격차를 좁히는 방법은 생산성을 극대화하고 그에 따른 이익을 더 공평하게 배분하는 것이다. 간단히 말해 생산성은 번영을 공유하는 열쇠다. 적절한 산업을 지원하고 발전시키고 있다면 정치, 국경선, 정책에 상관없이 모든 경제활동은 생산성 개선에 맞추어져야 한다.

가장 발전한 선진국들을 보면 1990년대 생산성이 크게 개선된 시기가 있었지만 그 이후 생산성 증가가 둔화되었다. 1980년대와 1990년대는 생산성 면에서 중요한 개혁의 시기였다. 많은 국가의 개혁에는 금융시장 규제 완화, 조세 개혁, 노동 개혁, 관세 인하, 많은 분야의 민영화가 포함되었다. 개혁에 따른 성과가 나타났으나 그 이후 정책, 산업, 기업, 시스템, 직원 관리 등이 고착되면서 서서히 생산성이 떨어졌다. 생산성을 획기적으로 높이는 아이디어와 개혁은 한동안 주된 관심에서 멀어졌다. 21세기 디지털 경제의 등장과 함께 세계 금융 위기와 팬데믹이라는 두 가지 위기 탓에 생산성 문제가 다시 어젠다로 떠올랐다.

획기적인 아이디어가 필요하다. 양적 완화 탓에 초인플레이션을 향해 가고 있는 지금 특히 그렇다. 획기적인 아이디어에서 비롯된 생산성 증가가 뒷받침된다면 단위 생산비용은 더 낮아지고 가격은 올라가지 않는다. 따라서 생산성이 높아지면 인플레이션을 낮추는 데 도움이 된다.

세계 금융 위기로 인해 필요한 규제와 조세제도가 만들어졌지만, 이 위기는 단기적으로 생산성에 부정적인 영향을 미쳤다. 여러 선진국에는 낮은 실업률, 상대적으로 높은 임금, 실제적인 기업 이익 증가, "일하기 위해 사는 것이 아니라 살기 위해 일한다"는 사고방식으로의 변화를 시사하는 '현실 안주 가설'이 나타난다.

생산성 증가가 지체된 또 다른 이유는 자격증이나 특별한 기술을 보유한 노동력 비율이 늘지 않아 노동력 개선이 정체되었기 때문이다. 이것은 직장 업무가 컴퓨터화된 탓도 있다. 기본적인 컴퓨터 기능을 습득하고 업무에 도입한 뒤부터 노동자의 질과 생산량이 특정 직업에 요구되는 수준에서 정체되었다. 인공지능에 기반한 자동화가 폭넓게 확산하면 분명히 이런 상황은 조만간 크게 바뀔 것이다.

노동력은 계속 교육 및 훈련을 통해 개발할 필요가 있지만, 변화 속도가 더 빨라질 경우 더더욱 그렇다. 미래 경제를 뒷받침하려면 우리의 목표는 단순히 자동화로 사라지는 일자리를 대체할 일자리

PART 4 잘 가요, 애덤 스미스!

를 만드는 것이 아니라, 지속 가능한 고임금 일자리를 창출하는 것이어야 한다. 궁극적으로 우리는 만족스러우면서도 유의미한 일자리가 필요하다. 옛 경제의 어떤 일자리를 보호하고 유지할지, 신경제에서 어떤 일자리를 창출할지, 그 일자리를 어떤 산업에서 만들고 어디에 배치할지, 필요한 훈련과 개발이 무엇인지 신중히 숙고해야 한다.

어떤 경제학자들은 특정 핵심 일자리와 산업은 어떤 대가를 치르더라도 유지해야 한다고 주장한다. 예컨대 기득권 집단들은 이런 생각을 갖고 정치적으로 압박함으로써 호주 정부가 2005~2015년 동안 호주 자동차 제조 분야에 50억 호주달러라는 막대한 보조금을 지원하도록 했다. 그 당시 약 1만 6,000명의 노동자가 이 산업에 고용되어 있었다. 간단히 계산해보면 호주 정부는 자동차 산업 분야 고용 유지를 위해 매년 노동자 1명당 무려 3만 달러를 지원한 셈이다. 자동차 산업에 대한 정부 지원이 끊기자 많은 노동자가 갑작스럽게 고통스러운 이직을 해야 했다. 하지만 돌이켜 생각해보자. 미래 지향적 사고를 갖고 50억 달러를 들여 노동자들을 다시 훈련하여 다른 곳에서 일할 수 있게 했다면 어떻게 되었을까? 호주의 미래 경제에 더욱 의미가 있었을 것이다. 또한 지속적인 경제발전 가능성은 장기적인 경제계획보다는 정치적 주기에 의해 장악되면서 사라졌다.

대부분 국가의 인구구조 역시 생산성에 문제를 유발한다. 기대수명이 길어지고 퇴직소득이 늘지 않는 상황에서 노인 인구가 대략 60대 중반에 은퇴하는 것은 더 이상 지속될 수 없다. 미국의 경우

———— 테크노소셜리즘

사회보장 수당을 전액 받을 수 있는 자격 연령이 점차 높아져 최근 태어난 사람들은 더 오래 일해야 한다. 현재 1960년 또는 그 이후에 태어난 사람의 정년퇴직 연령은 67세다. 하지만 2020년 미국 전체 인구의 기대수명은 77.8년이므로, 이는 미국 노동자가 평균적으로 퇴직 후 10년 이상 생존한다는 뜻이다.

의학의 발전, 새로운 의약품, 흡연율 감소, 식료품 규제 변화, 그리고 다른 많은 요인이 퇴직 연령과 기대 수명의 격차가 더 커질 것임을 보여준다. OECD는 노동 연령을 확대하기 위해 아무것도 하지 않으면 더 적은 수의 노동 연령 인구가 더 많은 노령 인구를 부양해야 하기 때문에 전반적인 생활수준이 떨어질 것이라고 지적한다. 더 나아가 인구 노령화와 함께 노동력 감소 문제가 겹치면 세대 간 사회적 형평성 문제가 발생한다고 말한다. 어떤 식으로든 개혁되지 않으면 미래 세대가 이전 세대를 부양하기 위해 더 오랫동안 일해야 하기 때문이다.

퇴직자들은 저축한 돈을 소비하고 노동력 감소로 인해 노동비용과 다른 투입비용이 증가할 가능성이 있어 한정된 저축이 고갈되면 생활수준이 떨어진다. 이에 대한 한 가지 대응책은 미국이나 다른 국가들처럼 퇴직 연령을 높여 노동공급량을 늘리는 것이다.

더 많은 여성이 노동시장에 참여하고, 역량을 갖춘 노동자를 위한 적절한 일자리가 창출되고, 그들이 직업에 종사할 동안 점점 새로운 역량을 습득하도록 준비시키고 동기를 부여한다면, 그리고 그들이 더 오래 일할 준비가 된다면 생산성이 크게 바뀔 것이다. 마찬가지로 자동화와 인공지능이 예상대로 부를 창출한다면 퇴직한 노인들을 더 잘 돌볼 수 있을 것이다.

생산성과 불평등의 관계

혁신은 생산성의 핵심이다. 우리는 전반적인 생산성을 증가시킴으로써 혁신을 이루고 더 폭넓게 부를 배분할 수 있다. 생산성은 경쟁을 촉진하고 경쟁은 생산성을 촉진한다. 1970년대 한 가족이 시드니 서부 근교로 이사했을 때 전화가 연결되려면 6주가 걸렸다. 독점적인 통신서비스 공급자는 관심이 없었고 생산성에는 전혀 집중하지 않았다. 소비자들이 서비스 수준에 불만을 제기하자 마침내 개혁이 이루어져 결국 시장이 개방되고 경쟁이 이루어졌다. 거의 즉각적으로 6주 걸리던 서비스가 48시간으로 줄어들었다. 이것은 생산성과 경쟁에 관한 잊을 수 없는 사례였다. 하지만 앞에서 언급했듯이 미국 핵심 산업의 몇몇 선두 기업들의 합병은 경쟁을 감소시켜 생산성을 떨어뜨린다.

생산성 증가는 사회의 모든 차원에서 유익하고 모든 국가의 경제적 성과는 생산성에 크게 영향을 받는다. 모든 국가의 생산성이 장기적으로 증가했다. 부유한 국가들은 산업화 이후 GDP가 엄청나게 증가했고, 특히 1970년대 말에 본격적으로 활성화된 컴퓨터와 기술 흐름을 타면서 일부 분야에서 생산성이 비약적으로 증가했다. 그런 흐름을 타지 못한 국가들은 생산성이 훨씬 더 뒤떨어져 최빈국으로 전락했다. 생산성 격차는 세계적으로 1인당 소득 격차가 더 넓게 확대된 현실을 설명해준다. 주로 기술과 관련된 생산성 증가는 선진국에서 나타난 부의 불평등 격차가 증가하는 현상을 설명해준다.

기본적으로 생산성 증대에 성공하면 다른 좋은 일들이 많이 따라온다. 따라서 자동화는 양날의 검이 될 수 있다. 자동화는 막대한 생산성 증대와 부를 창출하지만 부의 배분 구조를 조정하지 않으면 불평등이 극심하게 악화될 것이다.

│ 우리의 세계관을 바꾼 두 가지 사건 │

세계 금융 위기와 그 여파, 그리고 코로나19 팬데믹은 사람들이 살고, 일하고, 경제를 비롯한 모든 것에 대해 생각하는 방식을 바꾸었다. 바뀌지 않으면 안 되는 상황이었던 것이다.

세계 금융 위기 이전, 세계를 움직이는 중요한 힘들은 명확했다. 현대 명목화폐의 논리에 의문이 제기되었고 다양한 통화들이 반복적으로 공격받았다. 세계화는 활발히 진행 중이었고, 연결성과 기술은 개선되었고, 도시는 연결점으로서 점점 더 중요해졌다. 규제개혁 투쟁이 벌어지고, 환경, 사회, 지배구조, 임팩트 투자impact investing(재무적 성과와 함께 사회 문제나 환경 문제를 해결하려는 기업에 대한 투자)가 진지하게 받아들여졌다. 아시아태평양 지역이 부상하고 지식, 혁신, 창의적 경제가 새로 등장했다. 코로나19가 강타하기 전까지 확실히 이런 힘들은 분명하고 강력했다.

과거에 통했던 것이 미래에는 그렇지 않을 수 있다는 생각을 확실하게 만든 것은 격렬해진 환경 문제와 아울러 몇 년의 시차를 두고 발생한 세계 금융 위기와 코로나19 재난이었다. 이런 상황은 개혁, 행동, 변화의 속도를 가속화하고 아이디어의 실행을 더 빠르게 하고, 미래 경제의 모습에 대한 명확한 이정표를 보여주었다. 가변성과 불확실성이 증가하고 파괴적인 변화의 주기는 점점 더 빨라질 것이다.

│ 하나, 세계 금융 위기 │

2008년 세계 금융 위기는 세계 금융 시스템의 구조적 취약성을 노출했다. 미국에서는 오프라인 투자를 확대하는 정책하에서 새로운 형태의 대출이 이루어졌다. 연방의회가 설립한 주택자금 대출기관인 페니 매Fannie Mae과 프레디 맥Freddie Mac과 같은 정부기관은 이전에는 승인받지 못했을 대출자에게 대출하도록 대출기관을 부추겼다. 이런 투자를 흔한 속담으로 말하자면 '집처럼 안전한 것'으로 생각했다. 모기지 담보증권(부동산을 담보로 한 대출채권을 유가증권으로 만든 것)이 발행되었고 신용평가기관은 이 증권에 주지 말아야 할 평가등급을 주었다. 시장에서 파생상품이 늘어나면서 금융 분야가 급격히 성장했지만 모든 자산에 대한 이해가 충분히 이루어지지 않았다. 위험이 잘못 평가되었고 엄청나게 많은 거래가 이루어져 나중에 문제가 발생했다.

미국 주택 시장이 침체하면서 혼란이 시작되었다. 사람들은 '적절한' 방식으로 유가증권을 묶으면 위험을 분산할 수 있을 것으로 생각했지만 모든 자산이 폭락하자 오산이었음이 분명해졌다. 많은 거대 금융기관이 자신의 증권을 가지고 AIG에 보험을 들었다는 사실이 알려지면서 상황이 악화되었다. 한 거대 보험사가 거의 모든 '위험'을 떠안고 있었고 위험 수준은 급속도로 높아졌다. 제일 먼저 베어스턴스Bear Sterns가 무너졌고 그다음은 리먼브러더스Lehman Brothers가 쓰러졌다. 곧 세계 전체 금융 시스템이 흔들리는 것 같았다. 채무 불이행 위험이 엄청나게 증가하자 대출이 완전히 사라졌다. 경제의 윤활유인 돈이 시중에서 사라지자 경제 바퀴가 멈추고 공포가 엄습했다. 미국 달러는 약세로 돌아섰고 상품 가격은 급격하게 치솟았다. 세계 경제의 붕괴를 막는 방법은 정부가 전례 없는 규모로 개입하는 것뿐이었다. 그렇지 않으면 세계 대공황은 거의 피할 수 없었다.

2008년 금융 위기는 세계 경제 시스템이 얼마나 서로 연결되어 있고 의존적인지 보여주었다. 엄청나게 똑똑하고 고등교육을 받은 사람들이 만든 선진 금융 모델에도 불구하고 위험은 심각하게 잘못 평가되었다. 규제 시스템은 금융산업의 변화 속도를 따라가지 못했고 정책입안자들은 대부분 현대 금융공학 메커니즘을 잘 다루지 못했다. 아울러 신용평가기관들은 허를 찔렸고 변화를 따라잡지 못했다. 금융산업 종사자들은 다른 산업에 비해 엄청난 보상을 받았다. 그들의 이익과 인센티브는 다른 경제 분야의 상황과는 별개였다.

세계 금융 위기는 엄청난 정부 부채를 남겼고, 전 세계적으로 신용을 축소한 금융기관들이 엄청난 디레버리지deleverage(차입금 축소와 주식매각을 통해 경영상태를 개선하는 것)를 단행하자 수많은 일자리가 사라지고 엄청난 부가 날아갔다. 세계 금융 위기는 많은 사람의 저축에 손실을 입히고 더 나은 미래에 대한 희망을 앗아가 버렸다. 금융 시스템이 크게 망가졌다.

미국의 경우 대대적인 양적 완화로 인해 막대한 부채가 쌓이고 미국 달러가 평가절하되면서 위기 이전보다 상황이 훨씬 더 나빠졌다. 더 심각한 비극을 피하기 위한 미국 정부의 은행 구제금융과 경기부양 패키지 정책은 단기적으로는 상황을 확실히 개선했지만 장기적으로 더 나쁘게 만들었다. 오늘 생존하기 위해 내일을 판 것이었다. 우리는 지불한 대가가 그만한 가치가 있는지 질문하지 않았다. 그럴 시간이 없었다. 금융 위기는 즉각적인 행동을 요구했다.

금융 위기는 예측 가능한 위기였고 예방할 수 있어야 했다. 우리는 더 잘 준비할 수 있었다. 만약 그랬다면 세계 금융 위기는 피할 수 있었을 것이고, 세계 경제는 팬데믹과 같은 피할 수 없는 미래 충격에 더 잘 대처할 수 있는 위치에 있었을 것이다.

세계 여러 국가들의 대처가 부족했다. 그리스는 일찍부터 심각한 위기 징후를 보였다. 이런 현실이 충분히 알려지자 유럽 은행들과 유로존 국가에 미칠 잠재적 영향을 염려한 주요 유럽연합 국가, 유럽중앙은행, IMF는 질서를 유지하려고 서둘러 막대한 구제금융 패키지를 준비했다. 세계 금융 위기는 GDP보다 훨씬 더 많은 국가 부채 때문에 오랫동안 경기침체를 겪어온 일본 경제에 심각한 타격을 입혔다. 일본은 국내 경제를 개혁하여 변화시킬 의지도, 능력도

──── 테크노소셜리즘

없었고, 그런 상태를 바꾸기 위해 시도할 통제 수단도 거의 없었다. 아울러 어떤 수단을, 어느 정도로 사용할지 합의도 하지 못해 정치적 마비 상태에 빠졌다.

세계 금융 위기가 초래한 문제들로 인해 각국 정부는 무턱대고 화폐를 발행하여 그것을 해결해나가려고 시도했다. 하지만 많은 경우 이 정책은 더 심각한 문제를 내포하고 있는 셈이다. 세계 금융 위기가 제공한 긍정적인 요소가 있다면 이 위기가 새로운 길, 새로운 경제모델을 더 분명하게 요청했다는 점이다. 이 요청은 수많은 사람과 기관에 의해 체계화되었다. 세계 금융 위기의 영향이 계속되고 있는 상황에서 코로나19 팬데믹이 세계를 강타한 것이다.

│ 둘, 코로나19 팬데믹 │

대단히 파괴적인 코로나19는 세계 모든 국가에 영향을 미쳐 엄청난 비극을 낳고 있다. 피해 규모를 살펴보면, 현재 미국의 코로나19 총사망자는 1차 세계대전과 2차 세계대전, 그리고 베트남전에서 사망한 미군을 모두 합친 것보다 더 많다.

경제적 측면에서 보면 코로나19 팬데믹 탓에 또다시 화폐 발행과 정부 개입이 이루어졌다. 정부 부채 증가가 그 자체로 위기를 만들었고 그 영향이 향후 여러 해 동안 이어질 것이다. 미국의 경우 몇 차례의 경기부양책, 구제금융, 양적 완화로 인해 막대한 부채가 쌓였고 달러 가치가 크게 낮아졌다. 이런 상황이 합쳐져 이미 미국은 상당히 약해졌다.

올바른 방향으로 나아갈 희망은 보인다. 미국은 5G 기술과 같은 첨단 기술 인프라를 포함한 인프라를 개선하고, 탄소 배출가스와 경제적 불평등을 줄이기 위한 투자에 힘을 쏟고 있다.

불확실한 정부 재정, 막대한 공공부채 부담, 미국 달러와 다른 통화의 약세는 고용, 총수요, 무역, 투자에 강력한 영향을 미칠 것이다. 불확실성은 10년 이상 세계 경제의 특징이 될 것이며, 각국 정부는 코로나19 탓에 수출이 어렵고 국제 경쟁 환경이 어느 때보다 격심해지면 화폐를 발행하여 난관을 헤쳐 나가려고 할 것이다.

│ 다른 문제, 똑같은 해결책 │

2008년의 세계 금융 위기와 2020년(그리고 그 이후)의 코로나 팬데믹은 아주 다른 문제다. 세계 금융 위기는 금융 시스템 문제로서, 규모가 너무 커서 세계 경제에 문제를 일으켰다. 하지만 모든 사람에게 직접 영향을 미치지 않았다. 금융자산이 없는 사람들은 잃을 것도 없지만 가장 부유한 사람들은 많은 자산을 잃었을 뿐 아니라 자신의 고통을 줄이는 대책을 만들기 위해 정책입안자들을 만날 힘과 인맥도 잃었다.

헤드라인 뉴스 기사를 읽는 사람들은 대부분 월스트리트에 큰 문제가 있다는 점을 이해했다. 그들은 많은 기사와 엄청난 규모의 구제금융, 은행의 손실에 대해 듣고 충격을 받았다. 하지만 그들은 직접적으로 느끼지 못했다. 보스턴의 학교 교사는 여전히 같은 학생을 가르치고 똑같은 월급을 받고 똑같은 청구 금액을 지불했다. 아이다호의 간호사, 싱가포르의 정부 공무원, 토론토의 식료품 가게 직원도 마찬가지였다.

세계 금융 위기와 크고 작게 시차를 두고 발생하는 가격과 세금 인상, 임금 억제, 신용 축소, 전체 일자리 감소 사이의 원인과 결과는 많은 사람에게는 개인적 차원에서 연결되지 않았다. 사람들은 대부분 여러 사실 간의 관계를 따져보지 않기 때문이다. 사람들은 그렇게 할 수 있도록 훈련받지 않았거나, 뉴스 기사와 그들이 느끼는 영향 사이에 격차가 있거나, 지금 가진 것으로 그저 최선을 다하려고 분투하고 있는 것이다.

코로나19 팬데믹은 세계 금융 위기와는 매우 달랐다. 팬데믹은 세계 경제에 문제를 일으키는 것은 물론, 국가가 봉쇄, 여행 금지, 외식, 쇼핑, 다른 여가 활동에 대한 제한 조치를 내려 모든 사람에게도 영향을 미쳤다. 아울러 돌보는 사람이 감염병이 걸리면 어떻게 될지 모른다는 공포와 불확실에 직면했나. 두 가지 문제는 크고 세계적인 이슈이지만 그 외에는 매우 다른 경제적 문제다. 2008년 세계 경제는 총수요를 붕괴시켰지만, 2020년 팬데믹은 총공급에 부정적인 충격을 주었다.

하지만 세계 각국 정부와 정책입안자들의 해결책은 상당히 비슷했다. 화폐를 발행하여 경기부양책을 쓰고, 추가로 화폐 발행을 통해 인프라 시설에 대한 투자를 발표했다(모두 나쁜 것은 아니었다). 또 추가로 더 많은 돈을 발행했다. 미 연준이 세계 금융 위기에 대응하기 위해 찍어낸 화폐 발행량은 역대 최대 규모의 경기부양책을 가능하게 했다. 이것은 팬데믹이 닥치기 이전의 상황이다. 2008년 연준은 화폐공급량을 추가로 약 4조 달러 늘렸고 이렇게 연준의 대차대조표는 1조 달러 미만에서 세계 금융 위기 이전 수준보다 4배 이상 증가했다.

단기적으로 통화공급 증가와 경기부양책이라는 해결책이 세계 금융 위기 시기에 비해 팬데믹 기간에 훨씬 더 효과적이었던 것처럼 보인다. 상기하자면 많은 국가와 마찬가지로 미국은 세계 금융 위기 때보다 팬데믹에 엄청나게 더 큰 규모의 대응책을 시행했다.

2020년 3월 23일 연준은 무제한적 양적 완화를 시행할 것임을 밝히는 성명을 발표했다. 그 후 7주 만에 연준의 대차대조표는 7조 달러로 증가했다. 연준의 비정상적인 화폐 발행과 미국 대통령과 의회가 계획한 기업, 가구, 더 폭넓은 경제 분야를 지원하기 위한 5.3조 달러 이상의 경기부양책이 결합하여 유동성에 기반한 경기 붐이 나타났다.

초기의 하락 이후 주식 시장은 최악의 팬데믹 기간에도 전반적으로 매우 좋았고, 고용지수도 회복되었고, 주요 은행들은 이전의 채무불이행 추정치를 줄였다. 그리고 팬데믹의 영향이 점차 사라지면서 '광란의 20년대(경기가 활기차고 전망이 밝던 1920년대)'와 맞먹는 경제적 성공과 소비문화가 증가하는 시대라는 말이 나오고 있다. 2021년 미국 경제가 예상보다 더 빨리 개선된 것은 경기부양책이 과도했다는 관점을 뒷받침한다.

"이처럼 경제적 상황과 맞지 않게 통화 정책과 경기부양 정책이 실시된 시기는 역사상 찾아볼 수 없다. 이런 적은 전혀 없었다."

세계적인 펀드매니저, 스탠리 드럭켄밀러

불가피한 인플레이션이 일시적이며 코로나19로 인한 경기침체 이후 급격히 반등할 것인지 아니면 수요 과잉과 비용 증가에 따라 지속될지에 대한 논쟁이 늘고 있다. 중앙은행이 공급한 유동성이 이미 단기적 자산 인플레이션을 유발하고 있고, 경기 회복이 가속화되면 쉬운 대출로 인해 소비지출이 늘어났다.

2021년 초 현재 인플레이션은 많은 중앙은행의 연간 목표치인 2% 이하를 10년 이상 유지했다. 인플레이션이 급증하면 중대한 문제를 일으켜 거시경제가 불안해질 것이다. 이런 일이 발생할 가능성이 상당히 높다. 이미 핵심 산업 분야의 공급망에 문제가 발생하고 있다. 경기부양책으로 개인 저축이 늘고, 여기다가 코로나19 제한 조치들이 완화되면 수요와 인플레이션 압력이 급격히 증가할 가능성이 있다. 젊은 사람들은 가상화폐 도지코인Dogecoin, 로빈후드 크립토Robinhood crypto, 또는 새로운 스마트폰 기기에 '소액'을 투자하는 문제를 논의한다.

최악의 시나리오는 1970년대의 스태그플레이션으로 돌아가는 것이다. 당시에도 지금처럼 부정적인 공급 충격이 세계 경제를 혼란시켰다. 1970년대의 석유 부족 사태가 엄청난 피해를 입혔다. 2020년대에는 많은 산업 분야의 공급 병목현상, 보호주의 증가, 배타적 무역 블록, 세계 최대 경제국인 미국과 중국의 무역 전쟁 격화, 비용이 아닌 다른 요소, 즉 공급 확실성과 새로운 정치적 동맹 형성에 기초한 공급망의 해체와 이동이 발생하고 있다. 이로 인해 생산비용이 늘어난다.

소득과 부의 지속적인 불평등은 정책 대응을 복잡하게 만들 것이다. 일상적인 필수품의 가격이 오르고 기후변화와 통화 가치 하락 문제가 심화되는 인플레이션 환경에서는 사회질서를 유지하는 것이 점점 더 힘들기 때문이다. 1 비트코인 가격이 5만 달러 이상인 상황에서 "비트코인을 사서 화폐 가치의 소멸 위험을 회피하자"는 대중적 외침이 수중에 갖고 있는 돈이 수백 달러도 되지 않는 사람들의 마음을 심란하게 만들 것이다. 가진 자와 못 가진 자의 분열이 심화되면서 많은 이들이 더욱 소외되고 뒤떨어졌다고 느끼게 될 것이다. 지금 우리는 어려운 문제를 미루고 있지만 언젠가 이 문제가 우리를 덮칠 것이다.

하지만 단기적으로는 아마도 중기적으로도, 상황은 어느 정도 괜찮을 것이다. 하지만 장기적으로는 어떨까? 이것이 문제다. 우리는 과거에 계속 고정되어 있거나 현재에 머물며 미래와 단절된 채 살 수 없다. 미래는 순식간에 현재가 될 것이다.

세계 금융 위기 이후 이루어진 많은 규제 변화를 생각해보라. 문제가 제대로 해결되었는가? 다수의 새로운 규제는 유용하고 필요했고, 몇 년 더 일찍 시행되었다면 세계 금융 위기를 예방했을지도 모른다. 하지만 팬데믹은 다른 문제. 세계 금융 위기를 '해결'하기 위한 많은 변화가 팬데믹의 경제적 영향을 악화시켰다.

아울러 2008년과 2020년 사이 우리는 엄청난 기술 변화를 경험했고 생명 과학에서 비약적인 도약을 이루었다. 세계 경제에 미친 장기적이고 전반적인 영향을 살펴보면, 블록체인이 널리 확산되어 수용되었고, 그와 나란히 비트코인과 여러 분산형 디지털 화폐가 개발되어 전체적으로 점점 금융이 분산되었다. 이와 함께 '스마트계약'이 도입되어 전통적인 거래관계에서 활약하던 중개자를 없애는 엄청난 결과를 낳았다. 디지털 세상을 위한 가치 및 정보 교환 체계가 재설정되었다.

더 최근에 새롭게 등장한 대체 불가능한 토큰, NFTs는 창의적인 노력을 바라보고 보상하는 방식을 바꿀 잠재력을 갖게 되었다. 이런 발전이 확대되면서 기존 시스템에 대한 대안이 존재한다는 점이 입증되었다. 분명 실행 가능한 대안이며 많은 경우 이미 입증된 대안이다. 이제 많은 사람이 사물을 생각하고 가치를 평가하는 방식이 달라졌다는 뜻이다. 이와 더불어 보편적 기본소득(UBI)이라는 매우 오래된 아이디어가 최근 현대화되고, 더 긴밀하게 탐구되고 대중화되었다는 사실이다. 지금은 변화의 적기다.

2020년 초 비트코인의 시가총액은 약 2,000억 달러였다. 2021년 2월 이 수치는 1조 달러를 넘어섰다. 많은 이들이 이제 비트코인을 세계적인 디지털 보유자산으로 본다. 즉, 교환을 위한 통화라기보다 전통적으로 보유해왔던 금과 경쟁하는 디지털 가치 저장 수단으로 보는 것이다. 이것은 1만 비트코인을 피자 두 판과 교환했던 10년 전과는 전혀 다른 상황이다.

지난 20년 동안 거대한 변화를 목격했음에도 정책담당자들의 정책 대응과 사고는 여전히 바뀌지 않고 있다. 마크 저커버그가 미국

의회에서 인터뷰한 내용만 보아도 이런 상황은 매우 분명하다. 다음 위기가 닥칠 때 우리의 사고와 대응 방식이 20세기에 머물러 있다면 어떻게 될까? 가상화폐인 크립토를 선호하는 사람들이 과연 언제까지 기존 통화를 사용할까? 중앙은행의 통화정책은 탈중앙화 금융(DeFi)decentralized finance 시장에 영향을 미칠 수 있을까?

지난 약 20년 동안의 문제는 정책입안자, 자문자, 다수의 존경받는 기업 리더와 정치인들이 과거의 방식 그대로 미래를 계획했다는 점이다. 그들은 케인스와 프리드먼, 그리고 다른 경제학자들이 지금과 다른 시대를 위해 개발한 경제적 도구와 정책을 이용했다. 케인스와 그 이후의 사람들은 무중량 경제를 예상하지 못했을 것이며, 따라서 분명히 이를 위한 계획을 만들지도 않았다. 변화가 필요한 시점이다.

세계 경제를 움직이는 힘

"젊은이들은 복이 있나니 그들은 국가 부채를 물려받을 것이기 때문이다."

미국 제31대 대통령, 허버트 후버

가장 최근의 두 가지 충격에 대처할 때 세계 경제를 움직이는 새로운 경제적 힘들을 이해하고 활용해야 미래의 번영을 보장할 수 있다.

부채의 부정적인 영향

공공부채와 민간부채가 기존의 높은 수준(선진국의 경우 GDP의 425%, 세계 전체로는 356%)보다 더 증가하고 있는 지금, 각국은 낮은 수준의 단기 및 장기 이자율 덕분에 부채 부담을 어느 정도 견딜 수 있다. 하지만 낮은 이자율과 인플레이션 압력이 높아지면서 전망은 밝지 않다.

미국의 경우 2020년 말 GDP 대비 부채비율이 129%였다. 이것은 2010년 그리스의 GDP 대비 부채비율보다 더 높은 수준이었다. 당시 IMF는 그리스의 경제적 붕괴를 막기 위해 구제금융을 제공했다. 민간 기업들에 필요한 단기 차입금을 계산에 포함하면 부채는 GDP의 500% 이상으로 치솟는다. 미국이 기업이라면 엄밀히 따지면 파산상태일 것이다.

전 세계적으로 동시에 시행된 경기부양책과 양적 완화로 인해 어떤 주요 국가들도 가까운 시일 내에 GDP 대비 부채비율이 감소하지 않을 것이다. 2021년 말 일본의 부채비율은 172%, 이탈리아 144%, 유럽 106%, 인도 99%, 호주 49% 등이었다. 공공부채 증가와 함께 생산성 감소, 인프라 노후화, 세계 최강대국들의 관계 악화, 기후변화 대응의 필요성, 향후 화석연료에서 비롯된 막대한 조세 수입 감소는 미래 세대의 경제를 암울하게 만드는 재난적 요인이다. 앞으로 10년 이내 기존 산업에서 중간 경력의 전문직을 점차 유지하기 힘들어지면서 위기를 맞게 될 것이다. 현재 추세로 보면, 미래 세대는 부채를 감당하기 상당히 버거울 가능성이 있다. 따라서 우리는 근본적으로 새로운 경제 모델을 만들어야 한다.

통화의 점진적 소멸

화폐의 장기적 미래는 중앙은행이 발행하는 명목화폐가 아니다. 오늘날 미국 달러는 여전히 명목화폐의 왕좌를 유지하고 있지만 왕좌의 가치를 급속히 떨어뜨리는 속도로 화폐를 찍어내고 있다. 경제학자들은 오래전부터 명목화폐에는 본질적인 가치가 없고 연준과 미국 정부에 대한 신뢰에 기초한 가치가 있을 뿐이라는 사실을 알고 있었다. 많은 자료에 따르면 이 신뢰는 얼마 전부터 떨어지고 있다.

현금은 아직도 중요하다. 현금에 대한 선호도가 떨어진 것은 아주 최근의 일이다. 역사적으로 다른 현실적인 대안이 존재하지 않았다. 20세기 초 신용카드가 실험적으로 도입되었지만 주요 결제수단이 된 것은 1970년대부터였다. 2018년 전 세계에서 사용된 신용카드, 직불카드, 선불카드는 221억 1,000만 장이었고, 2019년 총결제금액은 35조 달러였다. 많은 신용카드 산업 관계자들은 일부 시장에서 신용카드 사용액이 '정점'에 도달했다고 생각한다.

> "지난 25~30년 동안 현금 사용액이 감소했다. 그 시작은 직불카드가 인기를 얻어 주류가 된 90년대 초부터였다… 이런 추세는 아이폰과 모바일 뱅킹, 결제 앱이 도입되면서 크게 빨라지기 시작했다.

테크노소셜리즘

이런 수단 덕분에 돈을 관리하기 더 편하고 현금 없이 거래를 할 수 있었다. 지금 또다시 변곡점을 맞이한 것처럼 보인다. 아마도 가장 중요한 촉진 요인은 세계적인 팬데믹일 것이다."

다국적 금융 그룹 BBVA의 미국 지사 책임자, 래리 프랑코

개인 간 디지털 네트워크가 신용카드와 다른 결제 수단에 비해 이용하기 쉽고 비용이 낮으며, 사기 위험 부담이 적어 대중화되면서 신용카드 회사들은 핀테크 기업을 인수하고 있다. 스트라이프Stripe, 스퀘어Square, 페이팔PayPal, 클라나Klarna, 어펌Affirm 등과 같은 기업들이 빠르게 성장하는 반면 카드 사용은 정체 상태다. 어떻게 이렇게 된 걸까?

금본위제 폐지

한때 화폐의 가치가 금과 직접적으로 연계된 적이 있었는데 이 시스템을 '금본위제'라고 한다. 화폐를 발행하려면 그만큼의 금이 필요했기 때문에 화폐 발행 능력은 제한적이었다. 중앙은행은 화폐 발행액에 상당하는 금을 매입해 보관해야 했기 때문이다. 이것은 인플레이션을 막는 데 유용하지만 이자율이 증가할 때나 미국 정부가 경제를 개선하려고 금의 가치를 재평가할 때 문제가 발생했다.

각국의 중앙은행이 보유한 금이 미국으로 쏟아져 들어오고 금 생산량이 급증하면서 브레튼우즈 협정이 타격을 받았다. 그 결과 미국 달러가 세계 기축통화가 되고 금과 달러의 교환 비율이 1온스당

35달러로 고정되었다. 시간이 지나면서 외국 화폐의 금 지급 요구에 대한 두려움과 그 외 다양한 요인들 때문에 금과 화폐의 연동이 분리되기 시작했다. 오늘날 금본위제를 사용하는 국가는 없다. 영국은 1931년에 이 제도를 포기했고, 미국도 마침내 1973년에 완전히 중단하고 금본위제를 명목화폐로 대체했다.

우리는 현금을 사용하지 않아요!

요즘 우리는 현금을 별로 갖고 다니지 않는다. 많은 사람이 현금 없이 몇 주 또는 몇 달을 지낸다. 점차 지출의 대부분을 차지하는 온라인 거래에서는 현금을 사용할 수 없고 많은 상점 주인들은 현금결제를 좋아하지 않는다. 심지어 동네의 바리스타도 전자결제수단을 사용하지 않으면 모닝커피를 제공하지 않는다. 카운터에는 "우리는 현금을 받지 않습니다"는 안내문이 놓여 있다.

아이들도 현금을 원하지 않는다. "주방을 깨끗이 청소하면 지금이 5달러 줄게"라는 제안은 더 이상 통하지 않는다. 아이들은 용돈을 현금이 아니라 포트나이트Fornite용 브이벅스V-Bucks, 로블록스Roblox용 로벅스Robux, 온라인 구매를 위한 페이팔로 받기를 원한다.

머지않아 언젠가는 중앙은행들이 화폐 발행을 중단할 것이다. 특히 핀란드, 스웨덴, 싱가포르, 중국을 비롯한 일부 국가에서는 대부분의 결제가 이미 전자결제로 이루어지고 있다. 글로벌데이터GlobalData에 따르면 2023년이 되면 스웨덴에서 현금결제가 거의 사라

———— 테크노소셜리즘

질 것이라고 한다. 2019년 중국에서 알리페이와 텐센트 위챗페이를 통한 결제액은 총 53조 달러(347조 위안)였다. 이는 중국 GDP의 약 5배, 전 세계 신용카드 결제액의 약 2배에 달한다.

기술은 이런 혁명을 가능하게 한다. 세계 금융 위기, 블록체인의 등장, 비트코인과 그 외 다른 가상자산의 발명, 탈중앙화 금융의 도래, 코로나19 팬데믹은 돈과 관련해 전에는 결코 본 적이 없는 큰 변화를 가져 왔다. 이 모든 것이 변화되는 데 고작 12년이 걸렸다.

시중에 돈이 얼마나 풀렸을까?

시중에 풀린 돈은 실로 엄청나다. 돈의 증가량도 눈덩이처럼 커지고 있다. 팬데믹이 미국에서 심해지기 시작한 2020년 2월부터 12개월 동안 미국 경제의 화폐공급량이 4조 달러, 곧 26% 증가했다. 1943년 이후 최대의 연간 증가율이다. 이에 비해 1982년 이후 연평균 화폐 증가율은 5.9%에 불과했다. 2021년에는 화폐공급량이 추가로 12% 정도 증가할 것으로 예상된다. 만일 그렇게 된다면 유통 중인 미국 달러는 단 2년 동안 약 40%가 증가할 것이다. 이런 상태는 지속될 수 없다. 하지만 달러 유통량을 줄이는 것 또한 달러를 공급할 때처럼 고통이 있을 수밖에 없다. 이런 상황에 직면할 때 미국 달러는 아마 가치를 유지하기 어려울 것이다.

통화공급 증가로 달러 가치가 하락하고, 인플레이션이 달러 자산의 가치를 떨어뜨리기 시작하면 어떻게 될까? 사람들은 대안을 찾아서 위험을 회피하려고 할 것이다. 이를 위해 많은 사람이 벌써 금, 더 나아가 비트코인과 다른 암호화폐를 구입하고 있다.

▎ 금을 매입하는 투자자들 ▎

역사적으로 많은 경제학자가 금이 인플레이션과 명목화폐 약화에 대비하는 확실한 수단이라고 믿었다. 달러가 하락할 때 금 가격이 일반적으로 상승해온 것은 사실이지만 미국이 아닌 국제 주식을 보유하는 것이 더 나은 선택임을 보여주는 자료도 있다. 금의 매력은 금이 달러를 뒷받침했던 시대의 기억을 훨씬 넘어선다. 금은 사치재, 다양한 기술에서 사용되는 부품, 준비자산, 투자자산으로서의 가치가 있다. 금은 명목화폐와 달리 희소성이 있다. 역사상 지금까지 채굴된 금의 총량은 약 20만 1,000톤이며, 이 중 대략 3분의 2가 1950년 이후 채굴되었고 5만 톤이 아직 매장되어 있는 것으로 추정된다. 이것은 올림픽 수영경기장 4개를 가득 채울 수 있는 규모다.

미국이 1970년대 초 금본위제를 포기한 이후 금 가격이 급격히 상승했으며 2020년 8월에 2,048달러로 정점에 이르렀다. 오늘날의 가격으로 계산하면, 유통되는 금의 총가치는 10조 달러 이상이다. 금은 앞으로도 인플레이션과 달러 가치 하락을 회피할 수 있는 자산이자 안전한 투자자산이 될 것이다. 금은 희소하고 실질적으로 여러 용도로 사용할 수 있으며, 역사적, 문화적 요인들로 인해 장기적으로 가치 상승이 가능하다.

금 가격 2021년 4월 23일 기준 (1온스당)

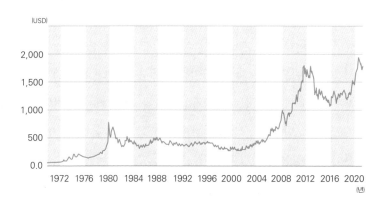

미국이 금본위제를 포기한 이후 금 가격 추이

대세가 된 비트코인

2008년 비트코인이 개발되어 2009년 초에 시장에 나온 이후 비트코인의 상승세는 보고도 믿기 어려울 정도였다. 비트코인은 역사상 단일 자산으로서 가장 빠르게 가치를 축적한 사례일 것이다. 비트코인은 개인 간 거래가 가능한 전자 화폐로 설계되었다. 비트코인을 이용하면 금융기관을 거치지 않고 거래당사자들이 직접 결제를 할 수 있다. 탈중앙화 금융이 실현된다면 비트코인은 세계적으로 독립성을 갖게 된다. 정부를 포함한 제3자의 개입 없이 거래할 수 있다.

코로나19 팬데믹은 명목화폐에는 나쁜 뉴스였지만 비트코인에는 좋은 뉴스였다. 팬데믹 탓에 사람들이 점점 기술에 적응하고 이용하게 되었고 온라인 거래에 익숙해지면서 비트코인을 신뢰하게 되었다. 팬데믹이 없었다면 더 오랜 시간이 걸렸을 것이다. 아마 우리와 마찬가지로 당신도 나이 든 친척들이 온라인 식료품점을 이번에 처음으로 이용해봤다는 이야기를 들었을 것이다. 이처럼 온라인 거래로 신속하게 이동한 것은 가상화폐에 대한 빠른 신뢰와 함께 비트코인을 포함한 모든 가상화폐에 도움이 되었다. 이제 가상화폐는 흔히 사용하는 용어가 되었다.

이 글을 쓰는 지금, 유통되는 비트코인의 총 개수는 1,870만 개이며 총가치는 대략 1.2조 달러다. 따라서 불과 12년 만에 만들어진 비트코인의 총가치는 이제까지 채굴된 모든 금 가치의 10%를 상회한다. 또한 자산규모가 1.2조 달러인 세계 최대 국부펀드 노르웨이 정부 연금펀드와 비슷하다(세계 2위인 중국 국부펀드의 자산규모는 1조 달러를 약간 상회한다). 여전히 비트코인에 대해 회의적인 사람들도 비트코인의 전체적인 가치에 대해 의심하지 않는다. 비트코인은 명목화폐와 달리 희소성이 있어 금과 더 비슷하다. 비트코인을 모두 채굴할 경우 총 2,100만 비트코인이 공급될 것이다. 시장에 공급되는 비트코인의 수량은 4년마다 절반으로 줄어든다. 이런 규칙을 따르면 2140년에는 마지막 비트코인이 채굴될 것으로 추정된다.

최근 시가총액이 25억 달러에 달하는 테슬라와 30억 달러의 가치를 지닌 마이크로스트래티지MicroStrategy를 포함한 몇몇 기업이 비트코인에 거액을 투자했다. 폴 튜더 존스와 빌 밀러와 같은 매우 존경받는 투자자들도 적절한 가치 저장 수단이라며 비트코인을 옹호했

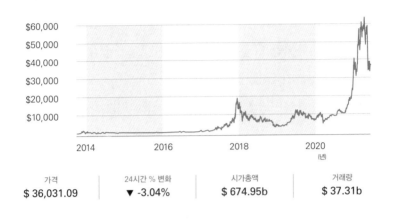

2012~2021년 6월까지 비트코인 가격 미국 달러

가격	24시간 % 변화	시가총액	거래량
$ 36,031.09	▼ -3.04%	$ 674.95b	$ 37.31b

출처: CoinDesk

다. 이 책을 쓰는 지금, 테슬라 차량 구입에 비트코인 결제를 허용하는 방침을 중단했지만, 테슬라는 2021년 1분기에만 비트코인으로 1억 100만 달러의 수익을 올렸다. 가상화폐에 대한 기관투자자들의 지지도 늘어나고 있다. 최근 여러 조사에 따르면 기관투자자의 60%가 디지털 자산이 자산 포트폴리오 중 하나로 포함된다고 생각한다. 비트코인은 세계 금융 시스템의 일부로서 그 중요성이 커지고 있으며, 많은 비트코인 분석가들은 향후 2년 내 가격이 2배 이상이 될 것으로 예상한다.

상승한 가치를 활용하고 비트코인과 다른 디지털 화폐 자산을 거래하기 위해 수많은 가상화폐 거래소가 설립되었다. 일부 거래소는 기업을 상장하여 철저한 규제를 받고 있으며, 은행이나 다른 금융기관들처럼 자금세탁방지제도(AML)와 고객확인절차(KYC) 요구 사항을 준수하기 위해 규제당국과 긴밀하게 협력하고 있다. 이 모든 활동은 블록체인 기술을 중심으로 한 새로운 금융 생태계를 만들고 있으며, 점차 금융서비스 산업의 전통적인 공급자들이 제공했던 금융 상품과 서비스보다 더 많은 것들을 디지털 형태로 제공하고 있다.

비트코인은 대세가 되고 있다. 심지어 마스터카드는 자사의 네트워크에서 비트코인과 다른 선별된 가상화폐를 지원할 것이라고 발표했다. 또한 2021년 4월 이 카드사는 '최초의 암호화폐 보상 신용카드'를 출시하기 위해 가상화폐 플랫폼 제미니Gemini와 제휴관계를 맺었다고 발표했다.

이런 상황은 21세기 세계 경제에 어떤 의미가 있을까? 첫째, 비트코인은 명목화폐 위험회피 수단으로서 금을 능가할 것이며, 그 결과 경제주체로서의 국가와 소비자들은 가상화폐를 가치교환을 위한 강력한 경쟁자로 볼 것이다. 가상화폐에 대한 이런 신뢰는 탈중앙화 금융 시스템과 경쟁하려고 노력하는 중앙은행의 디지털 통화 도입을 더욱 촉진할 것이다. 우리는 더 많은 통화, 더 많은 가치 시스템에 대해 논의할 것이다. 스마트계약과 스마트머니의 등장과 함께 우리는 통화와 투자를 탄소중립 활동, 지속 가능성, 포용성과 같은 주제와 결부시키기 시작할 것이다.

탈중앙화 금융, 디파이

탈중앙화 금융, 디파이(DeFi)는 더 나아가 금융 시스템을 옛날 방식에서 벗어나게 할 것이다. 디파이는 이더리움 블록체인을 이용해 만든 대안적 금융 인프라다. 여기에 상호 정보 교환이 가능하고 투명한 방식으로 금융 거래가 이루어지는 규칙을 만들기 위해 스마트계약이 이용된다. 이것은 은행이나 다른 중개기관이 제공하는 기존 금융서비스보다 더 개방적인 방식이다.

디파이는 오픈 소스 프로토콜과 분산형 애플리케이션DApps에 기반한다. 거래는 공적인 블록체인에 기록되며, 다수의 전통적인 금융서비스가 없어도 안전하고 입증 가능한 방식으로 이루어진다. 스마트계약은 이 모든 것을 처리할 수 있다.

디파이는 작지만 계속 성장하고 있다. 디파이와 관련된 스마트계약의 총금액은 2021년 4월 624억 달러에 달했다. 일 년 전만 해도 8억 3,300백만 달러에 불과했다는 것을 감안하면 빠른 성장이다. 이러한 놀라운 성장률은 디지털 자산과 스마트계약이 더 대중화되면서 지속될 것이다.

디파이 생태계는 부채를 발행하고 관리하는 방식을 포함하여 금융 시스템의 대부분을 혁신할 수 있는 잠재력이 있다. 많은 프로토콜이 가상화폐를 이용한 대출과 대출금 상환을 허용한다. 디파이는 사람들이 중개 기관인 은행을 거치지 않고 다른 사람들에게 직접 돈을 빌려주고 원금과 채무 상환에 관한 정보를 모두 파악할 수 있다는 뜻이다. 디파이 대출은 관련 당사자들의 신원을 확인할 필요가 없다. 모든 것은 광범위하게 분산된 공공 거래 장부에 기록된다. 이용자들은 계속 익명으로 남지만 자산 소유권과 지급 입증 자료는 영구적으로 안전하게 기록된다. 이것은 엄청난 혁신이다. 550년 만에 처음으로 모든 사람이 기본적으로 은행 또는 대출기관이 되는 것이다.

디파이는 블록체인 기술이 없다면 존재할 수 없는 플래시 론flash loans, NFTs, 스테이블코인stablecoins, 아토믹 스와프atomic swaps와 같은 새로운 금융 수단을 만들고 있다. 디파이가 주도하는 혁신은 더 투명하고 신뢰성 있는 금융 생태계를 만들어 기존 금융산업에 도전장을 내밀고 있다. 지금 디파이가 주로 젊은 세대에 의해 이용된다는 점, 스마트계약 분야에서 신뢰를 얻고 활용된다는 점, 디파이로 이용할 수 있는 제품 분야가 많아진다는 점 등이 디파이가 앞으로 어떻게 발전할지를 결정할 것이다.

대체 불가능한 토큰, NFTs

블록체인 기술은 대체 불가능한 토큰(NFTs)Non-Fungible Token 개발로 이어졌다. 이것은 디지털 자산이 유일한 것임을 입증하는 표시다. 최초의 NFTs는 2014년에 만들어졌지만 사람들의 상상력에 불을 지핀 것은 2021년 2월 말 NBA 톱샷 플랫폼에서 르브론 제임스의 슬램덩크 NFTs가 208,000달러에 팔리면서부터다. 그 이후 곧이어 2021년 3월 초 디지털 예술가인 미국 작가 비플Beeple이 예술작품에 기반한 NFTs를 만들어 무려 6,930만 달러에 팔았다. 그리고 바로 이어서 트위터 공동설립자 잭 도시가 보낸 최초의 트위터 문자가 290만 달러에 팔렸다. 이 숫자들은 수많은 사람의 관심을 사로잡을 만큼 충분히 큰 숫자다.

NFTs에 관한 관심은 점점 커지고 있으며, 창의적인 분야에서 활동하는 화가, 음악가, 게이머 등이 자신의 재능으로 돈을 벌 가능성이 무한한 것처럼 보인다. 블록체인 기술을 통해 디지털 예술작품이 최초로 제작된 원본임이 증명되기 때문이다. 콘텐츠 창작자들은 작품 판매와 관련하여 저작권 계약을 체결하여 디지털 자산이 팔릴 때마다 거래가격의 일정 비율을 받을 수 있다. 이렇게 하면 이론적으로는 그들과 그들의 상속자들을 위해 지속적인 소득 흐름을 창출할 수 있다. NFTs는 현실 세계에서 자산추적 방법뿐만 아니라 지식재산권 관리 방법에도 변화를 만들고 있다. 지금 시대의 상표와 특허제도도 21세기에는 절대 견고하지 않다. NFTs의 급속한 부상은 몇 가지 측면에서 미래 경제 형성에 중요한 의미를 지닌다.

- NFTs는 디지털 자산에 주목하고, 가치가 있고 거래 가능하며 안전하고 대중적이며, 광범위한 분야의 아이디어와 작품을 포괄하며, 많은 사람들이 생각하는 것보다 더 큰 잠재력과 응용 가능성이 있음을 보여준다.
- 가치 저장 수단으로서는 훌륭하지만 유일하지 않은 비트코인이나 다른 가상화폐를 소유하는 것보다 NFTs는 디지털 자산을 더 안정적으로 만든다.

- NFTs는 소유자에게 자랑할 수 있는 권리를 부여한다. 보통 NFTs는 스포츠, 미술, 음악 등 디지털화된 오락물과 관련되며, 다른 사람들의 부러움을 사기 때문에 사회적 지위를 제공한다.
- NFTs는 예술가들이 작품에 대한 대가를 충분히 또는 적절하게 받지 못하는 문제를 해결한다. 정당한 스마트계약이 이루어질 경우 시간이 지나 작품이 진가를 인정받으면 작품의 독창성에 합당한 이익을 얻을 것이기 때문이다. 테일러 스위프트의 음악에 관한 지식재산권 논쟁을 생각해보라.
- NFTs가 부상하면서 사람들이 이렇게 말한다. "디지털 경제는 앞으로 어떻게 될까?" 그리고 사람들은 미래에 어떤 가능성이 있을지 궁금해한다.

NFTs가 디지털 다이아몬드가 되기 전에도 디지털이 미래 경제의 근간이 되는 과정은 이미 진행 중이었다. 하지만 NFTs의 급격한 부상으로 미래 경제가 디지털 경제라는 인식이 더 강화되었다. 명목화폐, 지식재산권(1800년대 등장), 자산분류 개념은 1600년대 이래로 거의 한번도 바뀌지 않았다.

디지털 통화는 공식통화가 될까?

비트코인, 이더리움, 테더, 도지와 같이 우리가 논의한 가상화폐들은 국적이 없는 화폐다. 하지만 이들은 효용성을 갖고 있으며 가치를 저장하고 이전하고 물건을 살 때 사용할 수 있다. 이로 인해 정부에 중대한 문제가 발생한다. 정부가 화폐에 대한 통제권을 상실하면 경제에 대한 정부의 영향력이 줄기 때문이다. 누가 무엇을 하는지 추적하고 감독하는 능력이 줄고, 아울러 그런 자산에 세금을 부과하는 능력도 줄게 된다. 정부는 어떤 선택지가 있을까? 물론 정부는 비트코인이나 다른 무국적 통화를 금지할 수 있다. 하지만 이것은 인터넷을 금지하는 것과 비슷하다. 중국은 2017년 비트코인을 금지했고, 그 뒤 2019년에도 다시 금지했다. 하지만 오늘날 모든 비트코인 채굴의 약 65%가 중국에서 이루어진다. 헤지펀드 운영자인 억만장자 레이 달리오는 비트코인이 언젠가 전 세계에서 금지될 수 있다고 경고했다. 그리고 이렇게 말했다.

"모든 국가가 공급과 수요에 대한 독점적 통제권을 대단히 소중하게 생각한다. 그들은 다른 화폐가 사용되거나 경쟁하는 것을 원하지 않는다. 왜냐하면 그렇게 되면 상황을 통제할 수 없기 때문이다."

브리지워터 어소시에이츠 CEO, 레이 달리오

달리오는 또한 비트코인의 편익과 긍정적인 요소를 강조했다. 모든 가상화폐를 불법화할 것인지 고심했던 인도 정부가 보여주었듯이, 정부가 가상화폐 생태계와 관련된 사람들에 대한 법적 조치뿐만 아니라 실제로 가상화폐를 불법화할 수 있는 능력과 그 이점에 대해 많은 정책적 논쟁이 벌어지고 있다. 가상화폐 연구 기업 크레바코 글로벌Crebaco Global의 최고경영자 시타르트 소가니는 이렇게 말한다. "정부가 가상화폐를 금지해도 금지 조치를 실행할 인프라가 없어 단속하지 못할 것이다."

인도가 비트코인을 금지했다고 상상해보자. 그다음 어떻게 될까? 모든 정부가 비트코인을 금지하지 않으면 그 금지 조치는 효과가 없다. 어떤 국가는 비트코인을 금지하고, 어떤 국가는 허용할 경우, 비트코인을 규제하고 세금을 부과할 방법을 찾는 국가가 차익거래를 통해 이익을 얻을 동안 인도는 뒤떨어질 것이다.

국가가 후원하는 디지털 화폐, 일종의 명목화폐에 상응하는 가상화폐가 그 해답이 될 수 있다. 각국 정부는 디지털 통화의 장기적 성공 가능성과 유용성을 분명히 알고 있다. 중국과 러시아는 심지어 세계 금융 위기 직후 디지털 세계 통화를 새로 만들자고 제안한 바 있다. 개별 국가와 연결되지 않고 장기적으로 안정적이며 아울러 신용에 기반한 국가 통화를 사용할 때 발생하는 고유한 결함을 없앨 수 있다는 점을 장점으로 든 것이다.

이것이 아마 중국이 디지털 화폐를 만들려고 노력하는 이유일 것이다. 2021년 3월에 승인된 중국의 14차 5개년 계획은 디지털 통화의 목적을 규정했다. 중국은 세계적으로 중요한 거대 경제국으로서 국가 주도의 디지털 화폐와 관련한 선발이익을 얻기 위해 노력하고 있다. 중국은 세계적으로 전자 결제금액을 가장 많이 처리하며 세계 최대 온라인 결제 플랫폼(알리페이와 텐센트 위챗)을 갖고 있다. 아울러 미국의 달러화 헤게모니를 무너뜨려야 할 충분한 이유를 갖고 있다. 급격히 성장하는 국내 경제와 중산층, 아울러 일대일로와 같은 계획들도 중앙은행디지털화폐(CBDC)Central Bank Digital Currency를 만들어야 할 이유를 보여준다. 중국 인민은행의 지원 덕분에 중국 디지털 통화는 중국 국내 시장과 세계 무역에서 즉시 인정을 받아 엄청난 규모의 결제가 이루어지고 있다.

CBDC는 중앙은행이 발행한다는 점 덕분에 법정 통화라는 이점을 누린다. 대부분의 다른 전자결제방식과 마찬가지로 CBDC를 이용한 결제는 불가역적이다. 따라서 이것은 확실성을 제공하며 국제 전신환과 같은 다른 결제 수단보다 더 실시간으로 이루어진다. 다른 국가들이 중국의 선도적인 디지털 통화를 따라잡으려고 할 것이기 때문에 새로운 디지털 통화 전쟁이 발생할 가능성이 있다. 인도의 예스은행Yes Bank(2020년 3월 과도한 부실대출 누적으로 모라토리엄을 선언함)에서 발생한 문제는 인도가 신속하게 CBDC를 개발해야 하며 CBDC가 중국보다 인도에 한층 더 필요하다는 생각을 일깨워주었다. 미국 역시 CBDC에 대한 정책을 명확히 해야 한다는 압력을 상당히 받고 있다.

│ 중국과 미국, CBDC의 역할 │

앞서 언급했듯이 중국은 CBDC(중앙은행디지털화폐)의 광범위한 시행에 상당한 진척을 보이고 있다. 중국은 2014년에 이 사업을 시작해 12개 도시에서 이미 시범사업을 시행했다. 중국은 CBDC를 통해 중요한 경제 관련 자료와 거래 자료를 수집할 뿐만 아니라 중국 시민들의 활동을 주시할 수 있다. 또한 당국이 주시하고 감독하길 원하는 거대 핀테크 기업으로부터 통제권을 다시 빼앗을 것이다.

중국의 통화는 교환이 쉽지 않기 때문에 중국 위안화는 국제결제금액의 10% 남짓에 불과하다. 2020년 1분기 현재, 세계의 중앙은행들은 위안화를 2,670억 달러어치를 보유했다(이에 비해 미국 달러 보유액은 7조 달러였다). 따라서 위안화는 아직 주요 국제결제 통화라고 주장할 수 없다. 하지만 CBDC의 발전과 함께 중국은 위안화로 이루어지는 국제결제가 중국 인민은행이 통제하는 결제시스템을 통해 이루어지는 것을 목표로 삼는다. 이것은 위안화를 이용하는 국제결제가 더 이상 세계의 여러 은행이 참여하는 국제은행간통신협회(SWIFT) 네트워크에 의존하지 않을 것이라는 뜻이다.

이렇게 되면 지배적인 달러를 중심으로 형성된 기존 무역 인프라와 경쟁할 수 있는 결제 네트워크가 만들어지는 것이다. 가장 비관적으로 보자면, 이렇게 되면 미국이 거래와 수출 통제와 관련해 갖고 있던 힘이 사라질 것이다. 2017~2020년, 우리는 미국이 화웨이와 같은 수많은 중국 본토 기업과 중국과 홍콩의 많은 관리에게 제재를 가했던 사실을 알고 있다. 확실히 중국은 CBDC를 성공적으로 시행할 많은 동기가 있으며, 아마도 달러에 기반한 미국 금융 헤게모니를 약화시키는 것이 핵심 목표일 것이다.

미국은 CBDC 개발에서 중국보다 수년 뒤져 있다. 지금까지 미국은 연준과 매사추세츠 공대의 공동 사업인 해밀턴 프로젝트를 중심으로 디지털 통화 운영 방법을 연구해왔다. 제롬 파월 연준의장은 "기술 발전은 연준을 포함한 여러 중앙은행에 새로운 가능성을 제공합니다"라고 말하기도 했다. 다양한 구조와 기술을 이용할 수 있지만 CBDC는 일반 대중이 사용할 수 있도록 설계해야 한다. 미국이 CBDC를 본격적으로 시행하려면 많은 시간이 지나야 할 것이다.

> "중국은 확실히 미국 달러화에 대항하는 국제결제 시스템을 구축하려 합니다. 이런 도전에 대응하기 위해 서두를 필요가 없다고 생각합니까? 비트코인, 즉 이미 검증된 분권적인 형태의 '디지털 금'을 의심쩍은 벼락부자로 취급하지 말고 적극적으로 미국 금융 시스템에 통합시킬 생각은 없습니까?"
>
> 하버드대학교 교수, 니얼 퍼거슨

왜 머뭇거릴까? 아마 부분적으로는 중국이 보유한 미국 국채 규모 때문일 것이다. 2021년 1월 기준 중국은 미국 재무부 채권을 세계에서 두 번째로 많이 보유하고 있으며, 무려 1.1조 달러에 달한다(제일 많은 보유한 국가는 일본으로 1.28조 달러다). 미국 재무부 채권에서 중국의 위치는 중국 국부펀드(1.04조 달러)의 가치보다 더 크고 중국 전체 경제 규모의 7% 이상이다. 중국 경제는 2020년에 세계 경제의 17% 이상을 차지할 것으로 예측된다. 중국이 보유한 미국 채권 규모가 세계 경제의 약 1.2%라는 뜻이다. 이것은 중국과 미국을 이어주는 막대한 이해관계이며, 중국은 인플레이션이 발생해 중국이 보유한 달러의 가치가 떨어지는 것을 우려한다.

미국 달러화를 보유하는 것은 중국 입장에서 양날의 검이다. 중국은 미국 국채 매입을 통해 미국 달러화의 가치를 뒷받침하고 정기적으로 위안화를 평가절하함으로써 중국의 수출 경쟁력을 높이고, 그 결과 중국 국내 경제를 강화할 수 있다. 다른 한편으로, 무역 전쟁의 심화, 첨단 기술 분쟁, 코로나19 팬데믹과 관련된 감정 악화와 같은 상황 속에서 중국은 자국의 경제를 미국 경제와 분리하려고 노력하고 있다. 이런 상황에서 중국의 미국 달러화 보유량 증가는 중국과 미국의 상호의존성을 증가시켜 자국의 목표에 불리하게 작용한다. 이로 인해 중국은 달러 외환보유고를 꾸준히 줄여왔다.

통화 통제력과 통화의 교환성 사이에는 보통 상충관계가 존재한다. 현실적으로 말하면, 이것은 자본 통제력과 위안화의 교환성과 관련하여 더 큰 자유가 없다면 중국이 기축통화로서 미국 달러화의 지배력을 능가하기 어렵다는 뜻이다. 중국의 인민은행 총재 이강Yi Gang은 시장개방과 함께 위안화의 더 폭넓은 이용이 계속 촉진될 것이라고 말했다. 그는 "규제당국의 주요 과제는 통화의 국제적 이용에 대한 제한을 줄이는 것입니다. 그냥 내버려 두어야 합니다"라고 말했다. 중국의 CBDC는 이처럼 균형을 잡기 위해 줄타기를 해야 할 것이다. 얼마나 자유로워야 중국의 엄격한 통제에 개의치 않고 중국의 디지털 위안화를 이용해 거래할까? 중국의 CBDC 팀은 지금 국제무역 관점에서 달러를 추월하는 것보다 디지털 위안화의 이용 가능성에 초점을 맞추는 것 같다. 하지만 중앙은행의 입장에 따라 바뀔 가능성은 충분하다.

중국의 미국 국채보유량이 엄청나서 중국이 미국 달러화를 심각하게 평가절하하는 행동을 하지 않을 것이라는 견해가 널리 퍼져 있다. 지금으로선 이런 견해가 옳을지도 모른다. 하지만 중국의 미국 국채보유량이 줄어든다면, 그것은 중국의 입장이 크게 달라지는

명목화폐에 영향을 미친 주요 사건

1973년	미국이 금본위제를 포기하고 명목화폐로 대체하다.
2007~2008년	세계 금융 위기, 막대한 금액의 달러화 발행과 경기부양책
2008년	블록체인 기술 등장
2009년	비트코인 최초 출시
2009년 3월	중국과 러시아가 새로운 세계 통화를 요구하다.
2014년	최초의 대체 불가능한 토큰 NFTs, 중국이 CBDC 과제에 착수하다.
2019년 12월	코로나19 발생
2020년	코로나19가 글로벌 팬데믹이 되다. 막대한 금액의 미국 달러화 발행, 막대한 금액의 경기부양책, 탈중앙화 금융 확대, 중국이 CBDC 인프라의 마지막 부분을 완성하고 여러 도시에서 시범사업을 시작하다.
2021년 4월	비트코인의 시가총액이 1.2조 달러를 넘어서다.
2040~2050년	명목화폐의 소멸

신호일 수 있다.

이제 무엇이 명목화폐를 대체할 수 있는지를 보여주는 사례가 나타났다. 엘살바도르는 비트코인을 자국의 공식통화로 선택하기도 했다. 우리는 지폐가 앞으로 그다지 오래 사용되지 않을 것이라는 점을 알고 있다. 20년 전까지만 해도 미국에서 활동하던 대부분의 경제학자들도 생각하지 못한 일이다.

기존 패러다임은 언제 쓸모가 없어져 폐기될까? 그런 일이 일어나려면 더 확대된 글로벌 통치구조, 더 집단적인 정책과 재원 조달, 기후 적응 및 완화 노력과 관련된 대규모 글로벌 공공 프로그램, 인공지능의 영향, 분권화와 같은 테크노소셜리즘의 바람이 먼저 불어야 할 것이다.

세계화의 불가피성

세계화는 커뮤니케이션과 정보시스템의 개선, 무역 및 투자 장벽 약화, 시장과 생산기지로서의 신흥국 개방, 국제금융 흐름, 교통과 물류의 개선 덕분에 가속화되어 왔다. 이것은 새로운 기회일 뿐만 아니라 경쟁 압력도 높였다. 요즘 기업들은 기업의 발전과정에서 역사적으로 그 어느 때보다 더 일찍 '세계로' 진출해야 한다고 인식한다.

디지털 세계화는 개별 국가들이 더 이상 기업에 필요한 핵심 활동이나 인프라를 보유할 수 없다는 것을 뜻한다. 이것은 개발도상국에 획기적인 변화의 기회다. 인터넷과 글로벌 물류 기업의 등장 덕분에 외딴 지역에 위치한 작은 기업들이 이전에는 상상할 수 없는 방식으로 국제 시장에 진출할 수 있다.

세계화는 경제학자들이 '평평한 세계'라고 부르는 것을 가능하게 만들었다. 이런 세계에서는 기업과 산업의 세계화, 기술 발전, 더 싸고 더 빠른 소통수단, 이전에는 주변부였던 지역의 새로운 시장 경제 발전으로 생산요소 가격이 평준화된다. 이것은 앞으로 기업과 개인들이 더 이상 특정한 위치에 있다고 해서 더 많은 돈을 버는 것이 가능하지 않다는 뜻이다. 팬데믹 시기로 인해 노동자가 일할 수 있는 일자리의 위치에 대한 개념이 달라진 것이 사실이다.

세계화로 인해 그 어느 때보다 기업과 노동자들은 더 직접적으로 경쟁하게 되었다. 역사적으로 보면 선진국에 사는 평범한 기술을 가진 노동자가 상대적으로 뒤떨어진 국가에 사는 고숙련 노동자보다 경제적으로 더 잘 살았다. 오늘날 평평한 세계라는 개념은 이것이 더 이상 타당하지 않다는 것을 뜻한다. 선진국 비숙련 노동자들의 실질임금은 하락하고 기업들은 많은 인프라를 개발도상국으로 이전했다.

코로나19로 인해 국내 공급 부족에 초점을 맞추어 공급망이 재편되는 동안 잠시 세계화가 늦추어진 것도 사실이다. 하지만 새로운 '비전통적' 무역 거래의 치열한 경쟁, 중국의 일대일로 계획 추진은 세계화 추세가 계속 미래 경제를 형성할 것임을 보여주는 징표다.

┃ 글로벌 규제가 치르는 비용 ┃

코로나19 이전 선진국의 기업 활동을 살펴보면 중소기업이 전체 기업의 90% 이상, 고용의 60% 이상, GDP의 55%를 차지했다. 중소기업은 세계 경제의 중추다. 중소기업의 회복 없이는 경제 회복도 없으며 경제의 중심에 역동적인 중소기업 부문이 존재하지 않는다면 경제적 미래도 상상할 수 없다. 하지만 중소기업이 다양한 규제제도를 이해하고 준수하는 일이 점점 더 어려워지고 비용이 많이 소요되고 있다. 이것은 중소기업과 충분한 자금을 보유한 대기업 사이의 기울어진 운동장을 더 악화시키고 있다. 규제의 확산은 세계 경제에 피해를 줄 뿐만 아니라 경제적 불평등을 만들고 시스템에 불공정을 고착시키기도 한다.

우리의 공통 목표는 규제가 경제발전과 사회의 다른 측면에 미치는 영향을 이해하고 세계 경제와 세계 시민사회의 발전을 최적화하는 데 적합한 규제를 만드는 것이어야 한다. 스마트규제가 필요한 이유는 이것이 신뢰를 개선하고 경제활동을 유발하기 때문이다. 하지만 규제 확산으로 세계 경제는 매년 7,800억 달러 이상의 비용을 치르고 있다. 하나의 예를 들자면, 미국에서 활동하는 대형 산업 로비 집단들이 금융서비스와 가상화폐, 의료 기술 분야의 혁신을 늦추고 있는 것이 확실하다. 대규모 자동화와 21세기 정부의 인공지능 인프라에 규제를 설정하는 과제에 착수한 이상 시대에 뒤떨어졌거나 편견에 치우친 법에서 벗어나 정책을 재조정할 필요가 있다.

오래 전부터 규제 조정이 요구되었고 세계화 확대에 따라 이미 상당히 많이 진전되어 왔다. 예컨대 회계 분야의 경우 국제회계사연맹(IFAC)과 관련 기구들은 세계 경제에 지급하는 배당금을 결정하는 회계업무의 세계 표준을 마련하는 일에 큰 진전을 보였다. 인공지능, 환경오염과 기후 적응과 관련된 훨씬 더 많은 세계 지배구조들 때문에 디지털 환경에서 규제하는 방식, 법률 및 준법 시스템이 작동하는 방식을 재고할 수밖에 없을 것이다.

경제 성장의 중심이 될 아시아

아시아는 오래전부터 세계 인구 중 가장 큰 비중을 차지한다. 2021년 아시아는 세계 인구의 대략 60%를 차지했다. 아시아 경제는 산업혁명 이전 시기에 세계 경제를 선도했지만 1820년경부터 세계 경제생산량 중 아시아의 비중이 감소하기 시작했다. 1960년대와 1970년대에 아시아 경제는 재건되기 시작했고, 2019년 현재 세계 GDP 중 아시아 비중은 35% 이하로 아시아가 차지하는 세계 인구 비중의 약 절반 수준이다.

2000년 아시아 국가 중 유일하게 일본이 네 번째(GDP 기준) 경제 대국이 되었다. 불과 20년 뒤에 아시아의 3개 국가(중국, 일본, 인도)가 상위 5개국에 들었다. 2010년 아시아는 세계 총생산량의 26%를 차지했지만 2050년에는 세계 총생산량의 절반을 넘어설 것이다. 이것은 비교적 짧은 시기에 일어난 놀라운 변화다. 아시아개발은행 역시 2050년이 되면 아시아의 도시 인구가 16억 명에서 30억 명으로 증가하고 아시아 도시들이 세계 경제의 선도적인 동력이 될 것으로 예측한다. 21세기는 아시아가 경제 성장의 중심이 되는 세기가 될 것이다.

중국의 경제는 1979년 경제 개혁을 시작한 이후로 연평균 약 10% 실질성장률을 기록했다. 세계 금융 위기 와중에도 중국의 경제 성장률은 8.5%를 유지했다. 2010년 중국은 세계 2위의 경제 대국이 되었고 세계 최대의 수출국, 최대의 외환 보유국, 세계 3위의 수입국, 많은 산업 분야의 세계 최대 생산국이자 시장이 되었다. 세계은행은 중국이 2030년에 시장환율 기준으로 세계 최대 경제국이 될 것이라고 주장한다.

"미국이 새롭게 부상하고 있다… 우리는 21세기에 승리하기 위해 중국과 여러 다른 국가들과 경쟁하고 있다."

취임 100일 기념 상하원 합동 연설에서 미국 현 대통령, 조 바이든

21세기에는?

이른바 '지식경제'라는 개념이 처음 논의된 것은 엄밀히 말하면 1960년대 말이었다. 이 시기는 퍼스널 컴퓨터가 나오기 전이었다. 당시 기업에서 수행하는 활동들은 매우 달랐지만 근본 원리는 똑같았다. 손보다 머리를 이용해 부가가치를 늘리는 것이었다.

지금까지 세계의 선진국들(세계 인구의 약 16% 정도를 차지한다)은 제조업이 부의 성장 원천에서 실질적인 상품으로 바뀌는 것을 경험했다. 강조점이 물리적 인프라에서 지식 인프라로 바뀌었다. 비용 관리 중심의 경쟁에서 아이디어와 지식재산에 관한 경쟁으로 바뀐 것이다. 물리적 자산에서 비물리적 자산으로 초점이 옮겨졌다. 개발도상국들은 대부분 인프라, 교육훈련, 연구개발, 혁신을 시도하고 따라잡기 위해 불철주야 일했다.

선진국보다 더 효율적으로 더 낮은 비용으로 제조 활동을 수행할 수 있는 국가의 부상으로 선진국들은 가치의 원천으로 지식, 혁신, 창의성에 집중할 수밖에 없었다. 부의 주요 원천은 점진적으로 물리적 상품 생산(시설과 장비 등)에서 비물리적 자산(소프트웨어, 기술 인프라, 인공지능, 빠르게 성장하는 신생 인터넷 기업 등)의 창출로 옮겨갔다.

2021년과 2011년의 시가총액 기준 세계 상위 10대 기업 비교

순위	2021년			2011년		
	회사명	시가총액 (USD)	국가	회사명	시가총액 (USD)	국가
1	애플	2.13조	미국	엑슨모빌	4,171.6억	미국
2	사우디 아람코	1.90조	사우디 아라비아	페트로차이나	3,261.9억	중국
3	마이크로소프트	1.85조	미국	애플	3,210.7억	미국
4	아마존	1.64조	미국	ICBC	2,510.7억	중국
5	알파벳(구글)	1.56조	미국	페트로브라스	2,474.1억	브라질
6	페이스북	8,932.2억	미국	BHP 빌리톤	2,470.7억	호주, 영국
7	텐센트	7,683.4억	미국	차이나 컨스트럭션 뱅크	2,326.0억	중국
8	테슬라	6,463.3억	미국	로열 더치 쉘	2,261.2억	네덜란드, 영국
9	버크셔해서웨이	6,458.4억	미국	쉐브론	2,157.8억	미국
10	알리바바	6,261.1억	중국	마이크로소프트	2,133.3억	미국

출처: https://companiesmarketcap.com

　선진국 경제는 손보다는 머리로 일하는 사람들에 의해 지배되었다. 선진국 경제에서 차지하는 서비스 분야의 지배적인 비중이 이것을 입증하며 비물리적인 상품을 생산하는 기업들, 즉 마이크로소프트, 페이스북 등의 시장가치는 전통적인 제조업 선두 기업을 추월해 치솟았다. 10년 전 시가총액 기준 세계 상위 10대 기업과 비교해본 현재 시가총액 기준 세계 상위 10대 기업은 위의 표와 같다.

　2021년 세계 상위 10대 기업 중 지식과 비물리적 서비스를 제공하는 기업은 테슬라를 제외하면 2개에서 7개로 늘어났으며, 이들의 총가치는 약 9.46조 달러다. 애플과 마이크로소프트의 총가치는 불과 10년 만에 3.89조 달러로 증가했다(시가총액이 745% 증가했다). 이러한 가치 증가는 광범위한 경제 분야에서 일어난 상황을 상징적으로 보여준다. 현재와 미래에 가장 가치가 큰 기업들은 기술 기업이될 것이다. 이것은 많은 선진국에서 이미 사실로 입증되고 있으며 그 변화의 속도가 빨라지고 있다.

이런 현상은 팬데믹 기간에 더 가속화되었다. 코로나19는 2차 세계대전 이후의 노동방식을 가장 크게 바꾸고 수많은 파괴적 혁신을 자극했다. 원격 재택근무, 디지털 학습, 원격의료, 새로운 형태의 엔터테인먼트와 의사소통 프로그램이 더욱 빠르게 도입되었고, 그런 변화를 받아들여 신속하게 수행할 능력이 강조되었다. 코로나19는 21세기 경제구조가 근본적으로 달라질 것이며 소비자와 시장은 함께 변화에 신속하게 적응한다는 사실을 서둘러 입증했다.

미래의 경제시스템

우리가 현재의 경제시스템에서 미래 경제시스템으로 이동하려면 인플레이션을 통제하고, 부채를 줄이고, 생산성을 높이고, 빠르게 움직이는 디지털 경제에 적응하고, 많은 신기술을 활용하고, 더 스마트한 규제에 적응할 필요가 있을 것이다. 우선 독자들은 아시아 태평양 지역, 특히 중국 경제와 인도 경제의 핵심적인 중요성을 이해해야 한다. 미국과 유로존 국가의 경제적 영향력이 줄어들고, 성장의 규칙과 엔진도 바뀌고 있다. 무엇보다도 기후변화(서서히 다가오는 가장 확실한 세계적 재난)와, 노동과 상거래를 재편하는 인공지능을 효율적으로 다룰 방법을 찾는 것이 결정적인 정책 이슈이지만, 지금으로선 정치적 수사만 난무할 뿐이다. 미래의 경제 부분은 뒤에서 또 다룰 예정이다.

PART 5

최적의 인류

"무지에 기대어 일하는 사람에게 무언가를 이해시키기란 어렵다."

작가이자 사회운동가, 업튼 싱클레어

이제는 근본적인 질문을 할 때다. 인간의 목적은 무엇일까? 돈을 벌거나 부를 축적하는 것일까? 주류 경제학은 확실히 그렇다고 가정한다.

하나의 생물종으로서 우리는 배우면서 발전하는 것이 인간의 목적이라고 생각할 수도 있다. 또는 인류 전체가 최대한 잠재력을 발견하고 실현하는 미래를 만드는 것일 수도 있다. 인간의 목적은 모든 인간이 탁월한 상태에 도달하는 것이어야 할까? 아니면 인류 중 소수 집단의 번성에 집중하고 그들의 잠재력을 구현하는 것이어야 할까? 우리의 인간성과 지성을 보호하고 소중히 여겨야 할까? 아니면 삶이 제기하는 더 큰 문제를 무시한 채 그저 순간적인 삶을 살아야 할까?

이 책의 서두에 말했듯이 인류의 미래 모습은 우리가 어떤 의지를 갖고 계획하는지, 사회적 목표가 얼마나 포용적인지에 따라 매우 다양할 수 있다. 이 책의 내용에 관해 브레인스토밍할 때 먼저 몇 주에 걸쳐 여러 차례 화이트보드를 놓고 회의 시간을 가졌다. 우리는 인류의 다양한 잠재적 미래를 찾으려고 시도했다. 디스토피아와 혼란한 세계에서부터 유토피아와 질서정연한 세계, 긍정적인 세계에서 부정적인 세계까지, 가장 포용적이고 계획적이며, 객관적인 세계에서부터 가장 분열적이고 혼란스럽고 배타적인 세계까지 망라되었다.

결국 가장 가능성이 큰 경로는 이 양극단 사이 어디쯤 있을 것이다. 그동안 인류는 분명한 위기가 닥치면 오래전부터 확립된 행동 방식에 따라 움직이면서 집단적 생존 의지를 보여주었다. 하지만 우리가 추구하는 목표를 어떻게 정립할지에 대한 매우 실제적인 문제가 대두된다. 우리가 추구해야 할 공통적인 또는 집단적인 목적이 있어야 할까? 우리의 미래는 앞으로 등장할 가장 성공적인 지배구조 모델과 계획에 의해 결정될까?

우리는 인간의 잠재적 미래를 표현하는 방식에 대해 다양하게 토론했다. 그 결과 특히 중요하다고 생각한 내용은 집단적인 계획과 행동을 통해 미래에 이룰 핵심과제와 목적을 어떻게 설정하는가였다. 그런 과정을 거쳐 루디스탄, 테크노소셜리즘, 신봉건주의, 페일디스탄이라는 네 가지 잠재적 미래의 모습을 찾았다.

우리는 사회를 불안하게 하는 위험, 인류의 지속 가능성을 위협하는 위험, 광범위한 경제적 불확실성을 이미 확인했다. 이런 위험에 대한 조직적 대응능력을 갖추려면 적어도 지구와 인류를 위한

잠재적인 시나리오에 근거한 미래 모습 2021년 4월 23일

 루디스탄

> » 자본주의는 대부분 실패하고 새로운 시스템은 등장하지 않는다.
> » 인공지능, 과학, 기술이 대부분 거부된다.
> » 기술을 법으로 제한하여 인간 고용을 계속 유지하고 적절한 것으로 만든다.

테크노소셜리즘

> » 고도로 자동화된 사회
> » 평등의 확대와 번영
> » 어디서나 이용할 수 있는 의료, 교육, 교통, 식량과 주거 인프라

 신봉건주의

> » 폐쇄적인 도시 구역에 사는 부자들
> » 기술 소유권과 부 획득을 통해 광범위한 불평등 심화

페일디스탄

> » 너무 늦은 대응 및 기후 붕괴가 글로벌 경기침체 유발
> » 수억 명의 이주, 이민과 자원 전쟁
> » 전반적인 독재 통치

포괄적인 노력이 필요하다. 이 네 가지 시나리오 중 더 나은 미래를 보장할 가능성이 있는 시나리오는 한 가지뿐이다. 바로 테크노소셜리즘 시나리오다. 이 테크노소셜리즘은 기술을 활용하여 기후 위험과 불평등을 동시에 완화할 수 있는 계획적이고 폭넓게 평등한 사회다. 거시적인 미래 사회 모습은 근본적인 이슈에 대한 우리의 이데올로기적 입장에 따라 달라진다.

인권

관점 A 모든 사람은 평등하게 태어났으며 양도할 수 없는 권리를 갖는다. 이 권리는 누구나 궁극적으로 기본적인 삶의 질을 보장받아야 한다는 것을 말한다.

관점 B 적자생존. 어떤 사람이 특정한 장점을 갖고 태어났거나, 다른 사람보다 더 열심히 일한다면 그것을 그대로 인정해야 한다.

경제이론·돈·부

관점 A 자유로운 시장경제는 인간이 번영을 위해 찾아낸 최고의 조직 원리다.

관점 B 돈은 임의적인 개념이며 돈을 없애면 세상은 더 나아질 것이다.

국가주의 대 세계주의(개인주의 대 공동체주의)

관점 A 미래는 우리 인류가 단합할 방법을 찾을 수 있는가에 달렸다.

관점 B 신은 우리 민족과 우리가 태어난 땅을 축복하셨다. 따라서 다른 민족은 우리와 자원을 놓고 경쟁하는 자들이다.

윤리

관점 A 인간은 특정 도덕 기준에 따라 살려고 노력해야 한다.
관점 B 신이 현세와 내세에서 심판하신다.

대부분의 인류 역사에서 학계나 정치계는 서로 다른 관점을 놓고 서로 논쟁해왔다. 하지만 시간이 아무리 흘러도 합의에 도달하는 경우는 드물다. 예컨대 세계 철학자들은 역사 이래로 신의 존재에 대해 논쟁해왔지만 아직도 이 주제에 대해 합의에 이르지 못했다.

우리의 신념과 가정은 개인의 의사결정 과정에 영향을 미친다. 하지만 전체적으로 보면 이것들은 공공정책 결정에도 작용한다. 역사는 전체적으로 보면 우리의 결정이 긍정적이든 파괴적이든 간에 예측하지 못한 결과를 발생시킬 수 있다는 것을 보여준다. 오늘날 우리는 해결하려면 훨씬 더 조직적인 노력과 계획이 필요한 잠재적으로 심각한 거시적 위험들을 연이어 직면하고 있다. 논쟁은 더 이상 효과적이지 않다. 세계 기후 논쟁을 보라. 우리는 인류의 멸종 위험이라는 재난보다 더 나은 결과를 얻기 위해 최소한의 행동이 필요하다.

앞서 언급한 근본적인 위험을 가정할 때 남은 문제는 이렇다. 우리는 앞서 말한 위험을 완화하기 위한 집단적 전략에 동의할 수 있는가? 아니면 최악의 결과가 거의 피할 수 없을 지경이 될 때까지 여러 행동의 장점에 대해 논쟁만 할 것인가? 인류에게 선한 일을 위해 합심하여 행동할 것인가? 아니면 합의 없이 무조건 우리 민족에게 유리한 것을 얻기 위해 노력할 것인가? 미래 세대의 성공을 위해 지금 기꺼이 희생할 것인가? 아니면 계속 희생을 미룰 것인가?

그리스 철학자 아리스토텔레스(BC 384~322)는 인간의 목적은 개인적인 목적을 발견하는 것이며 그 목적을 선하게 달성한다면 개인과 공동체가 모두 행복해질 것이라고 주장했다. 이것은 어떤 다른 철학적 주장에 못지않게 인류에게 핵심적인 전제다.

논리적으로 말하면 인간이라는 생물종에게 장기적인 생존 가능성을 제공하고 개인적 성공, 번영, 장수의 가능성을 개선하는 것을 소중하게 여기는 것은 옳은 일일 것이다. 모든 생물은 수십 년 또는 수 세기 뒤에 태어날 자손에게 가장 적절한 미래를 원한다. 이것이 합리적인 기본 전제라면, 오늘날 우리 인간은 최적의 경로를 걷고 있지 않다고 보는 것이 명확하다.

> "인생의 목적을 명확하게 언급한 뒤 아리스토텔레스는 인간은 각자의 능력을 최대한 활용해야 하며, 성취한 역량을 이용하여 행복과 기쁨을 누려야 한다고 말한다. 그는 인간의 성취는 목적과 자율성에 의해 고무되며, 사람들은 자신의 일을 탁월하게 수행한 것에 자부심을 느껴야 한다고 말한다. 아리스토텔레스에 따르면, 인간은 진리를 알고 이해하고, 도덕적 탁월성을 추구하고, 행동을 통해 이 세상에서 자신의 이상을 입증하려는 타고난 욕망과 능력을 지니고 있다."

《자본주의와 상업Capitalism and Commerce》의 저자, 에드워드 윤킨스

인간의 목적이 무엇인가에 대한 질문에 대답하고자 하는 시도가 아니다. 그렇다면 오만한 일이거나 기껏해야 별 소용이 없는 일일 것이다. 하지만 건강하고 번영하는 미래에 필요한 행동에 대한 합의에 도달하지 못할수록 인간의 현실은 더 악화할 것이라는 가정은 합리적이다. 특히 기후 문제에 관련하여 지금 행동하지 않으면 미래 세대에 미칠 부정적인 영향이 더 커질 것이다.

단기적 계획의 실패

인간의 번영 능력이라는 측면에서 자본주의가 인류 전체를 발전시키는 최선의 모델인지 질문해볼 수 있다. 자본주의가 거시적 차원에서 혁신과 산업, 경제, 시장의 발전을 자극한다는 주장은 타당하다. 하지만 자본주의가 우리가 생각할 수 있는 최고의, 그리고 최종적인 모델일까? 아마 아닐 것이다. 역사의 교훈을 생각해 보면, 지금의 자본주의가 천 년 뒤에도 그대로일 가능성은 극히 적다. 자본주의는 더 근본적인 결함을 갖고 있다.

자본주의는 본질적으로 다양한 경제 계층, 특히 저소득층과 중산층 가구를 종종 배제하는 결과를 초래한다. 또한 일반적으로 단기적인 경제 목표, 사회정책에 대한 비합리적인 의사결정, 분열적인 정치적 이데올로기를 유발한다. 정치와 연중무휴의 주류 뉴스 네트

워크 역시 우리로 하여금 극히 단기적인 이슈에 집중하게 만들 뿐 장기적인 문제 해결책을 다루지 않는다.

인간이 집단적 장기 계획을 수립할 때 극단적 조건, 예컨대 전쟁, 기아, 팬데믹 등으로 강제되지 않는 한 여러 세대 간의 상충관계를 조정하거나 집단적 목적을 위해 단합하는 문제에서 어려움을 겪는다. 이런 극단적인 경우는 매우 예외적이며, 그런 상황에서도 반드시 합의에 이르는 것도 아니다.

중국의 만리장성은 장기적인 노력의 결과를 보여주는 사례다. 다른 예로는 인간 유전체 연구, 아폴로 우주 프로그램, 미국의 국가 고속도로 사업, 수 세기에 걸친 유럽의 대성당 건립이 포함된다. 그러나 인류 역사 대부분 시기에 우리는 단기 프로젝트에 정책과 정부 지출을 집중했다.

이처럼 단기 결과에 집중하는 자연스러운 성향은 수많은 문제를 유발하기도 한다. 우리는 잠재적인 비상 상황이나 은퇴를 위해 충분히 저축하지 않고 당장 다음 월급에만 매달린다. 우리는 가공 음식을 지나치게 많이 먹고 항상 너무 바빠 운동을 하지 못해 결국 건강을 해치게 된다. 1분기에 실적이 좋은 기업의 주식을 사서 다음 분기에 목표를 달성하지 못하면 팔아치운다. 우리는 새로운 아이폰이 출시되면 구입하고 매일 스타벅스 커피를 마시면서도 10년 후를 위해서는 대비하지 않는다.

──── 테크노소셜리즘

| 개인의 권리 vs. 집단의 권리 |

철학자들은 대부분 개성과 개인적인 표현이 인간의 자기실현에 매우 중요하다고 주장한다. 우리는 독립과 자기결정권을 원한다. 하지만 개인적인 자유를 더 많이 요구할수록 다른 사람의 자유를 침해할 가능성이 더 커진다는 점 역시 사실이다. 개인적인 권리는 대개 주변 사람들의 권리와 상충한다.

미국의 권리장전과 유엔 인권선언의 차이는 '생명, 자유, 행복'에 대한 존중과 같은 구체적인 시민권에 대한 시각차에서 비롯된다. 미국 헌법은 이 문제를 공개 토론에 맡기는 반면, 유엔은 이러한 기본권이 현대 경제의 기능이라고 주장한다. 미국에서 이런 권리를 확실하게 하는 유일한 방법은 더 폭넓은 시민사회가 정부에 압력을 가하는 것이다. 이런 기본권은 헌법적으로 보장되지 않으며, 따라서 쉽게 달성되지 않는다.

총기 자살의 성공 확률은 약물 과다복용이나 칼을 이용할 때보다 약 20배 더 크다. 영국의 인구 10만 명당 총기 사망자가 약 0.06명이다. 미국의 총기 사망자는 약 4.43명이다. 인구 차이를 고려한다 해도 미국의 총기 살인율은 영국보다 73배 더 높다. 미국은 세계 인구의 약 4%를 차지하지만 개인이 보유한 총기 숫자는 세계 전체의 절반을 차지한다. 총기가 범죄를 예방한다는 주장도 있지만 약 30건의 연구에 따르면 이 말은 틀렸다. 총기가 많아지면 범죄가 증가한다.

미국은 총기를 소유할 개인의 권리를 중요하게 여기면서 사회 전체가 총기 난사, 가정 내 총기 폭력, 훨씬 더 높은 자살확률의 위험에서 안전하게 보호받을 권리를 제한하게 된다. 총기 포기가 당신의 '개인적 권리'에 위협이 된다고 믿는다면, 총기 소유자인 당신은 원칙적으로 이 권리를 유지하기 위해 싸울 것이다. 그리고 총기 소유를 더 엄격하게 관리하면 우려하는 일은 발생하지 않을 거라고 주장할 것이다.

총기 소유는 집단의 권리보다 개인의 권리를 우선시한 분명한 예다. 미국 헌법은 분명히 개인의 권리를 강조한 토머스 제퍼슨의 철학적 신념과 매우 일치한다. 대부분의 선진국에서는 집단의 권리가 우선이고 개인의 권리는 이차적이다. 미국은 이런 면에서 상당히 독특하다.

> "우리는 다음과 같은 진리를 확신합니다. 즉, 모든 인간은 평등하게 태어났고 창조자로부터 양도할 수 없는 권리를 부여받았으며, 여기에는 생명, 자유, 행복 추구의 권리가 포함됩니다. 우리는 이런 권리를 보장하기 위해 정부를 구성하며 정부의 정당한 권력은 피통치자들의 동의에서 비롯됩니다."
>
> 미국의 독립선언문

독립선언문은 각 개인이 '양도할 수 없는 권리'를 갖고 있다는 점을 명확히 하고, 아울러 정부는 피통치자의 집단적 동의에 의해서만 허용된다고 밝힌다. 하지만 헌법 체계를 만들 때 이런 양도할 수 없는 권리들은 토지를 소유한 백인 시민에게만 적용되었다. 여성과 아프리카계 미국인들은 명시적으로 제외되었다. 따라서 헌법은 미

테크노소셜리즘

국인 전체의 집단적 요구를 직접적으로 언급하지 않는다. 왜냐하면 헌법은 개인의 권리를 보장하면 그들은 궁극적으로 최선의 길을 자유롭게 선택할 것이라고 가정하기 때문이다. 하지만 사회에서 '생명, 자유, 행복'을 추구하는 것은 실제적으로는 개인의 권리와 공공선 사이의 합리적인 상충관계에 의해 제한되며, 하나의 문서인 헌법은 이 문제를 해결하려고 노력하지 않았다.

미국에서 헌법적으로 보장된 권리는 언론의 자유, 출판의 자유, 종교의 자유, 배심원 재판, 비합리적인 조사와 체포로부터의 자유다. 유엔 헌장은 더 폭넓은 시각에서 인간의 권리를 명시하며 훨씬 더 넓은 범위의 사회경제적 원리를 포함한다. 예컨대 노동의 권리, 동일노동 동일임금의 권리(인종이나 성에 상관없이), 기본적인 건강권과 교육받을 권리, 사회보장권이 포함된다.

> "모든 사람은 음식, 주거, 의료, 필수적인 사회서비스, 그리고 실업, 질병, 장애, 사별, 노령 또는 통제 불가능한 조건하의 기타 생계비 부족이 발생할 때 사회적 안전보장을 포함하여 자신과 가족의 건강과 안녕을 위해 적절한 생활수준을 누를 권리를 갖는다.
>
> 유엔 세계 인권 선언

미국 헌법은 사람들이 나서서 정부에 압력을 가할 때에만 이런 상충관계를 명시적으로 보장할 뿐, 권리장전으로서의 기본적인 기능은 하지 않는다.

전 세계의 코로나19 팬데믹 시기에 비슷한 문제가 확실히 드러났다. 개인들이 봉쇄 조치를 무시할 수 있는 권리를 주장하고, 또

바이러스 확산과 그에 따른 주변 사람들의 피해에 대한 고려 없이 마스크를 착용하는 것을 '개인의 권리'라며 거부했다. 미래에 팬데믹을 더 효율적으로 관리하는 유일한 방법은 과학의 판단을 존중하고 행동을 제한하며 보건당국의 권고, 구체적으로 말하면 백신, 마스크, 사회적 거리두기에 관한 권고를 이행하는 것이다. 하지만 이 역시 과학의 핵심적인 내용을 신뢰할 수 있도록 시민들을 적절히 교육해야 한다는 전제가 충족되어야 한다.

이런 제한 조치를 준수하면 모든 사람을 안전하게 보호하는 데 필요한 집단면역 수준에 도달할 수 있을 것이다. 하지만 지금까지 백신접종과 마스크 착용을 거부할 개인의 권리를 계속 강조하는 바람에 충분히 막을 수 있었던 사망 피해가 발생했다. 집단에 대한 고려 없이 개인으로서만 행동하면 인류를 위한 최적의 결과를 만들어낼 수 없다.

> "일부 사람들은 마스크가 선택의 자유를 침해한다고 여긴다. 하지만 더 많은 사람들이 마스크를 쓰면 더 자유롭게 외출할 수 있을 것이다."
>
> 미국 공중보건국장, 제롬 애덤스(2020.02.28.)

결국 마스크 착용을 개인의 권리에 대한 침해로 보는 관점과, 동료 시민과 이웃을 보호할 개인적 의무로 보는 관점 간의 논란은 공공선을 위한 행동에 관한 지속적인 논쟁에 추가될 것이다.

언론의 자유는 오늘날 대부분의 사회에서 기본적인 권리로 인정된다. 하지만 소셜 미디어는 언론 자유가 큐어넌QAnon(온라인 공간에서 활동하는 미국 극우 음모론 집단) 현상, 혐오집단, 극단주의, 가짜뉴스처럼 더 급진적으로 증폭할 수 있는 수단을 제공한다. 정부가 비판을 탄압하는 행위를 막는 것은 바람직하지만, 공동체에 대한 폭력을 선동하는 집단을 제지할 수단이 없다면 우리 사회는 아마 더 나빠질 것이다. 2021년 1월에 발생한 미국 의사당 난입사태는 이런 난제를 보여주는 증거다. 의사당 폭력 사태로 이어진 언론의 자유에는 미국 법원에 의해 사실무근으로 밝혀진 2020년 대통령 선거에 관한 주장이 포함되었다. 의사당 난입에 참여한 사람들은 언론의 자유를 통해 목적의식과 분노를 품게 되었고, 만약 그렇지 않았다면 그들은 소수 의견으로 남았을지도 모른다.

정치적, 경제적으로 사회를 통합하려면 이런 균형이 분명히 필요하다. 사회가 더 포용적일수록 부자들은 부를 덜 축적한다. 정부가 보호를 더 많이 주장할수록 개인의 자유는 줄어든다. 보안을 더 강화할수록 경찰의 개입은 더 많아진다. 기술과 과학에 더 많이 의존할수록 역사적 규범과 고용이 약화된다. 젠더와 성평등을 더 많이 허용할수록 오랜 사회적, 종교적 전통이 약화된다.

미래의 사회를 구성하고 만드는 방식을 예측할 때 두 가지 핵심적인 철학적 이슈를 중심으로 검토해야 할 것으로 보인다. 첫째, 우리의 행동을 통해 미래의 결과에 영향을 미칠 수 있다는 신념이다. 둘째, 개인의 권리를 희생하고 집단의 목적을 더 추구할 것인지 여부다.

우리는 인류가 후손들에게 이런 문제를 해결할 최선의 기회를 제공하기 위해 헌신해야 한다고 주장한다. 하지만 이를 위해선 후손들의 미래 행복을 현재 자신의 자아실현과 동등하다고 보아야 한다.

집단중심주의와 이기주의

많은 이들에게 삶은 결과가 두 가지로 나뉘는 올림픽 경기처럼 보인다. 한 사람이 이기면 다른 사람들은 패한다. 세상에는 특권, 보상, 프리미엄 서비스, 독점권을 강조하는 마케팅 메시지로 가득하다. 오늘날 많은 토론과 분열적인 대화의 기초에는 세상을 '우리' 대 '그들'로 나누려고 하는 의도가 내포되어 있다. 이런 태도는 결과를 자기 종족이나 집단의 승리 또는 패배로 보게 만든다. 이러한 집단 나누기는 대부분 임의적이고 모호하다. 개인이 자기 종족의 승리를 위해 다른 종족의 패배를 원하는 것이 당연하다고 생각한다면, 과연 이런 개인이 지구 반대 편에서 태어난 사람들은 차치하고, 아마도 만날 가능성이 전혀 없는 먼 후손의 이익을 위해 희생할 거라고 기대할 수 있을까?

다른 사람의 이익을 무시하고 자신의 이익에 따라 행동하거나 사회의 공공선과 반대로 행동하는 성향은 경제학에서 '공유지의 비극'으로 알려져 있다. 1833년 영국 경제학자 윌리엄 포스터 로이드는 옥스퍼드대 재직 당시 개별 목축업자들이 공유지에 과도하게 소를 방목하는 문제를 다룬 책을 썼다. 그는 개별 목축업자가 적절한 비율 이상의 소들을 목초지에 방목하여 공유재산이 남용될 수 있는 상황을 설명했다. 개별 목축업자는 이익을 얻고, 개인적인 경제적 이익에 기초해 자신의 결정을 정당화할 수 있겠지만 공공선이 침해되어 그가 속한 사회 전체에 해로운 결과가 초래된다.

1968년 생태학자 개릿 하딘이 〈사이언스Science〉에 '공유지의 비극'이라는 제목의 논문을 발표했다. 그는 이 글에서 자연 자원의 이용과 무제한적인 인구 증가 차원에서 로이드의 사회적 딜레마를 연구했다. 하딘은 인간이 사회 전체와의 관계성을 고려하지 않고 개별적으로 행동하면 지구의 모든 자원이 고갈되는 이른바 맬서스적 재앙이 발생할 것이라고 주장했다. 하딘은 이기적인 사람들이 항상 이타적인 사람들을 이기기 때문에 양심은 공공재를 감시하는 효과적인 방법이 아니라고 주장했다. 그는 논문의 결론으로 이렇게 언급했다. "자유는 필수재를 인정하는 것이다." 즉, 인간이 멸종되지 않고 계속 존속하기 위해서는 지구와 자연 자원 전체를 공공재로 인정해야 한다. 하딘은 이러한 유한한 공유 자원들을 관리하는 것이 "더 중요한 자유를 보존하고 발전시키는" 유일한 방법이라고 주장했다.

어떤 사람들은 기후학 자료가 결정적이지 않으며, 인공지능이 장기적으로 사회에 어떤 영향을 미칠지 알 수 없다고 주장했다. 또한 컴퓨터가 언젠가 인간 의식 수준에까지 이르면 인간에게 유해할 것인지에 대해 명확한 증거가 없다고 주장했다. 이와 같은 악마의 변호인 태도는 행동은 하지 않고 계속 논쟁만 벌이게 만든다.

우리는 철학과 종교적 사고체계뿐만 아니라 소속 집단의 서사에 적합한 정치적 이데올로기나 도덕적 주장에 관한 '신념'을 구축한다. 앞서 우리는 경제적 불확실성이 최근 정치 논쟁의 핵심 원인이라고 언급했지만, 심리학자들은 사람들이 개인적인 이익과 더 넓은 범위의 사회적 이익에 반하여 계속 투표하게 만드는 다른 심리적 요인들을 지적한다.

미국에서 공화당이 우세한 주에 사는 농부들은 중국과의 무역 전쟁에서 144억 달러의 손실을 보았음에도 불구하고 2016년과 2020년 대통령 선거에서 도널드 트럼프를 강력하게 지지했다. 2016년 선거에서 백인 여성의 62%가 힐러리가 아니라 트럼프를 지지했다. 트럼프가 여성을 학대한 정황이 드러나고, 여성 학대에 관한 대화를 녹음한 테이프가 나왔고, 나중에는 공화당과 조율한 뒤 낙태와 여성의 권리에 관한 입장을 번복했음에도 그랬다. 가장 가난한 계층의 백인 미국인들도 공화당이 역사적으로 부자 감세를 지지했고, 보편적 보건의료와 무상 교육을 반대했으며, 종종 로비 단체의 이익을 지원하는 법을 만들기 위해 노력했고, 통계적으로 공화당에서 대통령이 나올 때 민주당에서 대통령이 나올 때보다 부채가 증가하고 GDP 증가율이 낮아질 가능성이 훨씬 더 크다는 사실을 알면서도 트럼프에게 찬성표를 던졌다.

농부, 여성, 가장 빈곤한 러스트벨트 지역의 미국인들은 왜 통계적으로 그들의 삶을 더 악화시킬 가능성이 있는 대통령을 지지했을까? 경제학자 10명 중 9명이 영국이 브렉시트의 결과로 경기침체를 겪을 가능성이 있다고 예측할 때, 영국에서 최고의 실업률에 시달리는 계층이 왜 전반적인 일자리 감소와 경제 성장 둔화를 초래할 수 있는 브렉시트를 찬성했을까?

바비 아자리안 박사는 〈사이콜로지 투데이Psychology Today〉에 기고한 글에서 최선의 이익에 반대되는 투표를 한 사람들에게 영향을 미친 14가지 핵심적인 심리 현상을 밝혔다. 여기에는 더닝 크루거 효과Dunning-Kruger Effect(어떤 분야에 대한 지식이 얕을수록 스스로 많이 알고 있다고 여기는 경향), 두려움이 보수적인 뇌에 작용하는 방식, 테러 관리 이론, 상대적 박탈, 인종차별주의 등이 포함된다. 하지만 세 가지 핵심 주제는 그동안 보수 유권자들의 심리에 계속 나타났었다. 첫째, 후보자의 정강 정책(정부나 정당이 내세우는 정치상의 중요한 방침)을 도덕적으로 이해하는 관점, 둘째, 지배적인 가부장적 가족, 마지막으로 미래 번영에 대한 두려움과 불확실성이다.

2008년 국립 의학도서관에서 발표한 연구는 우리의 정치적 경향성이 실제로 생물학적으로 뇌가 위협에 반응하는 방식에 따라 나타날 수 있다고 말한다.

"갑작스러운 소음이나 위협적인 시각 이미지에 대한 신체적 민감도가 상당히 낮은 사람들은 외국 원조, 진보적인 이민 정책, 평화주의, 총기 규제를 지지할 가능성이 더 크다. 반면 동일한 자극에 훨씬 더 크게 심리적 반응을 보이는 사람들은 국방비 지출, 사형제도, 애국주의, 이라크 전쟁에 찬성할 가능성이 더 크다. 따라서 개인이 심리적으로 위협에 반응하는 정도는 그들이 기존 사회구조를 내부와 외

부의 위협으로부터 보호하는 정책을 옹호하는 정도를 나타내는 것
처럼 보인다."

네브래스카대학교 링컨캠퍼스 정치학과(2008.09.19.)

두려움·불확실성·의심

과학적 증거에 따르면, 보수적인 사람의 뇌는 두려움과 불확실성
을 진보적인 유권자와 다르게 다룬다. 그들이 경험하는 '두려움'은
훨씬 더 감정적이며, 더 개인적이고 개별적인 것으로 처리된다. 위
협이 직접 가족에게 닥치는 것처럼 반응한다. 반면 진보적인 사람
의 뇌는 위협을 집단적으로 사회에 영향을 주는 것으로 처리할 가
능성이 더 크며 개인적인 위험으로 덜 느낀다.

논리적으로 볼 때 두려움이 클수록 보수적인 정책을 찬성할 가
능성이 더 크며, 현상 유지를 안전한 형태 또는 정상 상태로 인식한
다. 이것이 정치인들이 흔히 이민, 범죄, 또는 경제 위협을 환기시
키는 이유 중 하나다. 이것은 엄청나게 오래된 방식이다. "저기 있
는 나쁜 사람들이 당신의 일자리, 돈, 땅 등을 빼앗아 가려고 오고
있다. 벽을 만들어 그들이 다가오지 못하게 하자"라는 태도는 중국
인이 만리장성을 건설할 때(BC 700~AD 1644)에나 유효했다. 하지만
보리스 존슨의 브렉시트, 트럼프의 "미국을 다시 위대하게"라는 슬
로건에도 통했을까?

2003년 스탠퍼드대학교가 캘리포니아대학교, 메릴랜드대학교와

테크노소셜리즘

함께 수행한 연구는 집단적 사회인식이 불확실성, 제도적 불안정, 복잡성, 위협과 두려움에 대한 반응과 관련될 수 있다는 점을 보여주었다. 그들은 9/11테러 사건 이후 미국이 집단적으로 보수로 변화하여 유권자들이 조지 W. 부시 행정부와 직접적인 군사행동을 더 강하게 지지하게 되었다는 증거를 제시했다. 이런 결과는 역사적 모델보다 보수주의에 관한 동기적 사회인식 모델을 뒷받침한다. 5개국 22개의 개별 연구지역에서 수행된 조스트의 연구(2003)는 두려움과 불확실성이 더 보수적인 관점을 부추긴다는 가설을 확인해주는 것 같다. 국립 생물공학정보센터의 2011년 조사에 따르면, 자신을 매우 보수적이라고 여기는 사람들은 두려움을 처리하는 두뇌 영역인 우측 편도체가 더 크고 활성화된다. 이것은 분명히 일부는 생물학적인 반응이지만 환경적인 반응, 항공 비행 또는 싸움에 대한 반응일 수도 있다.

이런 맥락에서 볼 때 9/11테러, 세계 금융 위기, 알카에다, 팬데믹은 보수적인 정책과 트럼프와 브렉시트를 지지할 가능성이 큰 유권자가 등장하도록 만든 실제적인 스트레스 요인이다. 포퓰리스트 운동은 자유로운 이민, 경기침체, 범죄와 보건 이슈와 관련한 두려움과 위협 요인을 분명히 활용했다. 역설적이게도 좌파 진영의 진보적인 유권자들은 이와 같은 압력에 대해 버니 샌더스와 같은 사람들과 사회주의적 성향으로 여겨질 수 있는 정책을 지지하는 방식으로 반응했다. 논리적으로 보면 긍정적인 메시지가 인간의 행동을 결집하여 집단적인 반응을 이끌어내는 데 최선인 것처럼 보이지만, 최근의 결과는 두려움과 위협이 사람들을 단합시키는 데 훨씬 더 효과적일 수 있음을 보여준다.

두려움은 우리를 결국 더 디스토피아적이고 분열적이며 혼란스러운 미래로 몰아갈까? 기후변화, 심각한 불평등, 점점 더 우려스러운 팬데믹, 항의 시위와 갈등과 같은 혼란들은 결국 우리를 더 나은 미래라는 공통의 대의로 뭉치게 할까? 이런 위협에도 불구하고 우리에게 모두라는 최선의 이익을 위해 행동할 능력이 있을까?

집단적 행동을 가능하게 하는 힘

이 질문을 다른 방식으로 던져보자. 인류가 기후 위기를 되돌리기 위해 여러 세대에 걸친 노력에 나서려면 어떤 동기가 필요할까? 역사적인 선례를 살펴보자. 역사상 수많은 사람이 대규모 프로젝트와 활동에 참여한 동기가 무엇이었을까?

- **이집트 기자의 대규모 피라미드**: 국가적으로 대단히 부유했던 시기에 완성되었으며, 사후 신적인 존재가 되는 이집트 왕들을 숭배하기 위해 건설되었다. 오늘날의 가치로 계산하면 약 50억~100억 달러가 소요되었다(종교).

- **중국의 만리장성**: 중국 북부지역 부족들의 침입을 막기 위해 2,000년 이상에 걸쳐 건설되었다. 오늘날의 달러 가치로 계산하면 약 650억~900억 달러가 소요되었다(침략에 대한 두려움, 부의 과시).

- **미국의 아폴로 계획:** 미국인을 최초로 달에 착륙시키기 위한 계획이었다. 오늘날의 달러 가치로 계산하면, 1,460억 달러가 소요되었다. 1970년대에 245억 달러였다(우세한 러시아에 대한 두려움, 우주탐사).

- **인간 유전체 프로젝트:** 최초로 인간 유전체를 해독하기 위한 19년에 걸쳐 수행된 글로벌 프로젝트(1984~2003년). 오늘날의 달러 가치로 계산하면 약 50억 달러가 소요되었다(보건 혁신, 장수, 과학적인 노력).

- **국제 우주 정거장:** 100회의 우주선 발사, 100회의 우주 유영, 1,000㎥ 규모의 가압용적, 약 42만kg의 중량, 축구장 1개 규모의 크기, 시속 2만 8,000km로 비행. 20년 동안 1,500억 달러 이상이 소요되었고 18개국이 참여했다(우주 연구, 세계 과학 발전).

- **파나마 운하:** 1881~1914년 동안 처음에는 프랑스 전문기술자, 그다음에는 미국의 선문기술자가 참여해 건설했다. 오늘날 달러 가치로 계산하면 약 95억 달러가 소요되었다(상거래).

- **미국 주간州間 고속도로망:** 62년 동안 국내 상거래와 방위를 위해 4만 6,000마일의 주와 주 사이를 연결하는 고속도로를 건설하였다. 오늘날 달러 가치로 계산하면 약 4,500~5,000억 달러가 소요되었다(인프라, 국방).

인류를 단합시켜 기후변화와 인공지능 문제에 대처하려면 무엇이 필요할까? 기후변화에 대응하기 위해 해결책을 모으는 것은 주간 고속도로망, 아폴로 계획, 파나마 운하 때와 비슷할 것이다. 인프라 개발, 세계 과학·기술 대응, 국가방위 전략이 복합되어 이루어져야 한다. 여기에는 재생에너지로의 전환, 새로운 에너지 저장 기술, 지구공학, 해수면 상승 방지 시스템, 이주 인구 재수용, 충분한 식량 생산, 공급망 개선, 제조업의 환경적 지속 가능성, 탄소배출 감소, 탄소 포집 및 제거, 대규모 재활용 등이 포함된다.

2025년이 되면 석탄을 이용하는 공장들은 세계 전 지역에서 재생에너지에 비해 비용이 너무 올라서 운영할 수 없을 것이다. 실제로 오늘날 존재하는 석탄 공장의 75%는 계속 운영하는 것보다 전면 대체하는 것이 비용 면에서 더 저렴할 것이다. 여기에는 보조금 없이 태양과 풍력을 이용한 발전 설비를 처음부터 새로 짓는 건설 비용이 포함된다. 석탄 인프라를 계속 유지하는 것보다 전면 대체하는 것이 상당히 더 저렴하다. 전 세계의 모든 화석연료 발전 시설을 대체하려면 수십 년 동안 인프라를 개발해야 할 것이다. 하지만 향후 20년 동안 각국 정부는 재생에너지 이용에 따른 비용 절감액만으로도 대체사업 비용을 충당할 수 있을 것이다. 2030년까지 최소 2,550억 달러의 석탄 인프라가 궁지에 몰려 휴면 상태가 될 것으로 추정된다. 우리는 탄소 배출가스와 상관없이 비용 때문이라도 석탄 시설을 대체해야 하지만, 엄밀히 말하면 비용이 일차적인 고려사항이 되어서는 안 된다.

우리는 경제적 이익에 상관없이 재생 가능한 미래가 반드시 필요하다고 동의할 수 있을까? 분명히 아직 동의하지 않은 사람들(석탄 회사들과 그들이 지원하는 정치인들)이 있지만 대다수는 재생에너지가 수많은 일자리를 새로 만들고, 매년 수백만 명의 생명을 살리고, 더 저렴한 비용으로 에너지를 만들고 지구를 더 깨끗하게 한다는 것을 알면 지지할 수밖에 없을 것이다.

기후 위기 완화에 대해 말할 때면 언제나 향후 50~100년 동안 수천 조의 자본을 투입해야 한다는 말이 거론된다. 이것은 너무 큰 문제라서 정책담당자들에게 골치 아픈 문제이고, 그렇게 오랜 시간과 비용을 지출하는 것은 전통적인 의미에서 보면 정치적 자살이나 마찬가지다. 그래서 앞으로 30~50년 동안 기후 위기를 실질적으로 바꾸는 데 필요한 재원을 확보하기 위해 국가 부채를 허용해야 한다고 본다. 분명한 것은 기후 위기에 대응하려면 더 크게 사고해야 한다는 점이다. 훨씬 더 생각의 폭을 확장해야 한다.

인공지능 개발은 인간 유전체 프로젝트나 국제 우주 정거장 건설과 비슷하다. 여러 국가가 공동으로 추진하는 과학연구 활동이지만 조만간에 상업적으로 이용하려는 목직도 분명히 있다. 인공지능 응용에는 연구 및 개발에 대한 투자, 인공지능 운영을 위한 기본적인 윤리, 고용 영향에 대한 위험 완화 전략, 국가 핵심 기술 인프라, 공공정책 및 전략이 관련되어야 한다. 기후변화와 인공지능에 대한 지구적 합의가 현실적으로 가능할 것인지에 대한 고민도 필요하다.

1968년 크리스마스 이브, 우주비행사 빌 앤더스는 사령기계선인 CSM-103이 달의 어두운 면을 돌 때 재빨리 지구의 모습을 찍어 무선으로 텍사스 휴스턴의 통제센터로 보냈다. 앤더스와 아폴로 8호

'지구돋이'는 인류의 세계관을 어떻게 바꾸었을까?

출처: NASA 아폴로 8 아카이브

승무원들은 이 '지구돋이' 사진이 인류에게 얼마나 큰 영향을 줄지 그 당시에는 깨닫지 못했다. 이 사진은 이 각도에서 우리의 고향 지구를 최초로 바라본 것이었다. 저명한 자연 사진작가 갤런 로웰은 이 사진을 '역사상 가장 영향력 있는 사진 작품'이라고 말했다.

2년이 채 되지 않은 1970년 4월 22일 세계는 환경에 대한 인식에 자극을 받아 제1회 지구의 날을 기념했다. '지구돋이' 사진이 나온 뒤 몇 년 만에 그린피스도 설립되었다. 1970년 12월 2일 닉슨 대통령이 그해 7월 환경을 최우선 과제로 삼은 뒤 환경보호국이 설치되었다. '지구돋이' 사진이 나온 직후 오염 반대, 반핵 환경운동 시위와 활동이 집단적으로 표출되었다. 우주에서 지구를 바라본 사진이 우리를 깊이 변화시킨 것으로 보이지만, 더 중요한 점은 우리가

테크노소셜리즘

자본주의와 경제적 성과를 넘어 더 높은 집단적 목표를 인식할 수 있음을 보여준 것이었다.

21세기에 '지구돋이'와 같은 순간은 무엇일까? 뉴욕시를 덮친 홍수, 방글라데시 또는 몰디브의 범람일까? 10년 연속으로 전 세계에서 발생한 최악의 산불일까? 자연재해가 버거울 정도로 집중되어 세계 보험업계가 붕괴되는 상황일까? 현재 인류의 최대 문제는 이 모든 사건이 이미 발생하고 있기 때문에 최악의 기후변화 영향을 완화하기에 너무 늦었다는 것이다.

우리의 미래에 대처하기 위해 전 세계가 연합하여 노력하려면, 진보를 방해하고 불평등과 배척을 강화하며 소수 집단에 혜택을 주는 정책을 지원하고 정치적 지렛대로 이용되는 두려움을 유발하는 힘을 알아야 한다. 우리는 경제이론과 정치이론에 포함된 이런 구조적 내용들을 제거하기 위해 노력해야 한다. 본질적으로 이 요소들은 장기적으로 인류의 발전, 행복, 번영에 부정적인 영향을 미친다. 역설적이게도 여기에는 인류의 번영과 충돌하는 자본주의와 민주주의의 여러 요소가 포함될 수 있다.

저항, 기득권과의 싸움

두려움이 지난 몇 년간 우리의 집단적인 정치적 대응을 심각하게 방해하는 동안, 일부 집단들은 특정 핵심 영역에서 진보적 성향을 제한하기 위해 끊임없이 활발하게 활동했다. 그들은 수조 달러를 지출하여 규제를 통해 경제적 이익 감소를 막고, 개혁을 제한하고 정책 방침을 관철하기 위해 자금을 지원했다. 이런 집단은 다음과 같다.

- **군산복합체(MIC)**: 매년 1.7조~1.8조 달러가 이른바 '국방' 비용으로 지출된다. 군사적 케인스주의는 전쟁이 경제를 성장시킨다는 경제이론이다. 하지만 최근 미국의 중동지역 공격은 이 이론과 다른 결과를 초래했다.

- **거대 담배, 술, 총기, 의약 기업**: 수많은 폭로자와 고발자가 이런 집단이 입법, 정부 보조금, 재원 조달, 연구에 영향을 미쳐 자신의 기업에 유리하게 만들기 위해 엄청난 상업적 활동을 했다는 것을 밝혀냈다. 한 가지 전형적인 예는 전미총기협회가 미국 의회 로비를 통해 총기에 의한 폭력과 사망에 관한 연구를 막는 법들을 지원하는 것이다.

- **가공 음식과 정크푸드**: 미국인들은 매년 정크푸드 구입에 2,000억 달러 이상 지출한다. 2022년 세계는 7,000억 달러 이상의 정크푸드를 소비할 것이다. 일주일에 정크푸드를 한 번 먹으면 비만율이 올라간다. 일주일에 두 번 먹으면 2형 당뇨병, 관상동맥성 심장질환, 우울증, 암 발생 위험 증가, 인지 문제가 발생할 수 있다.

- **수산업**: 전 세계 바다를 오염시키는 플라스틱의 50% 이상이 일회용 빨대나 봉투가 아니라 수산업계가 운영하는 어선에서 나온다. 담수어업은 지난 50년 동안 76% 감소했다. 수산업계가 현재 어획량을 유지할 경우 2048년이면 해산물이 완전히 사라질 수도 있다.

- **거대 석유, 석탄, 가스, 에너지 기업**: 최근 조사에 따르면 엑손, 로열 더치 쉘, BP와 같은 기업들은 1970년대에 이미 기후변화에 대해 알고 관련 연구를 막으려고 계속 시도하고 기후에 관한 잘못된 정보를 전달하기 위해 수십억 달러를 지출했다. 가장 큰 다섯 개 주식시장에 상장된 석유와 가스 기업들은 기후 변화 완화 정책을 지연시키고 통제하고 막기 위해 매년 대정부 로비에 약 2억 달러를 지출한다.

- **호주의 석탄(구체적으로 말하면)**: 최근 호주에서 발생한 잡목지대 산불로 인해 거대 석탄 기업들이 보수적인 자유수의 성당에 막대한 정치 기부금을 제공한 사실이 이목을 끌었다. 미국의 로비 단체에 비하면 규모가 작지만, 석탄 산업을 옹호하고 재생에너지를 반대하는 여론을 조성하는 데 모두 수천만 달러를 지출한다.

- **거대 기술 기업**: 2018년 페이스북, 아마존, 마이크로소프트, 애플, 구글은 워싱턴의 정치인 대상으로 한 로비 활동에 약 7,000만 달러를 썼다. 컴캐스트와 AT&T는 3,000만 달러 이상을 지출

했다. 2005년 이후 지금까지 거대 기술 기업들은 의회에 영향력을 미치기 위해 5억 달러 이상을 지출했다.

- **일반 정치와 로비 비용:** 미국은 2020년 대통령 선거에만 광고와 미디어 비용으로 140억 달러를 지출했는데, 2016년 대통령 선거보다 2배 이상을 사용했다. 비영리 보수 정치단체인 시티즌 유나이티드Citizens United(2010년 기업과 노조도 시민의 집합체로 간주해 정치 기부금을 지출할 수 있다는 대법원 판결을 이끌어냄)와 같은 단체들 때문에 미국 인구의 단 0.26%가 정치 기부금의 68%를 기부한다. 하지만 2020년 실질적인 승자는 페이스북이었을 것이다.

이것들 몇 가지 드러난 예에 불과하다. 여기에는 소비재 제품의 의도적인 노후화, 마약과의 전쟁, 자선기관과 비정부기구(NGO) 사기, 일루미나티 등도 포함될 수 있다.

요점은 우리가 기득권 유지를 위해 지출하는 돈이 기후변화에 필요한 정책 비용이나, 보편적 의료, 노숙인 수용, 자동화로 인한 실직 완화를 위한 투자비용보다 훨씬 더 많다는 것이다. 국방비를 절반으로 줄이면 2년 안에 미국 대학생 부채를 없앨 수 있다. 선거 광고 지출을 없애면 매년 약 백만 명의 학생들에게 무상 교육을 제공할 수 있다. 화석연료 로비 비용을 재생에너지 일자리 창출 비용으로 돌리면 수만 개의 새로운 일자리를 매년 만들 수 있을 것이다. 새로운 약품을 시장에 출시하는 데 드는 13억~26억 달러 비용을 줄이면 현재 비용의 일부만으로 처방전 약을 살 수 있을 것이다.

─── 테크노소셜리즘

이러한 기득권에 저항하고 실질적인 제도 개혁을 이루려면 무엇이 필요할까? 기후변화는 이제 재원의 재분배를 자극할 것이다. 미국 군대를 예를 들어보자. 왕립지리학회의 2019년 보고서는 미군이 역사상 최대의 오염원 중 하나라고 밝혔다. 미국의 육군, 해군, 해병대는 대부분의 중소 규모 국가보다 더 많은 연료를 사용하고 기후변화를 유발하는 가스를 방출한다. 미군이 하나의 국가라면 미군의 연료 사용량(매년 87억 달러, 9,826만 8,950배럴의 석유를 사용한다)을 감안할 때 세계에서 47번째로 많은 온실가스를 방출한다. 이런 이유로 인해 미국 정부는 1997년 교토의정서에서 군대의 배출가스 면제를 주장했다. 이제는 미군의 규모를 줄이고 물리적 무력보다는 사이버안보 역량을 더욱 증강하는 것이 더 유익할 것이다.

정치 시스템의 변화? 이것은 더 힘든 일이다. 실제적이고 집단적으로 선별된 정책에 기초하여 실시간 선거를 실시함으로써 후보자별 선거비용을 대폭 축소해 더 평평한 운동장을 만들 수 있을까? 시민이 투표로 정책과 법을 선택하거나, 국회의원들과 유권자들이 똑같이 투표권을 행사할 수 있을까? 이 모든 것을 가능하게 만드는 기술이 점점 다가오고 있다. 우리는 마지막 장에서 이 문제를 다룰 것이다. 미래의 어느 시점이 되면 우리는 인공지능을 이용해 자원 배분을 최적화할 수 있을 것이다. 이것은 건강, 부, 접근성의 관점에서 정책과 사회적 성과를 더욱 긴밀하게 연결하는 방향으로 발전할 수도 있다. 이런 관점들을 인공지능의 규제조항으로 포함시키는 것이 가장 논리적일 것이다.

아마도 실질적인 정책 변화는 사실상의 혁명으로 표출되는 사

회 붕괴에 대한 집단적인 두려움에 의해, 그리고 자본 시장을 만족
시키기 위해 이익을 단순히 배분하기보다는 공공선을 가능하게 하
는 기술을 우선시하는 새로운 유형의 자본주의에 의해 이루어질
것이다.

테크노소셜리즘

PART 6

지치고 가난하고
움츠린 사람들을
나에게 보내시오

"항상 기억하십시오. 우리 모두는, 특히 당신과 나는 이민자와 혁명
가의 후손임을 잊지 마십시오."

미국 제32대 대통령, 프랭클린 D. 루스벨트

도널드 트럼프가 미국 대통령 출마를 발표했을 때 그의 첫 공약
은 미국 남부와 멕시코 사이의 국경을 통해 들어오는 이민자에 대
한 공격이었다. 그는 빈정대며 말했다. "멕시코에서 오는 사람들은
좋은 사람들이 아닙니다. 정말 문제가 많은 사람입니다. 그들은 미
국에 많은 문제를 갖고 들어옵니다. 그들과 함께 마약과 범죄, 강간
이 들어옵니다." 바이스 미디어의 다라 린드는 트럼프의 공화당 예
비경선 연설의 기본적인 특징이 "이민자들이 국경을 넘어와서 미국
인을 죽인다"는 내용이라고 말한다.

이민, 필수적인 경제 성장 요소

트럼프는 공화당 예비경선 내내 이민자들이 미국인의 일자리를 빼앗고 경제적 이동을 유발한다고 주장했다. "일부는 좋은 사람들이겠죠." 저소득층과 중산층 미국인들이 점점 더 미국 경제 상황을 좋지 않게 느끼고, 세계 금융 위기에 대한 기억이 계속 남아 있는 상황에서 트럼프는 대중에게 분노의 감정을 쏟아낼 대상을 제공했다. 그의 전략은 유효했다.

보리스 존슨과 나이젤 패러지는 영국의 브렉시트 운동에 대해 똑같은 우려와 불확실성을 활용하여, 결국 탈퇴 찬성 투표를 끌어내는 데 성공했으며, 아울러 보리스 존슨은 영국 총리로 선출되었다. 이민이라는 이슈가 없었다면 브렉시트는 성공하지 못했을 것이라고 패러지가 말한 것으로 알려졌다. 패러지는 대량 이민이 심각할 정도로 통제 불가능한 상태이며 영국이 유럽연합에 남는다면 상황이 더 나빠질 것이라고 주장했다.

실제로 미국과 영국 같은 국가들은 향후 수십 년 동안 계속 경제를 성장시키려면 이민자들이 반드시 필요할 것이다. 아울러 기후변화와 자동화는 대량 이민을 유발할 가능성이 있다. 따라서 단순히 국경 봉쇄를 통해 이민 문제를 무시할 수 있는 시나리오는 존재하지 않으며, 엄청난 이민자 수만 보더라도 그런 입장은 거의 불가능하다. 향후 20년 동안 이민이 매우 뜨거운 경제적 이슈가 될 것이라는 이유는 세 가지다.

──── 테크노소셜리즘

영국의 극우 정치인 나이젤 패러지 당 대표는 "이민은 통제할 수 없는 상태"라는 내용을 트윗했다.

출처: Twitter@Nigel_Farage, 26 May 2016

- **경기부양책**: 역사적으로 이민은 이민 없이는 불가능한 현저한 경제 성장을 가능하게 했다.

- **출생률 감소**: 중국은 2020년대 중반에, 미국은 이르면 2040년에 인구의 정점에 이를 것이다(출생률에 영향을 미치는 실업률에 따라 시기는 달라진다). 수십 개 국가에서 인구가 이미 줄고 있으며, 이것은 경제 성장에 분명히 영향을 줄 것이다.

- **기후 생태 난민의 폭발적 증가**: 2017년에 6,850만 명이 기후변화와 지역 갈등 때문에 이주했다. 2050년에는 이 숫자가 10억 명으로 늘어날 수 있다. 앞에서 언급했듯이 해수면 상승만으로 3억 명이 이주할 것으로 추정된다.

이민의 경제적 효과

　지난 40년 동안 여러 정치적 입장과 상관없이 다수의 연구는 이민이 미국 같은 국가에서 경제적으로 상당히 유익하다는 점을 보여주었다. 미국기업연구소(AEI)의 최근 연구에 따르면, 이민과 관련된 사실들은 이민에 관한 트럼프나 영국독립당(UKIP)의 입장을 지지하지 않는다. AEI의 연구는 1990년부터 2014년까지 미국의 경제 성장률이 입국 이민자가 유발한 이익이 없었다면 15% 정도는 낮아졌을 것임을 보여준다. 같은 연구는 영국도 이민자가 없었다면 경제 성장률이 20% 더 낮아졌을 것이며, 유럽연합 전체적으로 20~30% 더 감소했을 것임을 보여준다. 2008년 세계 금융 위기를 고려하면 이 위기 이후 미국 경제 성장률은 거의 모두 이민과 관련 있다고 볼 수 있다.

　2019년 신미국경제연구재단New American Economy Research Fund은 포춘 선정 500대 상장기업의 45%가 이민자에 의해 설립되었고, 이 수치는 2011년 40%에서 상승한 것이라고 밝혔다. 2018년 미국 GDP가 20.58조 달러였을 때 이들 기업의 매출액은 16,1조 달러였다. 이민이 없다면 미국 경제는 확실히 매우 다른 모습이었을 것이다.

　이민이 경제에 미치는 효과는 오래전부터 열띤 논쟁의 주제였다. 경제학자들은 대부분 이민이 성장에 강력한 긍정적인 효과를 미친다는 데 동의한다. 트럼프 대통령의 모교 펜실베이니아 대학 와튼스쿨 경제학부는 2016년 6월 이민의 장기적 영향에 대한 연구 결과를 발표했다. 이 연구는 이민(합법 이민과 불법 이민 포함)이 더 나

최근 미국 포춘 선정 500대 기업을 이끄는 이민자들

이민자 출신 기업 설립자·공동설립자

일론 머스크	세르게이 브린·래리 페이지	피에르 오미디아	개릿 캠프	에드와도 새버린
테슬라·스페이스엑스	구글	이베이	우버	페이스북

이민자 출신 최고경영자

순다르 피차이	사티아 나델라	제임스 퀸시	다라 코스로샤히	아제이 방가
구글	마이크로소프트	코카콜라	우버	마스터카드

은 혁신, 더 높은 교육을 받은 노동력, 더 훌륭한 직업 전문화, 역량과 직업의 더 나은 일치, 전반적으로 더 높은 경제적 생산성으로 이어진다고 밝혔다. 이민은 또한 연방, 주, 지역의 예산에도 긍정적인 영향을 미친다. 하지만 이 연구는 저학력, 저소득 이민 인구가 많은 지역의 경우 전반적인 공공서비스 비용, 특히 교육비에 부정적인 영향을 미친다고 밝혔다. 이 연구는 미국으로 들어오는 불법 이민이 경제에 미치는 긍정적인 효과는 미약하지만 합법적인 이민은 매우 긍정적이라는 결론을 내렸다.

OECD는 다양한 자료와 방법을 이용해 여러 국가를 대상으로 수행한 연구에서 이민과 관련된 경제적 유익이 상당하다고 밝혔다. 구체적인 내용은 다음과 같다.

- 이민은 대체로 고용률을 높인다: 이민을 통해 경제에 참여하는 노동 인구 비율이 증가하거나 인구가 늘면 1인당 소득이 증가한다. 고학력 이민자에 의한 전문화 또한 1인당 소득을 높인다.
- 이민자들이 부가가치 생산에 기여하는 정도는 대체로 전체 인구에서 차지하는 이민자들의 비율에 비해 높다: 외국 태생의 노동자들이 경제에 기여하는 정도는 GDP의 약 1%(가나)에서 약 19%(코트디부아르)에 이른다. 대부분의 연구 대상 국가의 경우 GDP 부가가치액 추정치는 외국 태생 노동자 고용 비율과 상관관계가 있다.
- 계량경제 모델은 외국인 노동자가 GDP에 기여하는 정도를 구체적으로 보여준다: 이민자들이 저학력 노동자일지라도 그들이 경제에 기여함으로써 저숙련 노동자 전체의 생산성을 높인다. 남아프리카공화국과 같은 국가들의 경우, 고숙련 외국인 노동자들은 1인당 GDP를 2.2%, 저숙련 외국인 노동자들은 1인당 GDP를 각각 2.8% 증가시켰다.
- 이민자들은 개별 기업 차원의 문화와 생산성을 개선한다: 이민자를 고용한 기업들은 그렇지 않은 기업들보다 대체로 더 빨리 성장한다. 또한 노동자 1인당 자본 사용량이 더 낮다. 이민자들은 기존 노동자들에게 새로운 기술을 이전하는 경향이 있어 생산성을 개선한다. 노동력의 5%를 이민자로 고용하면 전체 생산성이 25% 증가한다.

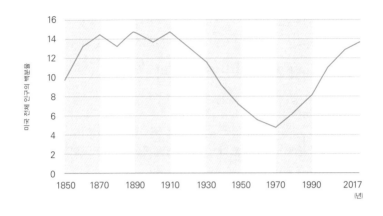

미국 인구 중 외국 태생 비율 1850~2017년

미국 전체 인구의 백분율

1850 1870 1890 1910 1930 1950 1970 1990 2017
(년)

출처: Brookings Institate

미국은 이민자를 기반으로 건국되었으며, 추정컨대 이민은 경기를 자극한다. 19세기와 20세기를 통틀어 미국 인구의 15%가 이민자들이었다. 20세기 전반기에 이민자가 크게 감소했지만 오늘날 미국의 이민자 수는 장기적 이민자 비율인 15% 수준으로 돌아왔다.

오늘날 호주 인구의 약 절반(49%)이 이민자이거나 이민자의 후손이다. 호주의 2050년 인구 추정치는 3,800만 명이며, 이민자들은 2050년에 호주의 GDP에 1.6조 달러를 기여할 것으로 예측한다. 이는 이민자가 호주에서 태어난 사람들보다 평균적으로 호주 경제에 약 10% 더 많이 기여한다는 말이다.

2018년 호주 재무부는 이민이 국가에 미치는 장기적인 영향에 대한 종합 보고서를 발표했다. 이 보고서는 이민이 사회에 강력하고 긍정적인 영향을 미쳤다고 분명하게 밝혔다. 실제로 보수적인 호주 자유당 정부는 2019년 선거에서 이민 정책을 공격했지만 호주 이민이 감소하면 수십억 달러의 국가 예산지출이 유발되고 일자리가 크게 줄 것이라는 사실을 알고 있었다.

> "이민자들은 경제에 기여하는 기술을 가진 이민노동자를 우대하는 정책 덕분에 호주에 경제적인 이익을 제공한다. 이것은 노동참여율을 높이고 생산성 증가로 이어진다. 바꾸어 말하면, 호주의 GDP와 1인당 GDP를 증가시키고, 생활 수준에 긍정적인 영향을 미치는 것이다… 이민자들은 사회보장 서비스나 다른 정부 지원을 요구하기보다 조세 수입에 더 많이 기여할 가능성이 있다."
>
> 호주 재무부

와튼 스쿨의 연구자들은 계속해서 이민자들이 "미국에서 혁신과 창의성의 최전선에 있으며 특허출원, 과학기술 분야 졸업자, 상위 벤처펀드 기업의 고위직 분야에서 현저하게 높은 비율을 차지한다"고 밝혔다. 세금과 관련하여 이 연구는 많은 이민자가 정부가 평생 그들에게 정부 서비스로 지출하는 금액보다 세금을 더 많이 내기 때문에 이민이 정부의 재정 상황을 개선한다고 밝혔다.

실업에 대한 영향은 어떨까? 이민자들은 시장에 노동력 공급량을 늘리지만 이민자들에 의한 주택 구매와 건설, 식료품, TV, 전자제품, 그 외 다른 제품과 서비스는 토박이 미국인에게 더 많은 일자리를 제공한다. 이민은 줄곧 미국을 세계에서 가장 혁신적인 국가

테크노소셜리즘

로 만드는 비밀 병기 중 하나였다. 50년 동안 우리는 위대한 아메리칸 드림과 이민자들이 미국으로 이주하려는 이유에 대해 들어왔다. 할리우드를 기반으로 한 이 메시지는 전 세계의 최고 인재를 끌어들이는 데 엄청난 성공을 거두었다.

트럼프의 2020년 6월 22일 행정명령은 비이민 취업 비자로 미국에 들어오려는 개인을 제한하는 내용이었다. 이 명령은 약 20만 명의 외국인 노동자와 그 부양가족의 입국을 금지했다. 브루킹스 연구소가 이 명령의 직접적인 영향을 계산해본 결과, H1-B 비자를 받은 노동자에 의존하는 미국의 상위 기업들이 1,000억 달러의 손해를 본 것으로 나타났다.

2020년 7월 갤럽은 미국인의 34%가 이민 증가를, 28%가 이민 감소를 원한다고 발표했다. 미국인의 77%는 이민이 미국에 유익하다고 말한다. 그럼에도 불구하고 이민은 매년 평균 약 100만 명에서 2019년 약 20만 명으로 감소했다. 이것의 주된 이유는 행정부의 이민 정책 변화와 이민에 대한 행정부의 공식 입장에 관한 부정적인 홍보 때문이었다. 무디스 분석가들의 추성에 따르면 향후 이민자가 이렇게 축소된 수준으로 계속 유지되면 미국 GDP가 최소 1조 달러 줄어들 것이라고 한다.

지난 수십 년 동안 정치인들의 지속적인 공격에도 불구하고 이민은 핵심적 이슈가 될 것이며 21세기에는 각국이 이민자 유치 경쟁을 벌일 것이다.

| 이민 유치 경쟁 |

이제 불편한 진실을 들여다보자. 이민을 악마화하는 것이 문제다. 첫째, 모든 유형의 이민은 일반적으로 경제적으로 긍정적이며, 일자리를 파괴하는 것이 아니라 창출한다. 하지만 난제는 기후변화와 자동화가 대량 이민을 유발할 예정이라는 점이다. 선진국의 출생률이 감소함에 따라 각국이 분명하게 추진할 한 가지 전략은 숙련된 능력, 특히 인공지능, 공학, 재생에너지, 기후 대응 능력을 지닌 이민자를 경쟁적으로 유치하는 것이다. 왜 그럴까? 세계는 선진국들이 기후 난민으로 발생한 이민자를 더 많이 받아들이라고 요구할 것이며, 모든 국가가 할당된 이민자 중 숙련 노동자를 최대한 많이 확보하려고 재빨리 움직일 것이기 때문이다. 현재 세계 이민 수준의 20~50배를 수용할 계획을 마련하지 않는다면 중대한 문제에 봉착할 것이다. 어떤 문제들일까?

- **더 쉽게 넘나들 수 있는 국경**: 새로운 거주지를 찾는 이민자와 난민이 증가함에 따라 완벽한 국경 봉쇄에 실패할 가능성이 늘어난다. 불법 이민을 줄이기 위한 국경 봉쇄는 장기적으로 성공하지 못했다. 트럼프 대통령의 임기 동안 가혹한 이민 정책에도 불구하고 미국에 사는 외국인은 4,370만 명에서 4,500만 명으로 증가했다(약 3% 증가). 지금은 (주로 멕시코의 경제 성장 덕분에) 미국에 들어오는 사람들보다 미국을 떠나는 멕시코인이 더 많다.
- **난민 프로그램에 대한 국제적 압력**: 유엔, 세계보건기구, OECD는 점

——— 테크노소셜리즘

세계 각국의 이산화탄소 배출 비율

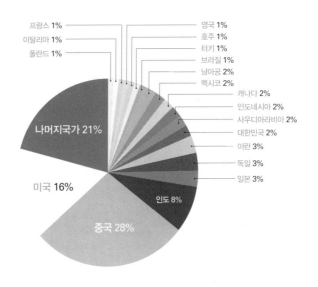

프랑스 1%
이탈리아 1%
폴란드 1%
영국 1%
호주 1%
터키 1%
브라질 1%
남아공 2%
멕시코 2%
캐나다 2%
인도네시아 2%
사우디아라비아 2%
대한민국 2%
이란 3%
독일 3%
일본 3%
나머지국가 21%
미국 16%
인도 8%
중국 28%

국제단체들은 최대 환경오염 국가들이 기후 난민을 더 많이 받아들이도록 압박할 수 있을까?

출처: Union of Concerned Scientists UCS, 2020

차 역사상 최대의 이산화탄소 배출국들이 총 탄소배출량에 비
례하여 기후 난민을 더 많이 받아들이도록 압박할 것이다. 실제
로 빌 게이츠는 이런 방안을 크게 지지하고 있다.

• **자원 갈등:** 대량 기후 난민과 역사상 최대 인도주의적 위기 완화
를 위해 세계가 노력하고 있는 상황에서, 난민 지원 활동에 필
요한 자원량은 세계 GDP의 15%가 될 것이다. 지구 온난화로
인한 경작지 감소, 식량 부족량 증가, 자원 수요 증가로 인해 중
대한 갈등이 발생할 것으로 예상된다.

결론적으로 2050년에 우리는 이민자들을 받아들이기 위한 국가 차원과 세계 차원의 계획이 필요할 것이다.

21세기의 교육은?

세계 고등교육 시장 규모는 매년 2조 달러가 넘으며 급속도로 성장하고 있다. 2030년에는 개발도상국들이 성장하고, 선진국에서 기술 발전으로 인한 재교육과 상향 교육이 늘어남에 따라 글로벌 교육과 훈련 지출 규모는 최소한 10조 달러에 이를 전망이다. 세계 GDP의 약 6% 수준이다. 2020~2030년 사이 중등 과정 졸업자 3억 5,000만 명, 초등과정 졸업자 약 8억 명이 각각 늘어날 것으로 예상된다. 자연발생적으로 가장 뚜렷하게 증가할 지역은 아시아와 아프리카다.

2017년 세계 전체의 유학 시장은 2000년 200만 명에서 증가하여 530만 명을 넘어섰다(유네스코, 2019년). 이들 중 절반 이상이 6개 국가, 미국, 영국, 호주, 프랑스, 독일, 러시아의 교육 프로그램에 등록했다. 유학생을 많이 보내는 국가는 중국, 인도, 독일, 한국, 나이지리아, 프랑스, 사우디아라비아, 몇몇 중앙아시아 국가들이다.

미국은 지난 40년 동안 수많은 인재를 미국 학교와 대학에 매우 성공적으로 유치했다. 1950~2020년 사이 미국은 전체 대학생 중 외국인 유학생 비율이 600% 증가했다. 유학생이 2018년 미국 경제에 기여한 가치는 450억 달러였다(미국 상무부). 이 유학생들은 보통

테크노소셜리즘

국내 학생들보다 더 높은 교육비를 지불하기 때문에 많은 미국 대학교가 점차 외국인 학생이 내는 등록금에 의존하게 되었다. 2018년 대부분 아시아 출신인 162,000명의 유학생이 캘리포니아주의 단과대학과 종합대학에 입학했다. 유학생 등록자는 트럼프 행정부 시기에 꾸준히 감소하여 2015년에 약 10% 떨어졌다. 팬데믹 탓에 이런 추세가 가속화되어 유학생 신규 등록자는 43% 감소했다.

호주는 미국보다 훨씬 더 많이 학교의 재정을 외국인 유학생에 의존한다. 전체 학생 등록자 중 21%이며 호주 경제에 매년 약 400억 달러를 기여한다. 호주 교육부 장관의 말에 따르면, 교육은 호주 "최대의 서비스 수출품이며 24만 개의 일자리, 사업 기회, 경제 성장을 지원한다."

2010년대 영국은 미국에 이어 세계에서 두 번째로 유학생들이 선호하는 국가가 되었다. 2017년 미국은 해외 대학에서 공부하는 유학생의 26%를 유치했다. 영국은 12%를 유치했지만 영국의 유학생 시장 점유율은 최근 감소하고 있으며, 호주, 뉴질랜드, 캐나다의 점유율이 올라가고 있다. 영국대학협의회는 2014~2015년에 유학생이 영국 경제에 약 총 260억 파운드를 기여했다고 추정했다. 국제교육은 대부분의 현대 국가들이 치열하게 경쟁하는 서비스 분야가 되었다.

2014년 유네스코는 2030년에 세계적으로 교육수요를 충족하려면 6,900만 명의 교사가 필요하다고 발표했다. 하지만 현재는 교육의 구조적 변화가 필요한 시기다. 대부분의 고등교육 시장은 세계화 추세에 따라가지 못하는 교육기관에 의해 주도되고 있다. 대부분의 대학들은 학습 요구와 행태의 변화, 기술의 변화, 시장의 변화를 따라잡지 못하기 때문에 많은 기업이 요구하는 일자리 맞춤 교육을 실행할 준비가 되어 있지 않다.

교육시스템의 발전과정

산업 혁명 이전에는 근대 학교에서 볼 수 있는 교실이 드물었다. 고대 이집트, 중국, 그리스, 로마의 교육시스템은 주로 엘리트 훈련으로 제한되어 있었고, 중세 시대의 유럽에서는 대부분 수도원 교육이나 학자가 아니라 장인 밑에서 받는 훈련이 이루어졌다.

최초의 대학은 약 11세기와 12세기 유럽 전역에서 나타나기 시작했다. 모로코 페스에 위치한 알 카라윈al-Qarawiyyin 대학은 8세기부터 계속 운영된 가장 오래된 곳이며 세계 최초로 학위를 수여한 교육기관이다. 9세기부터 13세기까지 가장 귀중한 학문의 장소는 지혜의 전당으로 알려진 바그다드 대도서관이었다.

"점성학, 수학, 농학, 의학, 철학에 관한 저작물이 번역되었다. 학자들은 페르시아, 인도, 그리스 문헌을 활용해 세상의 방대한 지식을 축적했다. … 지혜의 전당은 수학, 점성학, 의학, 화학, 동물학, 지리학을 포함한 과학과 인문학의 독보적인 중심이었다. 인구가 100만이 넘는 바그다드는 세계에서 가장 크고 부유한 도시이며 당대 지식 발달의 중심지로 알려져 있었다."

출처: 위키디피아

————— 테크노소셜리즘

교육시스템은 대부분 문해력를 일차적인 교육 목표로 삼았지만 문화와 종교, 미술, 음악, 조각, 건축도 가르쳤다. 교육은 대체로 개인 또는 교회를 통해 이루어졌고, 18세기에 들어와서 비로소 정부가 교육의 제도화에 주목하기 시작했다. 1880년대 프랑스에서는 비종교적인 국가 교육기관의 등장과 발맞추어 공공교육부 장관은 젊은 사람들을 가톨릭교회와 군주제의 손아귀에서 벗어나게 하려고 노력했다.

정부의 공교육 제도는 산업혁명기에 사회가 근대화하면서 등장하기 시작했다. 제도교육 체계는 아동노동법의 도입과 함께 등장했다. 이전에 학교 교육은 학자로서의 개인적 충실함, 개인의 학문적 능력, 또는 가족의 재력에 주로 기초했지만, 대량 교육시스템은 훨씬 더 일관된 교육과정과 방법론을 필요로 했다. 정부 역시 교육을 질서정연한 사회적, 정치적 행동을 만드는 메커니즘으로 보았다. 실제로 많은 이들이 오늘날의 근대 학교 구조를 본질적으로 20세기 초에 등장한 공장 생산라인에 필요한 인력공급 시스템으로 생각한다.

초등 및 중등학교 학생들은 순종적인 일꾼이 되어 상급자의 지시를 받고, 업무 과정이나 규칙을 기억하고, 정해진 일을 수행한 뒤 생산라인의 다음 과제로 이동하도록 교육받았다. 사람들은 손을 들고 의견을 말하도록 지시받았고, 창의적인 사고보다는 암기방식으로 학습한 내용은 시험과 평가를 통해 강화되고 이어졌다.

│ 진짜 미래를 위한 교육 │

지난 150년 동안 대체로 성공적이었다고 생각되지만 우리 아이들이 오늘날의 교육시스템을 통해 향후 20년과 그 이후 시대에 대비하지 못할 가능성이 점점 커지는 것 같다. 교육 분야에는 몇 가지 변화의 요인이 있다. 이를테면, 기존 모델의 불필요한 중복, 새로운 기술, 새로운 시장, 기업 요구의 변화, 학생 수요의 변화, 교사들의 기존 역량 및 제도와 시장 요구 간의 격차 확대 등이다.

교육의 편재성과 민주화로 인해 교육 프로그램과 학생, 학습 시간이 더 늘어난다. 하지만 적절한 교육과정이 줄고, 학생들이 현재와 미래 세계의 직장에서 필요한 것을 배울 기회도 줄고, 인공지능이 주도하는 경제에서 지속가능하고 유용한 역량을 개발할 시간도 줄어든다. 이런 문제가 발생하는 이유로는 재정 문제, 사회 문제, 학생들의 교육적 미래를 결정하는 많은 사람의 무관심을 꼽을 수 있다.

2014년 일론 머스크는 로스앤젤레스의 미르먼Mirman 영재학교에서 5명의 자녀를 조용히 자퇴시켰다. 머스크는 캘리포니아주 호손의 스페이스엑스 업무단지 내에 그와 스페이스엑스 직원들의 자녀를 다가올 미래를 대비하여 교육하기 위해 새로운 유형의 교육 캠퍼스를 설립했다. 머스크는 미르먼의 최고 교사 중 한 사람인 조슈아 단을 영입하여 애드 아스트라Ad Astra라고 명명한 새로운 학교의 운영을 맡겼다.

머스크의 비영리 학교는 체육, 음악, 언어 교육을 하지 않는다.

테크노소셜리즘

머스크는 20년 후면 기술을 이용해 즉시 번역이 가능해질 것이기 때문에 외국어보다는 기계언어를 배우는 것이 더 낫다고 주장한다. 아이들은 화염방사기와 로봇 제작, 기상 관측기구 띄우기와 같은 프로젝트를 수행하거나 핵 정치학과 유해한 인공지능 방지 전략을 배운다. 미국 국세청에 비영리 학교 설립 신청을 한 것은 애드 아스트라가 "모든 관련 학습주제에 대해 전통적인 학교 평가지표를 초월해 독특한 프로젝트 중심의 학습 경험을 위해" 설립되었다는 것을 말해준다.

학생들은 교육과정을 만드는 데 참여하며, 매년 검토를 통해 매우 다른 학습 과정을 만든다. 폴리오Folio라고 부르는 주간 학습과제는 특정 주제에 관한 집중적인 연구를 요구한다. 한 주는 크루즈 산업, 다음 주는 젠트리피케이션에 대해 집중 연구를 수행할 수 있다. 애드 아스트라를 졸업하는 아이들은 미국의 일반 중학교 졸업생과 근본적으로 다른 역량을 갖출 것이다. 무엇보다도 적응력이 뛰어나고 공학적 역량을 갖출 것이다.

막대한 기부금과 적응력을 가진 세계의 소수 대학을 제외하면 현재의 많은 대학은 다음과 같은 이유로 시대의 흐름에 뒤질 가능성이 있다.

- 점차 세계적인 수준의 콘텐츠를 무료나 저렴한 비용으로 이용할 수 있을 것이다. 코세라Coursera, 유다시티Udacity, 칸 아카데미Khan Academy, 코드아카데미Codeacademy, 마스터글래스Masterclass 등과 같은 서비스들은 최고의 콘텐츠를 원격으로 교육할 수 있다는 것을 이

미 보여주고 있다.

- 기존의 강의 모델, 사람들이 가득한 강의실, 체계적으로 짜인 강의시간표는 문제가 될 것이다. 직접 대면 경험이나 네트워킹이 특별히 필요한 몇몇 경우를 제외하면, 강의실 교육 방식에 대한 효과에 대해 이의가 제기될 것이다. 코로나19 팬데믹은 이런 추세를 가속화했다.

- 학위의 의미는 점점 더 줄어들고 있고 학위를 기준으로 삼는 것은 시대에 뒤떨어지고 현실성이 없는 것처럼 보이며 졸업생들에게 그다지 중요한 가치를 제공하지 못할 것이다. 최근 스페이스엑스, 구글, 페이스북과 같은 기업들은 입사 조건에서 대학 학위를 제외시키고 있다.

- 커뮤니티와 동문 네트워크 구축은 여전히 대학의 중요한 이점으로 남아 있다. 하지만 이것을 잘하는 사람은 매우 소수다. 요즘은 소셜 미디어와 온라인을 통해 이런 부분을 대체할 수 있다.

- 가상현실과 같은 신기술은 캠퍼스 교육 방식보다 강의실 모델을 더 저렴하고 효과적으로 확장할 수 있다. 미래에 교육의 규모를 키우는 가장 빠르고 저렴한 방법은 물리적 캠퍼스 확장이 아니라 기술을 이용하는 것이다.

많은 교육기관이 교육내용 개발자가 되기를 열망하기보다는 교육내용 수집가의 역할을 맡아야 할 것이다. 혁신적인 공급자들은 더 적합한 교육을 만들기 위해 세계적으로 인정받는 교육기관이 수여하는 학위를 활용한 새로운 교육 프로그램을 만들 수 있을 것이

───── 테크노소셜리즘

다. 그리고 전 세계의 전문가 단체들과 이미 콘텐츠가 풍부한 비슷한 교육 기관들과 제휴 관계를 맺어 취업 준비가 된 졸업생을 배출하는 학습 프로그램을 만들 수 있을 것이다. 이런 방식을 통해 학생들은 적절한 교육을 받아 학위를 취득하고 동시에 적절한 직업적 능력도 획득한 뒤 곧장 그들이 원하는 관련 직업 분야에 뛰어들 수 있을 것이다.

하지만 대학이 이러한 새로운 세상에서 실제로 얼마나 중요한 역할을 할지는 의문이 든다. 애플, 구글, IBM, 테슬라, 스페이스엑스, 뱅크오브아메리카, 힐튼 등과 같은 기업들은 지난 수년 동안 입사 요건에서 대학 졸업장을 없애버렸다.

> "훌륭한 대학의 졸업장은 우수한 업무 능력을 나타내는 표지가 될 수 있다. 하지만 반드시 그런 것은 아니다. 이를테면 빌 게이츠나 래리 엘리슨, 스티브 잡스와 같은 사람들은 대학을 졸업하지 않았다. 여러분이 그들을 고용한다면 대학을 나온 사람들을 고용하는 것보다 좋은 선택이 될 것이 틀림없다."
>
> 테슬라/스페이스엑스 CEO, 일론 머스크

세계에서 가장 뛰어난 기업가 중 두 사람은 대학 입학이 미래 세계에서 자녀의 취업 대비에 결정적인 요소가 아닐 수 있다고 주장한다. 최근 머스크는 사람들에게 대학 학위를 요구하지 않는 스페이스엑스와 테슬라에 입사 지원서를 내라고 독려하면서 자신은 '탁월한 능력을 입증하는 증거'를 가지고 사람을 뽑는다고 말했다. 스페이스엑스의 면접 과정 피드백, 그리고 애드 아스트라 학교의 입학 면접 질문에서 볼 수 있듯이 머스크와 그의 인사팀은 문제해결 능력과 사고에 주로 초점을 맞춘다.

구글은 한발 더 나아갔다. 2020년 7월 14일 구글은 코세라와 협력하여 자료 분석, 프로젝트 관리, 사용자경험설계 분야의 새로운 전문 자격증 프로그램을 시작한다고 발표했다. 코세라의 이용요금은 보통 매월 49달러밖에 안 되지만 구글은 이 비용마저 지원한다며 신청자에 따라 10만 명에게 장학금을 제공하고 있다. 예를 들어 IT 지원 전문가 자격증 과정은 3~6개월이 소요되며, 이 과정 졸업자의 80%가 새로운 일자리를 얻거나 연봉 인상 혜택을 얻었다. 약 300달러의 비용을 투자하고 6개월 동안 매진한 졸업자들은 연봉 9만 3,000달러를 받는 직장을 얻었다. 그렇다면 굳이 대학이 필요할까?

구글의 대외협력 담당 수석 부사장 켄트 워커는 트위터를 통해 이렇게 발표했다. "우리는 인재를 채용할 때 이와 같은 새로운 전문 자격증을 4년제 대학 학위와 동등하게 취급할 것입니다." 구글의 발표 2주 전 마이크로소프트는 2020년 6월 30일 블로그 게시판을 통해 2,500만 명의 전문적 역량을 향상하는 글로벌 계획을 발표했다.

마윈 회장 역시 현재 교육시스템이 향후 20~50년 동안 성공에 필요한 역량을 준비하는 데 한심할 정도로 형편없다고 말했다. 마윈은 이미 가치관이 굳어진 대학이 아니라 역량과 가치관을 형성하는 더 어린 나이의 아이들에게 더 많이 투자해야 한다고 제안한다. 그는 알리바바와 앤트 파이낸셜Ant Financial에 정기적으로 대학 졸업자들을 재훈련시키라고 요구한다. 아울러 대학 학위는 '지불한 수업

테크노소셜리즘

료에 대한 영수증'에 지나지 않는다고 말한 것으로 전해진다.

이 책을 쓰면서 마원과 진행한 인터뷰에서 그는 19세기의 교육 방식과 21세기 교육 방식의 차이가 인간의 역량과 기계적 역량을 구별하는 능력에서 비롯된다고 강조했다. 머스크와 마찬가지로 마원도 현재 교육시스템은 지식을 적용하는 지혜보다는 지식 암기를 강화한다고 주장한다.

이에 대한 증거는 유럽에서 이미 나타나고 있다. 핀란드는 지난 16년 동안 종합적인 학교 시스템으로 유럽연합 순위에서 부동의 선두를 유지했다. 핀란드의 아이들은 다른 국가의 학교 시스템보다 매우 늦게 학교 교육을 시작하는데 보통 7세가 되어서야 초등학교에 들어간다. 유치원에서 아이들은 수학, 읽기, 쓰기를 배우지 않는다. 교육의 주안점은 창의적인 놀이와 좋은 사회적 역량을 키우고, 친구 관계를 만들고 타인을 존중하는 것에 맞추어진다. 이를 통해 성적에 대한 부담보다는 학습에 대한 일생 동안의 인식을 형성한다. 학생들은 대학 이전에는 시험을 전혀 보지 않는다.

앞으로 매우 중요하게 될 교육의 한 측면은 인공지능과 경쟁한다는 것이다. 요즘 우리는 과학, 기술, 공학, 수학 분야의 역량에 대해 자주 언급한다. 하지만 기술은 조만간 독립된 과목이 되지 않고, 모든 프로그램과 교육과정에 포함될 것이다. 로봇을 활용하는 삶과 노동은 선진국에서 당신을 돋보이게 만드는 능력이 되고, 아프리카와 같은 지역의 개발도상국에서는 새로운 인프라 개발이 매우 중요해질 것이다. 에너지 시스템과 도시가 스마트해질 것이다. 도시는 보건, 교통, 농업, 공급망이 모두 자동화된 대규모 스마트 시스템에 의해 뒷받침될 것이다.

이에 맞추어 교육도 스마트해야 할 것이다. 창의성, 감성지수EQ, 사랑지수Love Quotient와 같은 소프트 역량은 우리와 기계를 구분하는 차별화 요소가 될 것이다. 하지만 모든 사람이 어느 정도는 인공지능과 함께 일해야 할 것이다. 따라서 학생들은 아주 어릴 때부터 기술에 노출될 것이다. 그리고 코딩은 오늘날의 수학과 비슷하게 초등과정의 모든 학년에서 가르치는 하나의 과목이 될 것이다.

마윈은 사랑과 인간적 감성과 연민이 궁극적으로 우리와 인공지능의 논리와 지능을 구분하는 차이점이 될 것이라고 주장한다.

> "그렇습니다. 인공지능은 신경망을 통해 경이로운 지능을 갖게 되겠지만 오직 인간에게만 위대한 마음과 사랑할 능력이 있습니다. 기계는 엄청난 정확도와 정밀도를 갖고 있지만 사람들은 저마다 피부 색깔, 표정, 체온이 다릅니다. 인공지능이 인류 공존의 시대를 열 것입니다. 오직 이런 점 덕분에 세계가 기술에 의해 엄청나게 바뀐다 해도 인간은 사라지지 않을 것입니다. 기계는 베이비시터를 대체할 수 있지만 자녀에 대한 어머니의 사랑을 절대 대체하지 못합니다. 이미 투약하는 간호사와 수술하는 의사를 기계가 대체하고 있지만, 다치고 아프고 연약한 사람들에 대한 인간의 동정심과 관심을 모방할 수 없습니다. 인공지능 시대에 사랑과 인간성을 사업에 도입하지 않는다면 기술에 대한 의존이 더 심해질수록, 더 삭막해지고 더 해롭고 더 불공평해질 것입니다."

> 알리바바 창업자, 마윈

미래 교육은 극적일 정도로 비용이 낮아지고 교사의 유효성이 증

테크노소셜리즘

대될 것으로 전망된다. 교사들은 증강현실vr과 같은 기술에 기반한 지식 유통 시스템에 접속해 교수지원 시스템을 활용함으로써 더 많은 학생과 만날 수 있기 때문에 소득이 증가할 것으로 예상된다. 학생들은 대면 공동 작업, 사회적 역량, 단체정신 함양을 위해 실제로 모일 필요가 있지만, 이런 것들은 로스터 시스템roster system(시간과 과제를 효율적을 관리하는 방법)이나 커뮤니티 멘토링과 지원 활동을 통해 이루어질 수 있다. 21세기 전반기에 유치원의 수업은 교실 중심으로 이루어지겠지만 9~16세의 학교 수업은 중간 나이대부터 대면 교육과 가상 교육시스템과 함께 이루어질 것이다. 이로 인해 공공 교육은 비용 면에서 훨씬 더 효과적일 뿐만 아니라 한층 더 포용적으로 바뀔 것이다.

노숙인이 없어진다

샌프란시스코와 같은 도시들에서 나타나는 불평등은 주거 문제와 관련하여 저소득층과 중산층 가정에 엄청난 부담을 주고 있다. 가장 심각한 예를 들자면, 샌프란시스코의 미션 지구와 다른 여러 지역, 또는 로스앤젤레스의 스키드 로에서 노숙인이 급속히 늘어났다. 더 나아가 노숙인 문제는 미션 지구나 스키드 로와 같은 극단적인 지역에만 있는 것이 아니라 모든 곳에 있었다.

해비타트 포 휴머니티Habitat for Humanity, 유엔, 기타 기관이 자료를 집계하여 작성한 여러 보고서에 따르면, 전 세계의 장기 노숙인은 1억

5,000만 명 이상이며, 적절한 주거시설이 부족한 사람은 16억 명으로 추정한다. 현재 세계 인구의 약 20%다.

필리핀의 수도 마닐라는 세계에서 노숙인이 가장 많이 몰려 있는 곳으로 310만 명의 노숙자가 사는 것으로 추정된다. 여기에는 120만 명이 아이들이 포함된다. 최근 자료에 따르면 코로나 팬데믹이 초래한 경제적 영향으로 지금 미국에서 200만 명 이상이 노숙인 상태다. 이 중 3분의 1이 난민 가정들이다. 더욱이 코로나19 기간 중 미국에서 수천만 가구가 임대료를 내지 못했다. 아스펜 연구소는 아직도 3,000~4,000만 가구가 퇴거당할 위기에 직면해 있다고 추정한다.

노숙상태는 주택 구매력과 밀접한 관련이 있으며, 샌프란시스코, 로스앤젤레스와 같은 도시에서 노숙인이 많은 것도 이런 이유 때문이다. 미국의 최근 조사는 사람들이 소득의 3분의 1 이상을 주택임대료로 지출하는 도시들 위주로 노숙인이 심각하게 증가했음을 보여준다.

미국에서 노숙인에 대한 단속, 음식 제공, 신체적, 정신적 응급 의료지원 비용이 매년 1인당 35,578달러로 보고되었다. 오렌지 카운티와 여러 도시에 수행한 최근 연구에 따르면, 주거지를 마련할 수 없는 사람들을 위한 더 체계적인 환경을 제공함으로써 비용이 대폭 감소했고, 아울러 그들을 유급 직장에 재고용하는 추세도 훨씬 더 늘어났다. 사실, 미국 주택 및 도시개발부는 노숙인에게 도움이 되는 주택을 제공하면 정부가 노숙인에게 지출하는 1인당 평균 비용이 49.5% 감소할 것이라고 발표했다. 호주 멜버른 대학의 연

——테크노소셜리즘

구는 호주 노숙인의 19%만이 취업을 한 상태이며, 일반 호주인들보다 직장을 그만둘 가능성이 30% 더 크다고 밝혔다. 시애틀의 킹카운티의 경우 2018년 조사한 노숙인의 50.2%가 12개월 연속 실업 상태였고, 64%는 현재의 노숙상태가 1년 동안 지속되었다고 말했다. 아이콘Icon, 선코노비Suncomony, 베이비 스탭스Baby Steps, APIS Cor, 엑스트리XTreeE, CyBe Constructions와 같은 기업들은 3D 프린팅으로 침실이 1~3개인 기본주택을 10~48시간 이내에 만드는 기술을 개발했다. 예를 들어, 아이콘은 가정용 3D 프린터와 비슷한 기술을 이용하는 데 펌프를 사용해 라바크리트(포틀랜드 시멘트와 여러 특허 성분을 섞은 혼합물)를 압출 성형한다. 이 혼합물은 압축강도가 6,000psi이며 가장 표준적인 건축 재료를 충분히 지탱할 수 있다고 한다. 실제로 3D 프린트로 집을 만들면 더 저렴하고 빠르며, 환경 친화적이다. 아울러 현재 건축 기술보다 일반적으로 더 튼튼하며, 지진과 화재 시험에서도 더 잘 견딘다.

스타트업 AI슈퍼팩토리는 최근 나사의 3D 프린팅 주택 경연대회에서 우승했다. 그들은 3D 프린트를 이용해 30시간 이내에 화성 주거 건물의 초기 모형을 만들었다. 마샤Marsha라고 부르는 그들의 화성 주거 건물 콘셉트는 화성 현장에서 구할 수 있는 자원을 활용하도록 설계되었다. 화성으로 보낸 로봇이 3D프린트용 생체고분자와 현무암의 합성물을 활용하여 주택을 만들 수 있으며 보존 처리하면 콘크리트보다 50% 더 강하고 내구성도 좋다. 이 원재료는 재활용할 수도 있다.

적층식 제조 에너지 통합Addictive Manufacturing Intergrated Energy 시범사업은 미

국 에너지부 오크 리지 국립연구소 프로젝트다. 이 3D 프린팅 주택의 목표는 에너지 독립적인 건물 설계에 하이브리드 전기차를 추가하여 통합 에너지 시스템을 만드는 것이다. 통합된 태양전지가 이 구조물에 에너지를 공급한다. 낮에는 전기차를 충전하고 저녁에는 전기차가 전기 저장장치 역할을 하여 주택에 필요한 에너지를 공급하는 것이다.

도시의 인구밀도와 임대료가 증가함에 따라 초소형 아파트 역시 도시 계획에서 점차 늘어나고 있다. 홍콩, 시드니, 뉴욕, 텍사스 오스틴과 같은 도시에는 1~1.5㎡에서부터 6.5~23㎡에 이르는 초소형 아파트를 실험적으로 도입하고 있다. 홍콩의 케이지 주택의 평균 크기는 불과 0.37㎡밖에 되지 않는다. 하지만 점차 발전하는 초소형 아파트는 적절한 주거 공간을 확보하기 위해 많은 기술을 활용한다.

요점은 전 세계에 1만 달러 이하(많은 경우 5,000달러 이하)의 비용으로 주택을 지을 수 있는 기업이 수십 곳이 된다는 것이다. 세계의 모든 선진국에서는 노숙상태가 사회에 재정적 영향을 미치기 때문에 노숙인을 없애야 한다는 주장을 강력하게 제기하고 있다. 우리 역시 증가하는 도시 인구를 수용할 수 있는 더 나은 도시공간 이용 방식을 계획해야 한다.

이처럼 건축비가 계속 낮아지면 노숙인이 기본주택을 이용하지 못하는 것이 오히려 경제적으로 불리한 시점을 맞을 것이다. 각각의 정치적 입장과 상관없이 수백만 명의 노숙인들을 거리에 방치하는 것보다 주택을 제공하는 것이 더 경제적일 것이다.

——— 테크노소셜리즘

디지털을 활용한 금융 포용성

오늘날 전 세계에 약 20억 명이 법적 규제를 받는 금융기관과 은행의 기본적인 금융서비스를 이용하지 못하는 것으로 추정된다. 역사적으로 이 수치는 훨씬 더 높았다. 10년 전까지만 해도 세계의 약 절반이 은행에 예금을 하지 않았고, 대부분의 금융기관은 수익성이 없어 은행을 개설할 수 없다고 생각했다.

2005년에 당신이 케냐에 살았다면 은행 계좌를 보유하지 못하고, 돈을 안전하게 보관할 수도 없을 확률이 70%다. 거의 틀림없이 저축도 없었을 것이다. 오늘날 당신이 케냐에 사는 성인이라면 (휴대폰 유심에 저장된) 모바일 금융 계좌를 보유할 확률은 98%이며, 원할 때마다 케냐의 다른 성인에게 즉시 돈을 이체할 수 있다. 자료에 따르면 케냐인들은 안전과 유용성 측면에서 현금보다 휴대폰을 더 신뢰한다. 그들은 돈을 더 안전하게 휴대하기 위해 유심카드를 그들의 옷에 꿰매거나 신발 안에 숨긴다. 이것이 가능하게 된 것은 모두 통신사업자 사파리컴Safaricom이 만든 엠페사M-Pesa라는 모바일 금융 서비스 덕분이다. 현재 케냐 GDP의 최소 40%가 엠페사를 통해 거래된다.

> "약 2,600만 명의 휴대폰 이용자 중 2,200만 명이 지금 우리의 금융서비스를 이용하고 있습니다. 케냐 인구를 4,500만 명이라고 하고, 그중 절반이 성인이라고 하면, 케냐의 거의 모든 성인이 우리가 제공하는 금융서비스를 이용하는 셈입니다. 우리 시스템을 통해 케냐 GDP의 40%가 거래되고, 가장 많을 때는 초당 약 600건의 거

래가 이루어집니다. 어떤 다른 금융 시스템보다 더 빠르고 거래금
액이 더 많습니다."

사파리컴/엠페사 CEO, 밥 콜리모어

금융의 수용성 측면에서 케냐는 지난 10년 동안 미국이 지난 50
년 동안 한 일보다 더 많은 일을 수행해 수많은 대중의 삶을 개선했
다. 오늘날 케냐는 미국보다 금융 포용성이 더 높다. 놀랍고도 누군
가에게는 불편한 통계다. 미국 연준은 미국 가구의 약 20%가 은행
을 이용할 수 없거나 충분히 이용하지 못한다고 밝혔다. 그런데 미
국은 세계에서 은행지점 밀도가 가장 높은 국가 중 하나다. 은행지
점 밀도가 가장 높은 곳에서 전체 가구의 5분의 1이 은행을 제대로
이용할 수 없다니 어떻게 된 걸까? 해답은 신원 증명 때문이다.

오늘날 금융 소외의 주된 이유 중 하나는 은행에 대한 접근성이
아니라 은행 계좌 개설이나 투표에 필요한 신원 증명 서류를 이용
할 수 없다는 점이다. 9/11테러 사건 이후 미국에서 은행 계좌를 개
설하는 데 필요한 문서가 더 엄격해졌고, 아울러 미국 은행법과 규
제에서 애국법과 고객 신원 증명 프로그램이 중요해졌다. 하지만
미국인의 절반 이상이 여권이 없으며(2018년 현재 42%만 갖고 있음),
미국인의 76%만이 운전면허증을 갖고 있다. 따라서 은행을 쉽게
찾아갈 수 있다고 해도 계좌를 개설하지 못할 수 있다.

인도의 경우 2014년까지 전체 인구의 30% 이하만이 은행 계좌
를 갖고 있었다. 인도준비은행은 은행지점 접근성을 높이려고 노력
했다. 인도에서는 지점을 새로 늘리길 원하는 은행이라면 현재 은

행이 없는 농촌지역에 신규 지점의 4분의 1을 설치하도록 하는 규정을 만들었다. 이 정책은 약 10년 동안 실행되었지만 금융 포용성은 거의 개선되지 않았다. 그 후 난단 닐레카니(인포시스의 공동설립자)는 모디 총리에게 문제는 은행지점에 대한 접근성이 아니라 계좌를 개설할 때 이용하는 신원 증명 서류 접근성이라고 설명했다.

이를 계기로 진행된 디지털 신분증인 아다하르Aadhaar 카드발급 사업은 금융 포용성에 매우 결정적인 역할을 했다. 이것은 상황을 완전히 바꾸었다. 2017년 11억 7,000만 명 이상이 아다하르 카드 프로그램에 등록되었다. 이 수치는 인도 인구의 88%에 해당한다. 인도의 신분증 개혁으로 인해 금융 시스템 이용자가 폭발적으로 늘어났다. 예전 금융 시스템에서 대부분 소외된 계층들, 즉 저소득층 가구와 여성들은 아다하르 카드 사업이 시작된 이후 전년 대비 100% 증가했다. 2015년 3억 5,800만 명 이상의 인도 여성(61%)이(2014년에는 2억 8,100만 명(48%)이었다) 은행 계좌를 갖게 되었다.

이것은 8개 남아시아와 아프리카 국가 중 "은행을 이용하는" 여성이 가장 많이 증가한 사례로 꼽힌다. 금융 포용성을 지원하기 위해 신원 증명 요구조건을 완화하거나 새로운 신원 증명체계를 만들수 있다. 하지만 운전이나 여행을 하지 않는 사람들을 대상으로 신원 증명을 위해 운전면허증이나 여권을 요구할 수 없다. 이런 상황에서 은행 지점은 쓸모가 없다. 금융에서 소외된 사람들을 은행지점으로 데려간다 해도 그들은 은행 계좌를 만들 자격이 안 되기 때문이다. 미국 가구의 25%가 은행을 제대로 이용하지 못하는 현실이 보여주듯이 운전면허증이나 여권을 요구하는 것은 금융 소외를 해결하는 방법이 아니다.

2016년 스탠다드은행과 액센추어Accenture는 연구를 통해 아프리카 사하라 사막 이남 지역에서 은행을 이용하지 못하는 약 10억 명 중 70%가 물리적으로 은행지점에 도달하려면 한 달 월급 전부를 지출해야 한다는 결론을 내렸다. 이 통계는 전통적인 은행에 맡겨둘 경우 아프리카 대륙에서 금융 포용성을 해결하는 데 상당히 구조적인 문제가 있음을 분명히 보여준다.

케냐에서는 GDP의 약 48.7%가 엠페사를 통해 유통된다. 케냐인들은 현금만을 이용할 때보다 최대 26% 더 많이 저축한다고 보고되고 있다. 그 결과 오늘날 케냐인의 60%가 현금보다 엠페사를 더 신뢰한다. 범죄가 줄고 저축이 늘어났다. 하지만 더 흥미로운 영향은 빈곤, 신용 접근, 고용에 대한 대응이다. 예컨대 모바일 금융 이용으로 케냐 가구의 2%(194,000가구)가 극단적 빈곤에서 벗어났고, 18만 5,000명의 여성이 생계형 농업에서 벗어나 기업농이 되었다. 아울러 사업을 시작하거나 비상 상황에 대처하기 위해 기본적인 융자제도를 더 많이 이용하게 되었다.

금융 포용성은 분명히 세계 경제시스템의 기본적인 목표가 되어야 한다. 하지만 은행들은 저소득층과 중산층에 금융서비스를 제공하는 것이 수익성이 낮고 디지털 포용이 부족한 탓에 포기하곤 한다. 상업적 가치가 앞으로도 지속된다면, 오로지 저 멀리 평등의 가치만이 기본적인 금융서비스 접근성이 모든 사람에게 필수적이라고 부르짖는 꼴이다. 14세기에 이탈리아 메디치 가문이 만든 은행시스템은 500년 이상이 지나서도 금융서비스에 대한 기본적인 접근성 문제를 해결하지 못했다. 은행가들은 은행지점이 금융서비스 접근에 대한 해결책이라 말했지만 미국, 스페인, 프랑스와 같은 은행지점 밀도가 최고 수준인 국가들이 오늘날의 케냐보다 금융 포용성이 더 낮다. 케냐와 인도는 전통적인 은행시스템을 이용하는 성인이 성인 인구의 3분의 1 이하에서 불과 수년 만에 90% 이상으로 성장했다. 어느 쪽도 은행이나 은행지점 덕분이 아니었다. 국가 신분증 체계 개발과 기본적인 휴대폰 기술 이용이라는 두 가지 단순한 변화 때문이었다. 이 두 가지 메커니즘은 전례 없는 최대 규모의 금융 모바일화를 이루어냈다.

이 혁명의 다음 단계는 독보적인 모바일 인터넷에 기반한 상거래를 창출하는 것이다. 디지털 포용성은 이제 전 세계 정부의 일차적 목표 중 하나가 되어야 하며, 금융 포용성, 상거래, 경제 성장이 스마트폰과 인터넷의 발전과 긴밀히 연계된다는 점을 인식해야 한다. 디지털 포용성은 전기, 위생, 먹는 물, 교육, 기본적인 의료에 대한 접근권과 함께 인간의 기본적인 권리가 될 것이다.

2030년까지 세계 인구의 95% 이상이 모바일을 통한 인터넷 접속이 가능할 것으로 예상된다. 스마트폰 제조 및 이용에 드는 비용이 점점 더 저렴해지고 있다. 오늘날 인도, 남아프리카공화국, 나이지리아의 거리에서 40달러 이하로 구입 가능한 저렴한 스마트폰들을 볼 수 있다. 2030년이면 이런 기기들은 기본적인 인터넷 서비스를 가입하면 기본적으로 무료로 이용할 수 있을 것이다. 2025년에는 나이지리아의 스마트폰 보급률이 65%에 이를 것이다. 페이스북, 구글, 텐센트, 알리바바, 아마존과 같은 거대 기술 기업들은 그

2030년까지 각국의 인터넷 보급률

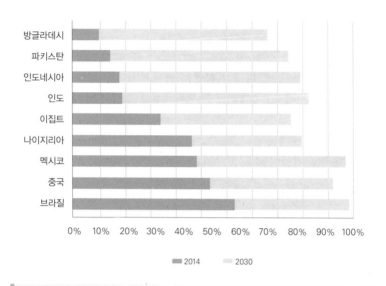

들의 인프라를 통해 기본 서비스를 구독하는 사람들에게 스마트폰을 무료로 제공할 것으로 예상된다. 2050년에는 지구 어디에서나 기본적인 인터넷 인프라에 접근할 수 있게 되며, 이것은 모든 사람이 디지털 경제에서 이용 가능한 서비스에 참여한다는 의미다.

의료시스템의 획기적인 발전

많은 선진국에서 지난 100년 동안 대부분의 시민들을 위한 기본적인 의료서비스가 개선되었다. 유아 사망률이 급격히 줄어들었고, 기대 수명도 1850년대 이후 두 배 이상 길어졌다. 천연두와 같이 한때 불치병이라고 여겼던 질병들이 거의 박멸되었고, 에볼라와 같은 다른 질병들의 백신도 개발되어 수많은 죽음을 예방하고 있다. 의사나 병원은 차를 타고 시내로 가면 쉽게 이용할 수 있다. 대부분의 선진국에서는 그렇다.

미국은 의료 접근성과 의료비 부담을 개선하려는 이런 추세에 저항해왔다. 미국은 세계에서 선진국으로서는 유일하게 보편적 의료 체계가 없으며 오늘날 어떤 국가보다 의료비용이 비싸다. 미국 파산자의 65% 이상이 어느 정도 의료비와 관련이 있는 것으로 보고되었다. 세계 역사상 가장 부유하고 번영한 국가에서 의료비를 감당할 수 없어 죽는 사람이 있어서는 안 된다고 주장하는 것은 너무 타당하다. 하지만 미국에서는 기본적인 의료보험이나 저렴한 약품이 없어 매년 45,000명이 사망하는 것으로 추정된다. 보편적 의료의 지속적인 실행 가능성을 고민하는 국가는 미국만이 아니다. 호주, 영국 등과 같은 국가들도 의료비 급승 문제를 인젠기 패배할 수밖에 없는 싸움이라고 생각한다.

유엔은 의료를 기본적인 인권으로 생각한다. 세계의 절반 이상의 국가가 인권 협정이나 국가 법률을 통해 시민의 건강권 보호를 약속한다. 2018년 퓨 리서치에 따르면 미국인의 60% 이상이 의료 지원 보장이 국가의 의무라고 생각한다. G20에 속한 나머지 국가와 달리, 미국은 국가 의료시스템이 없으며, 미국의 건강보험제도는 고용주와 개인에게 자신의 건강을 돌볼 책임을 떠맡긴다. 정부는 의료지원을 보장하지 않는다.

미국에서는 개인이 의료비를 감당할 수 없는 것은 그가 충분히 열심히 일하지 않기 때문이라는 정치적 주장이 종종 제기된다. 하지만 이 주장은 지나치게 높은 민간 의료비용 때문에 많은 사람이 의료시스템을 이용할 수 없다는 사실을 간과한 셈이다. 투잡, 쓰리잡으로 일을 하고, 하루 16~18시간 동안 일한다고 해도 기본적인 의료비를 감당할 수 없다. 이런 사람들이 충분히 열심히 일하지 않는다고 말할 수 없다. 2020년 미국의 평균 의료보험료는 매달 개인당 456달러, 한 가족당 1,152달러였다. 시간당 최저임금이 7.5달러인 상황에서 의료보험료는 개인 월급의 91.5%를 차지한다. 게다가 최저임금 노동자의 경우 오늘날 미국 어느 지역에서도 방 1개짜리 아파트를 임대할 수 없는 상황도 감안해야 한다.

많은 미국인에게 고용주는 개인이 의료서비스 이용 여부를 결정하는 유일한 결정권자다. 월마트와 같은 많은 대규모 고용 기업들은 의료보험료를 회피하려고 파트타임 노동자 비율을 높인다. 월마트에서 의료보험 혜택을 받으려면 최소 1년 동안 근무해야 하고 주당 36시간 이상 일해야 한다. 세계의 선진국들은 대부분 복지 혜택을 받을 수 있는 풀타임 고용을 주당 30~35시간으로 정하고 있다.

1980년대 미국의 의료비가 치솟기 시작했다. 1980년대 이전에는 퇴직자의료보험인 메디케어Medicare와 보험사가 지불하는 금액이 포괄수가제에 묶여 있었다. 하지만 1980년대 초 보험사들과 레이건 행정부는 재정적 위험을 의료서비스 제공자에게 이전하기 시작했다. 메디케어는 병원 방문당 고정 가격을 병원에 지급하기 시작했

——테크노소셜리즘

다. 이로 인해 병원의 이윤이 급격하게 감소했고 병원과 의사들은 환자가 방문할 때마다 수입을 올릴 다른 방법을 찾기 시작했다.

1990년대 정부 예산 항목인 의료서비스 제공 비용이 계속 급증하자 의료 개혁이 미국의 주요 토론 주제가 되었다. 의료시스템 민영화 노력은 초기에는 성공을 거둔 것으로 주장되었지만 그 이후 비용이 급격하게 계속 치솟았고, 결국 많은 시민이 기본적인 의료 혜택을 받지 못하게 되었다.

미국의 의료비가 GDP의 약 17%까지 증가한 핵심적인 이유 중 하나는 의료의 질이 좋아졌기 때문만이 아니라 환자당 치료행위가 증가했기 때문이었다. 미국에서 영리적 의료행위가 등장하면서 불필요한 의료행위, 새로운 서비스, 수수료가 발생할 가능성이 커졌다. 예컨대 미국은 세계에서 (위험하고 까다로운 유형의 질환인) 침습적 심장 진단 및 치료 비율이 가장 높다. 2위 국가보다 45% 이상 더 많다. 하지만 이러한 추가적인 진단 및 치료는 미국인의 심장을 더 건강하게 만들지 못했다. 미국은 다른 현대 국가와 비교할 때 많은 평가 기준에서 뒤져 있는 상태였다.

- 미국의 의료 접근성과 질적 수준은 동일한 1인당 의료비 지출 기준으로 비교할 때 네덜란드, 호주, 스웨덴, 일본, 독일, 프랑스, 영국보다 낮았다.
- 만성질환은 인구 10만 명당 연령 표준화 장애보정 생존연수 비율 기준으로 볼 때(비만은 여러 만성질환의 중요한 원인이다) 다른 선진국들에 비해 미국이 훨씬 더 높다(일본의 거의 두 배).

- 예방 가능한 질병으로 병원에 입원하는(주간보호시설 입소가 아니라) 비율이 주요 네 가지 질병(울혈성 심부전, 천식, 고혈압, 당뇨병)의 경우 미국이 37% 더 높다.
- 미국은 다른 선진국들보다 검진, 약물치료, 실험실의 오류 비율이 더 높다. 성인 기준 의료적 과실로 피해를 본 비율은 미국이 19%였고, 독일, 프랑스와 같은 국가에서는 7%에 불과했다.
- 호흡기 질환 사망률은 비교 대상 국가보다 미국이 더 높다.
- 대부분의 선진국 성인들은 미국보다 더 신속하게 병원을 이용할 수 있다.
- 미국에서 (주치의가 치료할 수 있는 질병인 경우에도) 병원 응급실을 이용하는 빈도가 프랑스, 영국, 호주, 네덜란드, 독일보다 세 배 더 많다.
- 미국의 의료 행정 비용이 OECD 평균의 두 배로서 연간 총의료비의 35%를 차지한다.

대부분의 선진국에서 의료는 교육, 도로, 공항, 위생, 에너지 등과 같이 정부가 세금으로 가장 확실히 감당해야 할 기본적인 기능으로 간주된다. 경제적 측면에서 보면 이런 기능들은 공공재, 즉 정부가 시민들에게 제공하는 사회의 기본적인 요소에 해당한다. 최근 미국을 비롯한 여러 국가의 포퓰리즘적 정치 상황 속에서 우파 보수주의자들은 의료를 기본적 또는 공공재 영역에서 개인의 책임 영역으로 바꾸려고 시도했다.

의료비가 사회에 가장 큰 충격을 주는 비용 중 하나이며, 너무 비

———— 테크노소셜리즘

싸서 효율적인 정부라도 감당할 수 없다는 주장이 많이 제기된다. 사람들은 낮은 세금과 작은 정부를 원한다면 일반 대중을 위한 의료와 같은 서비스도 개인이 비용을 부담하는 쪽으로 가야 한다고 주장하기도 한다. 따라서 더 효율적인 정부를 원한다면 포용적 의료를 어느 정도 포기해야 한다. 이런 주장은 의료비가 계속 증가할 것이라는 전제하에 이루어진다. 다행스럽게도 이런 전제는 2030년 이후에는 타당하지 않을 가능성이 있다. 아마 2030년보다 더 이른 시기가 될 수도 있다. 전 세계적으로 의료비 급증을 유발하는 주요 원인은 다음과 같다.

1. **오진:** 오진으로 인한 미국의 경제적 손실은 매년 7,500억 달러 (GDP의 약 3.5%)로 추정되며, 매년 4만~8만 명이 오진으로 사망한다.

2. **뒤늦은 진단:** 최근 연구들에 따르면 조기 진단으로 전체 치료비용이 급격히 낮아질 가능성이 있다.

3. **신약 개발 비용:** 필요한 것이긴 하지만 규제는 약품 개발 비용을 급격히 증가시키고 미국 FDA 승인을 통해 일반인이 약품을 이용하려면 신약 1개당 26억 달러가 소요된다. 개발 신약 중 12% 만이 임상시험을 통과한다.

4. **행정 비용과 폐쇄적 시스템:** 글로벌 의료서비스기업인 옵텀Optum의 연구에 따르면 매년 2,000억 달러의 행정 비용이 낭비되는 것으로 추정된다. 미국의 의료서비스 공급자와 이용자는 이런 비용을 스스로 줄일 수 없지만 인공지능은 할 수 있다.

5. **인구 노령화와 기대 수명 증가:** 현재 65세인 사람의 매년 1인당 평
   균 의료비용은 11,300달러다.
6. **비만과 열악한 식단:** 밀켄Milken 연구소는 비만과 과체중으로 인한
   만성질환으로 지출되는 총비용을 1.72조 달러(2019년 미국 GDP
   의 9.3%)로 추정한다.

2016년《증강현실》에서 언급했듯이 의료 기술은 지금 폭발적으
로 발전하고 있으며 의료와 그와 관련된 비용에 대한 기존 관념이
완전히 바뀔 것이다. 하지만 이런 비용 측면의 이점을 누리려면 의
료 분야, 정부 규제, 거대 제약기업이 근본적으로 다시 재편되어야
한다.

더 낮은 비용으로 더 나은 의료를!

첫 번째 획기적인 의료 변화는 유전자치료 분야에서 일어나고 있
다. 이전에는 증상을 관찰하여 질병을 진단했다. 흔히 증상이 뚜렷
하게 나타나지 않아 정확한 진단이 어렵거나, 실제 나타난 증상은
많은 질병의 징후가 되었다. 바이러스와 세균 감염을 치료할 때 유
전자 분석을 통한다면 더 쉽게 질병을 진단할 수 있다. 여러 증상이
나타난 경우 특정 유전 정보를 알면 훨씬 더 정확하게 진단할 수 있
다. 2019년 11월 당시 영국 보건장관 매트 핸콕은 국립의료원에서
태어난 모든 아기의 유전자 배열순서를 해독할 계획이며, 먼저 시

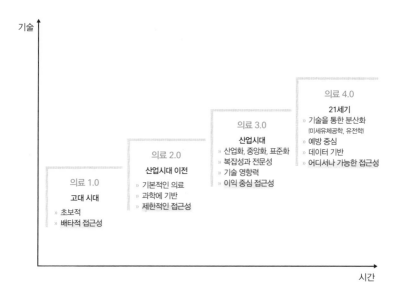

기술

의료 1.0
고대 시대
» 초보적
» 배타적 접근성

의료 2.0
산업시대 이전
» 기본적인 의료
» 과학에 기반
» 제한적인 접근성

의료 3.0
산업시대
» 산업화, 중앙화, 표준화
» 복잡성과 전문성
» 기술 영향력
» 이익 중심 접근성

의료 4.0
21세기
» 기술을 통한 분산화
(미세유체공학, 유전학)
» 예방 중심
» 데이터 기반
» 어디서나 가능한 접근성

시간

컴퓨터로 인해 의료 혁명이 가속화되었다.

범적으로 2만 명의 아이를 대상으로 시행할 것이라고 발표했다. 핸콕은 이 계획을 '유전 혁명'이라고 부르면서 전체 유전체 해독과 유전학이 모든 아이가 '예측적, 예방적, 맞춤식 의료서비스'를 받는 데 커다란 역할을 할 것이라고 약속했다.

중국, 일본, 한국과 같은 국가들은 국민의 미래 건강을 위한 기본 데이터를 얻기 위해 모든 유아의 유전체 염기서열을 해독하는 프로그램을 이미 시작했다. 유전자 분석 비용은 10년 전보다 1만 배 더 낮아졌으며, 지금도 계속 낮아지고 있다.

인간 유전체 염기서열 분석

앞으로 증상과 유전적 특성의 관계를 파악할 수 있게 되면 유전자 염기서열 분석은 진단 능력을 획기적으로 발전시킬 것이다. 결국 유전체를 통해 질병을 정확하게 진단하며 제거하는 유전자치료가 가능해질 것이다.

두 번째 획기적인 변화는 진단, 데이터 수집, 모델링 기술 분야다. 컴퓨터 이미징, 미세유체공학, 레이저 간섭측정, 모델링 기법과 인공지능이 결합되면서 진단 능력에 혁명이 일어날 것이다. 논쟁을 불러일으킨 의료 기술 스타트업 테라노스Theranos는 미세유체공학 진단 기술을 상용화하는 데 결국 실패했지만, HP와 같은 기업들은 혈액과 관련된 다양한 질병을 실시간으로 즉시 진단할 수 있는 소형 기기를 연구하고 있다. 계속적으로 발전하는 데이터와 컴퓨터 모델링 덕분에 박테리아, 장내 미생물, 플라그, 독소가 다양한 질병에 작용하는 역할을 이해하기 시작했다. 진단 능력은 무어의 법칙Moore's law(마이크로칩의 저장용량이 2년마다 두 배로 증가한다는 법칙)에 따라 급속하게 발전해왔다. 컴퓨터의 연산 능력이 발전하면서 의학 연구에서 계속 획기적인 돌파구가 열렸다.

근본적인 변화를 겪고 있는 세 번째 의료 분야는 치료 접근방법이다. 유전자 분석, 정기적이고 저렴한 혈액 분석, 인체 표면과 내부에 장착한 센서와 이런 데이터를 통합하는 인공지능이 통합되면서 의료서비스의 초점은 주로 예방적 접근으로 옮아갈 것이다. 증상 발현을 기다릴 필요가 없을 것이다. 실제로 10년 이내에 스마트

테크노소셜리즘

폰과 같은 기기가 미리 병에 걸릴 시기를 알려줄 것이다. 새로운 건강 문제가 등장할 때 문제가 되는 단백질 유전자를 활성화 또는 비활성화하는 유전자치료를 통해 DNA의 심각한 문제를 제거하고, 아울러 질병 발현을 예방하기 위해 신체 시스템을 이용해 항체와 필요한 단백질을 만들 것이다. 암이나 심각한 바이러스 감염처럼 개입이 필요할 경우 개인의 유전체(이를 약물유전체학이라고 한다)와 암 또는 바이러스의 유전체에 기반한 개인 맞춤식 약품을 만들 수 있을 것이다. 맞춤 의약품 시대는 오늘날 우리가 약국에서 보는 대량 생산방식의 특허 의약품과는 매우 다를 것이다.

오늘날 많은 기술은 그 비용이 극히 높아 지난 20~30년 동안 의료비를 증가시켰다. 하지만 이제 인공지능 덕분에 개인의 신체 반응과 가장 효과적인 치료법을 훨씬 더 잘 파악함에 따라 진단과 치료 비용이 급속히 낮아질 것이다. 액센추어의 연구는 의료 분야에서 인공지능을 통해 2026년까지 미국에서만 매년 1,500억 달러를 절감할 것이라고 밝혔다. 우리는 다음과 같은 다양한 기술을 이용하여 치료비를 대폭 낮추고 진단 능력을 개선할 것이다.

- **가상 및 증강현실 기술** 증강현실 안경을 착용한 외과의사가 척추, 심장, 암 수술의 정확성을 개선하고 가상현실 기술을 외상후스트레스장애PSTD, 스트레스, 정신질환의 대안적 치료법으로 사용한다.
- **로봇공학** 로봇 수술과 로봇 지원 수술, 병동을 돌아다니며 처방약물을 제공하고 환자를 점검하는 간호지원 원격 로봇이 활성

화된다.

- **착용형 또는 섭취형 센서** 시계 형태로 착용할 수 있는 심박동 센서는 이미 이상 심장질환을 감지해 생명을 살리고 있다. 아울러 섭취형 센서는 혈압, 혈당수치를 추적하고 인슐린을 조절하며, 실시간 건강 데이터가 인공지능 진단시스템과 결합하면 치료비 절감과 조기 진단 개선에 큰 성과가 있을 것이다.

- **원격의료 관리** 〈미국 응급의학 저널〉의 연구에 따르면 원격의료를 통해 환자가 응급실을 방문하지 않으면 방문 1회당 1,500달러 이상을 절감할 수 있다. 스마트 생태계 속에서 개인 헬스 앱을 이용해 원격의료 상담을 이용할지 응급실로 갈지 여부를 결정하게 되면 시스템의 효율성이 엄청나게 개선될 것이다.

- **인공지능을 이용한 진단** 다양한 분야에서 인공지능이 이미 인간과 똑같은 수준으로 진단업무를 수행하고 있다. 머지않아 인공지능이 훨씬 더 높은 수준의 정확도를 보일 것이다. 25개의 인공지능 진단을 분석한 〈랜싯 디지털 건강Lancet Digital Health〉에 따르면, 기계학습이 인간 의료전문가보다 똑같거나 더 정확히 진단했다. 구체적으로 말하면, 심층 학습 알고리즘은 93%, 이에 비해 인간은 91%의 정확도를 보였다.

- **휴대용 의료 진단기기** 구글에서 분사한 베릴리Verily의 획기적인 제품에서부터 덱스터DxtER 의료 진단기기에 이르기까지 우리는 휴대용 컴퓨팅 능력과 센서의 발전으로 효과적 진단기기에 한 걸음 다가서고 있다. 이런 휴대용 진단기기는 유전체, 가족병력, 실시간 센서 데이터를 이용해 수백 가지의 건강 상태를 진단할

수 있다.

- **3D 바이오프린팅** 2030년대 말까지 3D 바이오프린팅을 통해 장기를 교체하고 기형 교정을 늘리고, 향후 장기 기능도 확대할 수 있을 것이다. 이미 3D 프린팅으로 방광, 식도, 신장을 만드는 데 성공했으며 안면 복원 수술에도 3D 프린팅을 이용하고 있다. 2020년 공학자들은 3D프린트만으로 외과 의사들이 연습용으로 사용할 수 있는 심장 모델을 최초로 만들었다. 2020년대 말에는 심장, 간과 같은 복잡한 기관에 필요한 미세한 맥관 구조에도 도전할 수 있을 것이다.

- **나노기술** 2030년에서 2050년까지 의료용 나노로봇을 실험하고 충분히 이용할 수 있을 것이다. 작고 미시적인 나노로봇은 인체 내부에서 질병을 치료할 수 있다. 실험적인 나노로봇들이 이미 특정 신체 부위에 약물을 매우 정확하게 전달할 수 있다. 이를테면 항암제를 종양에 전달할 수 있다. 2050년에는 나노로봇이 손상된 세포를 고치고. 부러진 뼈, 찢어진 근육, 손상된 혈관 등을 실시간으로 회복시킬 수 있을 것이다.

치료 변동성과 치료 시간의 감소를 통해 의료서비스의 전반적 비용효과성이 가장 많이 개선될 것이다. 현재 미국에서 일부 수술의 경우 전체 비용의 30%가 단 1%의 환자에 의해 발생하고 있다. 인공지능을 이용한 진단은 딥러닝이 오류 비율을 크게 줄이고 암, 심장혈관 영상에 관한 진단, 초음파 심장 영상 분석과 같은 기본적인 업무에서 95%의 의사들보다 더 나은 성과를 낼 수 있음을 이미 보여주고 있다. 또한 의료 데이터 공유를 통해 훨씬 더 정확한 병력 파악이 가능해져 불필요한 수술과 잘못된 양성 결과가 감소할 것이다. 생식세포 상태에 기반하여 치료법을 찾는 능력은 역사적 유전학과 결합할 경우 바이러스나 세균 감염에 기반하는 것에 비해 훨씬 정확해질 것이다.

> "의료자원은 다양한 형태로 낭비된다. 한 가지 분명한 원인은 잘못된 치료법이다. 낭비를 줄이는 방법은 임상적으로 가치가 없는 치료법이나 의료서비스에 지출하지 않는 것이다."
>
> 하버드대학교 교수, 데이비드 커틀러

2030년대 국가 의료서비스를 획기적으로 최적화할 가능성을 살펴보자면, 우리는 데이터 중심으로 인공지능에 의해 작동되는 국가 보건관리 체계를 만들 수 있을 것이다. 사람들은 더 오랫동안 더 건강한 삶을 누리며, 질병 관리와 대규모 의약품 생산보다 예방적 의료가 일차적인 의료 관리 방식이 될 것이다. 건강보험은 구독방식의 건강관리 서비스로 대체되고 각자의 유전체와 의료 데이터 공유를 통해 다양한 수준의 의료가 제공될 것이다.

현재 모델에서 의료비는 GDP 증가율보다 더 높은 매년 0.8% 증가할 것으로 예상된다. 코로나19 이전인 2000~2019년 시기에 미국의 의료비 지출 증가율은 매년 5.6%였다. 정부 지출 축소는 해답이 아니다. 국립보건원(NIH) 자료에 따르면, 정부의 행정관리비용은 고작 연간 의료비 지출의 3.86%를 차지할 뿐이다. 하지만 기

——— 테크노소셜리즘

술 중심의 개혁을 통해 의료비가 낮아질 가능성이 크다.

2030년대 말 2040년대 초 국가 의료 데이터 체계를 중앙에 집중하는 국가들은 시민 1인당 의료비가 지금의 절반 수준이 될 가능성이 크다. 이러한 결과는 다음 메커니즘을 통해 가능할 것이다.

1. 만성질환을 위한 유전자치료(연간 총치료비의 18~30% 감소)

2. 행정관리업무의 자동화(10~15% 절감)

3. 반복 업무 · 진단에 인공지능 활용(20~60% 절감)

4. 더 나은 표적 치료와 맞춤형 약물(효과성 20~30% 증가)

5. 예방적 · 조기 치료 개선(전체적인 비용 30~40% 감소)

6. 비만 관련 질병 감소(잠재적 절감 비용 450~1.7조 달러(2018년 기준))

7. 더 나은 만성질환 치료관리(메디케어Medicare 비용만 20~30% 감소)

가장 발전한 스마트국가에서는 기술 기반 의료 개혁으로 의료비가 더 이상 증가하지 않을 것이다. 사실, 일단 이런 핵심 기술과 시스템에 대한 투자가 이루어지면 국가 데이터 풀과 민간 의료관리 서비스가 결합하면 국가 차원의 의료비가 매년 30~50% 낮아지고, 계속 효율성이 대폭 올라갈 것이다.

이 덕분에 21세기의 최대 도전과제인 노화 문제에 도전할 수 있을 것이다. 2040년 최초로 노화를 정지시키고 연령 관련 건강 문제를 해결할 수 있는 '장수 탈출 속도'에 도달할 것으로 추정된다. 2015년 유전학자와 과학자로 구성된 국제연구팀은 〈이제 생물학적 노화를 질병으로 분류할 때〉라는 제목의 논문을 썼다. 그들은 역사적으로 노화를 자연적인 과정으로 보았지만 지난 20년 동안의 과학적 연구는 노화라는 자연적인 과정을 늦추거나 되돌릴 수 있다는 점을 보여주었다. 이제부터 노화는 임상적으로 결국 예방하거나 관리할 수 있는 대상으로 취급될 것이다.

이에 대한 확증으로 2018년 세계보건기구는 국제 질병분류 데이터베이스에 노화 관련 질병을 "노년에 유기체의 적응과 발전 능력이 계속 사라지는 병리학적 과정에 의해 발생하는 질병"으로 정의하는 세부적인 확장 코드를 추가했다. 우리는 장수 요법의 영향과 노화 종식에 관해 책 한 권을 쓸 수도 있지만 여기에서는 이 정도만 언급하고자 한다. 장수의 사회적 측면을 탐구할 필요가 있다.

특정 서비스, 예컨대 생명 연장 치료 분야의 경우 불평등이 큰 영향을 미칠 것으로 예상된다. 이를테면, 부자들이 먼저 이런 값비싼 치료법을 이용하거나 가정에서 진단을 받거나, 드론을 활용한 맞춤식 의약품, 바이오프린팅bioprinting(세포를 적층하여 조직을 만드는 기술)을 이용한 대체 장기 등을 배송받을 것이다. 하지만 전반적인 의료시스템 변화를 통해 일차적으로는 아주 저렴한 비용으로 시민의 건강을 관리하는 역량이 확보될 것이며 이에 대한 증거도 명확해 보인다. 의료 분야 전반에 기술 혁신이 도입되면 의료비용이 급격하게 낮아질 것으로 보인다.

OECD 국가 전체에서 GDP 대비 국가 의료비 비율이 1975년부터 계속 상승했다. 2030년이 되면 이 상승세가 꺾이고 2040년에는 확실히 감소할 것으로 보인다.

Aubrey de Grey
@aubreydegrey

2036년에 장수 탈출 속도에 도달할 확률은 50% 정도 될 것이다. 이 시점질병으로 인한 사망 극복 시기) 이후 최신 회춘 치료를 정기적으로 받는 사람들은 어떤 연령에서도 노화 관련 질병에 걸리지 않을 것이다.

3:29 AM · Mar 15, 2021 · Twitter Web App

세계 최고의 장수 과학자 오브리 드 그레이는 2036년을 노화에서 탈출하는 원년으로 예상했다.

출처: Twitter@aubreydegrey

테크노소셜리즘은 효율적 사업이다

궁극적으로 이런 추세의 핵심은 단순한 경제적 논리다. 1980~ 2010년대 여러 선진국은 민간 의료, 사립 교육, 금융 시스템이 활성화되어 부자들에게 엄청난 성공을 제공했지만 사회계층 전반은 명백한 실패를 겪었다. 이를 통해 우리는 자유시장이 경제적 위치에 따라 양극화를 심화하는 경향이 있다는 것을 깨닫게 되었다. 이런 양극화는 경제의 핵심 목적과 인류 전체의 철학적 목적에 상충되는 것이다.

우리 시대의 가장 큰 사회 문제, 이를테면 교육, 의료, 금융 포용성과 노숙인 문제는 기술적, 전략적 해결책을 통해 향후 20년 이내에 아주 저렴한 비용으로 해결될 수 있고 시민들의 기본적 필요를 충족시킬 수 있을 것이다. 2020년대 후반기에는 우리가 한때 사회주의자라고 불렀던 정치인들이 국가가 대규모 데이터와 인공지능에 기반한 대규모 시스템을 활용하여 사회 문제를 해결할 수 있다고 당당하게 주장하게 될 것이다. 대다수 사람들이 이런 해결책이 추가 세금 부담 없이 실현 가능하다고 믿게 되면, 틀림없이 더 많은 사회주의적 정책에 대한 저항이 줄어들 것이다.

보편적 의료와 노숙인 주택 제공 관련해서는 인센티브도 없고 효과적이지도 않은 민간 시장보다 테크노소셜리즘 원리에 맡기는 것이 훨씬 더 비용효과가 높을 것이다. 2035년에는 많은 사람이 한결 더 쉽게 교육에 접근하고, 훨씬 고품질의 교육을 이용할 수 있을 것이다. 궁극적으로 기술 덕분에 이런 기본적인 서비스의 1인당 공급 비용이 지금보다 대폭 낮아질 것이다.

자동화가 고용에 영향을 미침에 따라, 의료 파산, 민간 의료 접근성 감소, 기본적인 주거, 교육 및 식량에 대한 접근성에 어려움이 발생할 가능성이 매우 커질 것이다. 사회적 폭동을 완화하려면 국가는 이런 서비스를 경제 생산의 기본 요소로 간주하고 국민 모두에게 제공하려고 노력해야 할 것이다. 정부가 의료, 주거, 교육과 같은 기본 서비스를 매우 저렴한 비용으로 제공하기 위해 자유시장에 맡기기보다 직접 나서서 기술 혁신에 투자할 수 있다는 점에서 정부가 이런 기본적인 문제를 해결하지 못하면 국민으로부터 점차 외면받게 될 것이다.

정부가 불평등을 해결하기 위한 정책을 개발하지 않는 상황을 국민이 그냥 받아들일 가능성은 점차 낮아질 것이다. 인터넷 덕분에 사회가 투명해지면서 정보가 훨씬 더 잘 전달되고 시민의 참여가 크게 증가했다. 국가가 이런 기본적인 서비스를 경제의 한 요소로 포함하지 않는다면 혁명의 가능성을 계속 안고 가는 셈이다.

PART 7

위험을 완화하는 혁명

"빈곤은 혁명과 범죄의 온상이다."

고대 그리스 철학자, 아리스토텔레스

최근 들어 홍콩, 이라크, 칠레, 뉴욕, 런던, 모스크바, 시드니 등 세계 곳곳에서 시위대가 거리에서 정부에 항의하며 집회를 벌였다. 이것은 추세일까? 아니면 이례적인 현상일까? 대규모 저항의 역사가 있긴 하지만 대중의 시위는 대체로 현대적 현상이다.

2014년 전 세계 항의 시위의 강도

SNS로 전파되는 혁명

일반적인 생각과 반대로, 아랍의 봄은 아랍지역이나 이집트가 아니라 지중해와 사하라 사막에 인접한 튀니지에서 시작되었다. 튀니지는 한동안 여러 차례 갈등을 겪었고 결국 시위로 이어졌다. 이 시위는 그 후 알제리, 요르단, 이집트, 예멘으로 이어져 이른바 아랍의 봄이 일어났다. 이런 시위의 공통점은 일종의 혼란스러운 집단주의였다. 운동의 중앙 지도부가 존재하지 않았고 그저 불만이 널리 퍼져 있었을 뿐이었다. 초기 시위는 집회, 연좌 농성으로 시작되었고, 그 후 폭력, 사망, 부상, 체포로 격화되었다.

튀니지의 한 도시 시디부지드에서 초기 시위가 급속히 격화된 것

────── 테크노소셜리즘

은 노점상인 타리크 알타이브 무함마드 부아지지가 2010년 12월 17일 분신자살한 것이 중요한 이유였다. '바스보사Basboosa'로 알려진 부아지지는 오랫동안 지역 경찰과 시 공무원으로부터 집중적으로 괴롭힘을 당한 것 같다. 죽기 전날, 그는 법적으로 잘못한 것이 없는데도 허가를 받지 않았다며 뇌물을 요구하는 경찰로부터 괴롭힘을 당했다.

몇 분 뒤 45세의 여성 시 공무원 파이다 함디가 나타나 '벌금'을 내지 않는다는 이유로 그의 물건을 압수하고, 손수레를 내던지고, 얼굴을 때리고 욕설을 퍼부었다. 경찰에 압수된 그의 물건은 전날 200달러의 빚(1개월 임금에 해당)을 내 구입한 것이었다. 그는 즉시 시청으로 가서 항의하고 물건을 돌려달라고 요구했다. 그는 상급 관리자와의 면담이 거부당하자 "나를 만나주지 않으면 분신하겠다"라고 말했다.

그는 그곳을 나와 석유 한 통을 사서 시청으로 다시 돌아갔다. 그는 시청 앞 도로 한가운데 서서 이렇게 외쳤다. "도대체 어떻게 먹고살라는 말인가?" 그는 기름을 몸에 붓고 성냥불을 그어 몸에 불을 붙였다. 오전 11시 30분이었다. 경찰과 실랑이를 벌인 지 정확히 1시간 뒤였다.

몇 시간이 지난 후 시위가 시작되었다. 아랍의 봄은 튀니지에서 리비아, 이집트, 예멘, 시리아, 바레인으로 확산되었고, 대규모 반정부 시위와 폭동이 발생했다. 모로코, 이라크, 알제리, 이란, 레바논, 요르단, 쿠웨이트, 오만, 수단에서 추가로 발생한 가두시위는 2012년까지 이어졌다. 2011년 이집트 혁명의 절정기 때 인터넷과 소셜 미디어가 정보 확산에 큰 역할을 했다. 30년간 이집트 대통령이자 통치자였던 호스니 무바라크는 그의 통치에 반대하는 세력들을 동원하는 인터넷과 소셜 미디어의 힘에 크게 위협을 느껴 인터넷을 폐쇄했다.

일 년이 지나지 않아 이 시위는 전 세계로 퍼졌고, 2011년 9월 '월가를 점령하라' 운동이 뉴욕시 주코티 공원을 점거했다. 주코티 공원 점거자들은 다양한 의제를 갖고 있었지만 사회적, 경제적 불평등이 감당하지 못할 수준이라는 점에 모두 동의했다. 이 운동의 참여자 중 65%가 35세 이하였고 26.7%는 학교나 대학에 등록한 사람들이었다. 보수적인 뉴스매체들이 젊은 사람들을 불만이 많은 고삐 풀린 대학생들이라고 했지만, 사실 대다수는 2008년 세계 금융 위기에 큰 타격을 받은 전문직 종사자들이었다. 하지만 그들은 분명히 분노했고 두려움에 사로잡혔다.

홍콩 시위는 젊은 사람들의 분노와 실망을 더 확실하게 보여주었다. 의회에 발의된 범죄인 본국 송환법이 대형 화재를 일으키는 성냥불 역할을 했지만, 그 연료는 수십 년 동안 이어진 불평등의 가속화와 생활비 상승이었다. 지난 십 년 동안 홍콩의 부동산 가격은 세계 최고였다. 홍콩에서 보통 크기의 아파트에 거주하는 외국인들의 한 달 주거비는 평균 1만 달러 이상이다. 침실 한 개짜리 아파트에 사는 현지인들의 평균 한 달 주거비는 대략 2,200달러다. 홍콩에서 작은 37.1㎡ 아파트를 구입하는 돈이면 프랑스에서 대저택을 사거나 이탈리아에서 성을 살 수 있다. 부동산 가격이 대단히 비싼 시드니와 도쿄에서조차 같은 돈으로 규모가 두 배인 침실 두 개짜리를

———— 테크노소셜리즘

얻을 수 있다. 앞으로 중국에 반환된 홍콩에서 태어난 아이들은 자기 집을 소유할 기회를 갖기 힘들 것이다.

홍콩에서 논란이 많은 본국 송환법안이 법률로 제정되기 전까지 2019년 3월부터 시작된 시위가 1년 이상 중단 없이 지속되었다. 이 기간에 4,000명 이상이 체포되었고 최악의 충돌 시기에는 하루에 1,500회 이상 최루탄이 발사되었다고 보도되었다. 원래 이 시위대는 중국 정부의 지시하에 홍콩 입법부가 추진한 범죄인 본국 송환 법안에 초점을 맞추었다. 2019년 6월 9일 백만 명 이상의 시위자(인구의 약 7분의 1)가 발의된 법안에 반대를 표명했다. 시위가 악화되면서 벽돌, 유리병, 우산을 경찰에게 던졌고, 경찰은 최루 스프레이, 곤봉, 최루가스로 맞섰다. 공격적인 경찰 대응은 일주일 만에 200만 명의 시위자들이 거리로 나오게 만들었다.

시위가 증가하고 입법부 건물이 급습당하고 공항이 폐쇄되자, 홍콩 행정장관은 어쩔 수 없이 법안을 (비록 임시적이지만) 철회했다. 대학들은 학생과 경찰의 전쟁터가 되었고 시위자들은 총격을 당했다. 2019년 11월 24일 실시된 구의원 선거는 많은 이들이 홍콩의 미래에 대한 국민투표로 여겨졌다. 베이징에 반대하는 민주 진영 후보자가 총의석수의 90퍼센트를 차지했다.

선거가 끝난 지 이틀 뒤 베이징은 꿈쩍도 하지 않았다. 왕이 외무장관이 일본을 공식 방문할 당시 기자회견에서 다음과 같이 발표했다. "어떤 일이 있더라도 홍콩은 항상 중국의 일부이며 홍콩을 혼란에 빠뜨리거나 홍콩의 번영과 안정을 위태롭게 하는 모든 시도는 성공하지 못할 것이다." 소셜 미디어는 홍콩 시위의 핵심적인 부분이었다. 홍콩 인구의 상당수가 반대했음에도 불구하고 2021년 5월 21일 홍콩 기본법 23조에 근거해 홍콩보안법이 제정되었다.

9월 23일 화창한 뉴욕, 유엔총회가 소집되어 기후행동회의Climate Action Summit가 개최되었다. 이 행사를 보도한 언론에 따르면 이날의 하이라이트는 어린 스웨덴 기후 활동가 그레타 툰베리의 연설이었다. 열정적이고 극적인 연설 후 소셜 미디어는 그의 연설로 뜨겁게 달아올랐고, 이른바 하우데어유#howdareyou 운동이 탄생했다.

기후행동회의 이전부터 그레타는 인스타그램에서 450만 명의 팔로우를 갖고 있었다. 그 이후 이 숫자는 두 배가 되었고, 머잖아 팔로우가 2,000만 명이 넘어갈 가능성이 있다. 하지만 더 중요한 것은 그의 연설이 기후운동가의 활동을 대부분 인스타그램과 트위터를 통한 소셜 미디어에 초점을 맞추게 했다는 점이다.

2019년 수단, 알제리, 볼리비아에서 시위대가 성공을 거둔 후 장기 집권한 대통령들이 권좌에서 물러났고, 반면 레바논과 이라크의 통치자들은 스스로 사임했다. 이란, 인도, 홍콩의 폭력적인 소요 사태는 12월까지 이어졌고 2020년 초까지 계속되었다.

2021년 1월 6일 트럼프 대통령 지지자들은 미국 국회의사당 건물을 급습해 선거 결과는 뒤집혀야 하고, 또 선거인단 투표를 중지하라는 트럼프의 요구를 지지하지 않았다는 이유로 마이크 펜스 부통령을 교수형에 처해야 한다고 요구했다. 또한 민주당 의원 낸시 펠로시와 척 슈머를 국가반역죄로 체포할 것을 주장했다. 이 폭동으로 5명이 사망하고, 138명의 경찰관이 다쳤다. 또한 최소 15명의 경찰관이 병원에 입원했고 일부는 심각한 부상을 당했다. 경찰관한 명은 실명했고 또 다른 경찰관은 갈비뼈가 부러졌고, 두 명은 척추가 골절되었다. 일부 경찰관들은 납으로 만든 파이프와 다른 무기에 맞아 뇌가 손상되었다. 국회의사당의 물적 피해는 3,000만 달러가 넘었다.

지난 20년 동안 상대적으로 안정적인 지정학 시기 이후 세계적으로 행동주의와 시위가 급증했다. 아랍의 봄 때문에 전 세계 시위 활동이 25% 증가한 것으로 나타난다. 2010년대 중반에 안정을 되찾는 것처럼 보였지만 포퓰리즘 운동과 기후 운동을 중심으로 시위가 다시 폭증했다. 이것은 시민들의 시위가 소셜 미디어와 인터넷 뉴스매체에 대한 접근성에 힘입어 역대 어느 시기보다 세계 정치에 더 큰 역할을 하고 있다는 것을 보여준다.

많은 사람들이 포퓰리즘 운동은 대체로 전통적인 정치 이데올로기와 정치구조에 대한 항의에서 비롯되었다고 주장했다. 하지만 앞으로 기후변화와 인공지능이 점차 강력해지면서, 포퓰리즘 운동은 시민에게 좌절감을 안겨 준 정치 시스템과 더 큰 공익을 위한 행동으로 이어지지 못하는 리더에 대한 분노에 기반하게 될 것이다.

오늘날 우리가 목격하는 이 거대한 분노는 분명히 세계적 차원이며 부패, 인종차별주의, 반엘리트주의, 그리고 여러 지역적 이슈가 유발인자로 작용하고 있지만 나아가 여러 운동의 핵심 내용은 경제 계층 전반의 사회적, 경제적 자유에 대한 요구다.

지난 20년 동안 시위 빈도는 두 배 이상 늘었고, 전체 참여 군중 기준으로는 대략 1,000% 증가했다. 21세기의 시위는 확실히 보다 세계적인 성격을 띠며, 1960년대 베트남전과 미국의 민권 이슈가 광범위한 시민 행동을 유발한 것과 비교할 때 시위를 유발하는 사건들이 더 많다. 지난 20년 동안 모든 시위가 반정부 성격을 띤 것은 아니지만 반정부 정서에 기인한 시위가 매년 평균 11.5% 증가했다. 더 넓은 관점에서 보면 '아랍의 봄'과 '월가를 점령하라' 운동은 고립된 운동이 아니었다. 이 운동들을 출발점으로 시위를 불만 표출의 도구로 더 많이 이용하는 것이 활발해졌고, 이 모두가 소셜 미디어 덕분에 가능했다.

오늘날 사회의 위기는 이런 시위가 단순히 정치적 변화가 아니라 역사상의 혁명적 변동 시기의 모습과 닮아간다는 점이다. 또한 전 세계적으로 대중적 시위가 수십 년 동안 증가했음에도 불구하고 정책에 실질적인 영향을 미치지 못하고 있다. 이런 시위의 빈도와 지지 세력이 더 많아지면 정치 시스템이 바뀔 가능성이 더 커진다. 트럼프의 포퓰리즘과 영국의 브렉시트는 이에 대한 좋은 사례다.

혁명적 변화는 인류에게 새로운 것이 아니다. 우리는 이미 월가 시위와 그 외 다른 포퓰리즘 운동들이 1960년대와 1970년대에 일어난 시위보다 얼마나 더 빨리, 더 극적으로 확산될 수 있는지 확인했다. 기술은 점차 불만을 가진 대중을 끌어모으는 요인이 되고 있다. 밀레니얼 세대가 정치에 참여하기 시작하면서 그들은 소셜 미디어, 인플루엔서, 인터넷과 같은 기술을 이용하여 정책 변화를 위한 지지 세력을 확대할 것이다. 하지만 요즘 같은 시대에 혁명적 변화가 정말 가능할까? 혁명은 역사적인 유물이 아닐까? 과거에 혁명을 초래한 요인이 무엇인지 살펴보자.

연도별 시위참여자 세계 전체

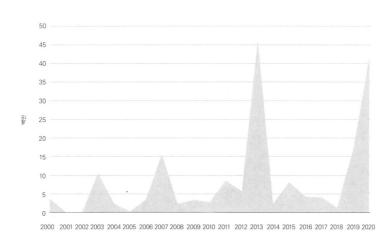

전 세계의 반정부 시위

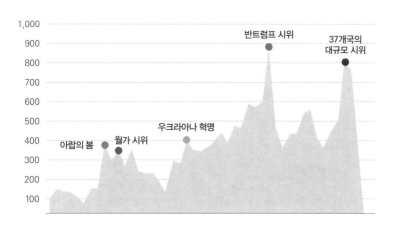

최근 수십 년 동안 시위 규모와 빈도가 증가했다.

출처: GDELT, 위키디피아, 기타

"혁명은 많은 영역의 질서가 한꺼번에 무너지면서 발생하는 복잡한 과정이다. 사회적 균형을 불안전하게 만드는 다섯 가지 요인이 있다. 국가 경제 또는 재정 압박, 지배계층의 분열과 반목, 불의에 대한 폭넓은 대중적 분노, 설득력 있게 공유되는 저항 열기, 우호적인 국제관계가 그것이다. 혁명의 원인으로는 구조적 원인과 일시적 원인이 있다. 구조적 원인은 기존 사회제도와 관계를 허물어뜨리는 장기적이고 대규모적 추세다. 일시적 원인은 특정 개인이나 집단에 의한 우발적인 사건이나 행동으로, 장기적 추세에 영향을 주고 혁명적 반대 세력이 추가 행동에 나서도록 충격을 준다."

잭 A. 골드스톤의 《혁명의 원인What caused Revolution》 (2013)

그는 우리보다 더 잘 지적했다. 역사적으로 보면 혁명이 발생해 극적인 정치적 변화로 이어지기 전에 다음과 같은 포괄적인 내용이 공통적으로 나타났다.

1. 극단적인 경제적 불평등 또는 경제적 압박
2. 부유층에 대한 불만과 지배계층 간의 갈등
3. 특히 불의에 대한 대중적인 분노 증가
4. 현재 상태에 대한 저항 증가
5. 국제적 연결과 협력

위 항목을 체크해보면 우리는 분명히 곤경에 처해 있다. 우선 경제적 불확실성이다. 불의에 대한 분노를 해결하려면 사회가 성숙하고 발전하기 위한 장기적인 사회개혁이 필요하다. 국제적 연결은

—— 테크노소셜리즘

기후변화 영향에 대처할 때에도 핵심적인 역할을 할 것이다. 불평등과 정치적 지배계층에 대한 불만은 점점 양극화되는 정치적 이데올로기, 특히 경제 문제에 대한 해결방식과 함께 분열의 원인이다. 하지만 어느 순간 대중은 조기 선거를 요구하고 국가무역 편중을 해결하려는 노력이 소용없다는 걸 깨닫게 될 것이다. 설령 그런 경제 성장이 가능하다 해도 대부분 실질임금 증가나 더 나은 삶으로 이어지지 않는다. 중산층은 계속 줄어들고, 가난하거나 불만을 가진 사람들은 늘어난다. 세계 금융 위기와 코로나19 팬데믹의 경제적 영향은 지속되고 있다.

극심한 좌절 속에서 분노를 표출할 위험은 매우 현실적으로 나타나고 있다. 소셜 미디어에서는 이미 험악하고 격노한 분열적인 힘들이 계속 재생산되고 파급되면서 사회분열을 위협하고, 시위 규모와 빈도가 증가하고 있다. 이런 좌절감은 대중들의 집단행동을 촉발하여 최근 몇 년 동안 여러 통치자가 사임할 수밖에 없었다. 선진 민주주의 국가에서는 이런 일이 일어날 수 없다고 생각하는가? 2021년 '미국 국회의사당 습격'은 세계적 차원의 격화된 시위가 가장 '민주적인' 사회에서도 일어날 수 있음을 입증했다.

이제 자동화의 증가와 기후변화의 영향으로 발생하는 대규모 실업을 살펴보자. 참고로 기후변화는 기후 난민의 급증, 농작물과 농경지의 황폐화, 해변 도시에서 매년 발생하는 100년 주기의 홍수, 매년 발생하는 산불, 주요 생태계(산호초와 열대우림) 파괴, 식량부족 등의 요인이다. 우리는 이런 세계적인 시위 추세가 점점 더 악화될 것임을 분명히 인식해야 한다. 앞으로 상당히 더 심각해질 것이다.

혁명을 막는 유일한 방법은 소셜 미디어와 가짜뉴스가 조장한 광범위한 분노와 관련된 근본적인 문제를 해결하는 것이다. 우리는 빨리 불평등을 줄이고 사회적 포용성을 확보하고, 자동화가 고용에 미치는 영향을 완화하는 전략을 개발해야 한다. 광범위한 시민들의 불만에 대해 선거 때마다 임시처방을 내놓는 것이 아니라 그 원인을 해결해야 한다. 정책, 요구사항, 통치 역량 간의 격차가 줄어드는 것이 아니라 점점 커지고 있는 것 같다. 우리는 이런 위험을 완화해야 한다. 그렇지 않으면 21세기 역사책에 혁명에 관한 내용이 들어 있을지도 모른다.

│ 보편적 기본소득에 대한 옹호 │

호주 사람들은 일하지 않고 정부 지원으로 먹고사는 사람을 "게으른 실업보험 생활자"라고 부른다. 미국에서는 "정부의 젖꼭지를 빨고 사는" 사람들이라 칭하며 복지 여왕, 복지 기생충, 부랑자, 거머리, 무임승차자, 복지생활자로 표현하는 걸 들어보았을 것이다. 영국에서는 이들을 "실업보험으로 먹고사는 게으른 구두쇠"라고 표현하고 스코틀랜드에서는 "실업보험으로 사는 사람" 정도로 부른다, 복지 혜택을 받는 것은 일반적으로 부정적인 인상이 강하며 아울러 실업자라는 사회적 낙인도 찍힌다.

이런 사정 탓에 UBI와 같은 보편적 복지 또는 기본적인 자산 지원 혜택과 같은 개념은 언뜻 받아들이기 힘들다. 실업 상태가 되기 전까지 그렇다. 이를테면 인공지능이 당신의 일자리를 빼앗고 당장 끼니를 때울 음식이 없거나 집세를 낼 돈이 없다고 생각해보라. 팬데믹이 닥쳐오기 전까지는 이 UBI는 분명 낯선 개념이었다.

맥킨지 글로벌 연구소는 2017년 보고서에서 2030년에 7,300만 개의 일자리가 사라질 것으로 추정했다. 이 보고서는 또한 사라진 일자리 중 약 2,000만 개가 재교육과 새로운 기술 교육으로 회복될 수 있다고 예상했다. 2019년 브루킹스 연구소의 보고서는 미국의 일자리 중 최소 25%, 특히 "지루하고 반복적인" 일자리가 자동화에 타격을 받을 가능성이 있다고 보았다. 프라이스워터하우스쿠퍼스(PWC)는 향후 15년 동안 모든 일자리의 38%가 자동화로 사라질 것으로 추정했다.

옥스퍼드대는 2013년 훨씬 더 광범위한 연구를 수행한 뒤 미국과 같은 시장들은 자동화로 인해 일자리의 47%를 잃게 될 것이라고 결론을 내렸다. 2018년에 다시 수행된 이 연구는 미국 노동력의 약 97%를 차지하는 700개 이상의 직업군을 조사했다. 조사 전문가 패널에 기계학습 전문가를 포함시켜 알고리즘이 700개 직업군에 미치는 영향을 평가하는 연구였다. 5년 뒤 똑같은 연구자들이 기계와 딥 러닝이 고도로 발전했을 때 인공지능에 의한 실업 발생 가능성을 평가했다.

향후 20년 동안 전통적인 직업이 사라지고 아울러 임금이 정체되고 생활비가 꾸준히 올라갈 경우 사회적 안전망 또는 완충장치가 반드시 필요하다. 대량실업으로 혁명이 발생할 때까지 그저 기다릴 것인가? 아니면 최악의 충격을 완화하는 시스템을 만들 것인가? 결정은 우리에게 달려 있다.

자본주의는 스스로 문제를 해결할까?

완고한 자본주의자들은 자본주의가 당면한 문제를 대부분 해결할 수 있다고 주장할 것이다. 하지만 자본주의는 스스로 불평등을 해결하지도 못할 뿐더러, 주주 이익 중심의 시장은 전 세계에서 시위를 초래한 사회적 문제를 해결할 동기도 없다. 아울러 자유시장은 전 세계적인 불평등을 심화하는 정책에 대해 아무런 문제도 느끼지 못한다.

자유시장이 불평등과 기후변화를 해결할 것이라고 주장하는 자본주의자들이 간과하는 가장 큰 문제는 자본주의가 지금까지 이런 문제를 형편없이 관리했다는 점이다. 물론 재생에너지가 화석연료보다 싸다면 투자자들은 에너지 인프라를 다시 구축하는 데 투자할지도 모른다. 하지만 따지고 보면 "태양열과 풍력이 역사상 가장 값싼 에너지"임에도 불구하고 시장은 이를 거부하고 있다. 지난 세기 시장의 주체 세력들은 환경오염으로 매년 수백만 명이 죽어간다는 것을 알면서도 아무런 일도 하지 않았다. 오늘날 주변 환경의 대기오염으로 매년 700~900만 명이 뇌졸중, 심장병, 폐암, 급성 또는 만성 호흡기 질환으로 사망한다. 이 수치는 흡연과 코로나19로 인해 매년 사망하는 사람보다 더 많다.

화석연료 기업들(거대 석유기업과 석탄기업 등)과 시장은 지속적인

> **Greta Thunberg** ✔
> @GretaThunberg
>
> 변화가 가능하다고 믿는 우리를 순진하다고 생각하는 사람들이 화
> 석연료 기업들, 오염 유발 거대기업, 석유생산 국가가 모호하고 터
> 무니없는 '탄소 중립net zero' 약속을 통해 기후 문제와 생태 위기
> 를 '해결할' 것이라고 믿는 것은 우습지 않은가?
>
> 6:21 PM · Mar 24, 2021 · Twitter Web App
>
> **2,065** Retweets   **62** Quote Tweets   **12.2K** Likes

그레타 툰베리는 "자본주의가 기후
변화를 해결하리라고 생각하는 것
은 끔찍할 정도로 순진한 것 같다"
는 생각을 밝혔다.

출처: 그레타 툰베리 트위터

화석연료를 통한 수입과 이익을 위해 절박한 사회적 필요를 사사건
건 가로막았다. 진폐증을 무시하는 의사들에 대한 자금지원, 기후
변화를 부인하는 싱크탱크에 대한 지원과 타당한 기후학을 약화시
키는 홍보활동에 대한 자금 지급을 통해 자유시장은 에너지 시장
을 극적으로 재구축하는 활동을 거부해왔다. 특히 환경오염과 기후
변화의 경우 시장에서 한걸음 물러나서 에너지와 건강한 지구의 필
요성 간의 합리적인 균형을 생각하는 것이 인류의 생존을 위해 필
수라고 볼 때 이것은 말이 되지 않는다. 당신의 유일한 판단 기준이
GDP 성장이나 주주의 이익이라면, 당신은 주주 이익의 증가를 위
해 매년 900만 명이 환경오염으로 죽어도 좋다고 주상할 수 있는
가? 관련 수치를 살펴보자.

화석연료로 인한 전 세계 대기오염 비용은 하루 80억 달러 또는
대략 연간 2.9조 달러, 또는 세계 전체 경제적 생산량의 3.3%로 추
정된다. 중국, 미국, 인도는 각각 매년 9,000억 달러, 6,000억 달러,
1,500억 달러의 비용을 발생시킨다. 에너지 및 청정 대기 연구센
터(CREA)의 보고서는 미립자 오염물질로 인해 중국과 인도에 사는
180만 명을 포함해 매년 450만 명이 조기에 사망한다고 밝혔다. 이

것은 세계보건기구가 이전에 발표한 약 420만 명의 조기 사망자와 비슷하다.

산업계는 건강에 매년 2.9조 달러의 부정적 영향을 미치면서 매출액 1.2조 달러에 2,500억 달러의 이익을 창출한다. 이것은 세계 전체의 보조금을 제외한 것이며 2017년 보조금 총액은 5.2조 달러였다. 여기에는 이들 화석연료 기업에 책임이 있는 수조 달러의 부정적인 기후 영향이 포함되지도 않았다. 건강에 미치는 피해액 2.9조 달러에다 납세자의 보조금 5.2조 달러를 들여 얻는 이익이 고작 2,500억 달러라는 이야기다. 이것은 화석연료 산업 탓에 사회가 부담하는 세계 전체의 연간 손실, 즉 기회비용이 8조 달러가 넘는다는 뜻이다.

이 숫자는 말이 되지 않는다. 너무 어리석다. 사회가 부담하는 비용, 시장에 미치는 장기적 영향을 고려할 때 수익성을 기준으로 적절한 대체 시기를 결정하도록 자유시장에 맡기지 말고 무조건 하루빨리 화석연료를 대체하도록 지시해야 한다.

마찬가지로 기업들은 로봇과 자동화를 통해 생산성이 증가하여 배당금과 이익이 급격하게 늘어나기 때문에 수백만 명의 노동자가 해고되어도 불평하지 않을 것이다. 예컨대 우버가 오랫동안 기다렸던 자율주행차를 배치하고 인간 운전자를 단계적으로 축소할 것이라 발표한다고 주식시장에서 우버의 주가가 하락할까? 베이조스가 물류센터를 완전히 자동화할 것이라 발표한다고 아마존의 주가가 하락할까? 애플이 해외 공장을 미국으로 다시 이전하기로 결정했지만 로봇을 주로 이용하는 공장이어서 고용이 크게 늘지 않는다면 어떻게 될까? 시장이나 정부가 더 많은 고용을 요구하며 그 결정을 철회하라고 요구할 수 있을까?

선례에 비추어보면 자유시장은 고용조건 변화를 고려하거나 기후 영향을 줄이고 개인의 고통을 덜어주기 위해 노동력을 대체하는 등 자동화 수준을 적절하게 조정하는 일 따위를 절대 하지 않는다.

무슨 돈으로 보편적 기본소득을 지급할까?

빌 게이츠는 로봇에 세금을 부과하여 UBI 재원을 마련해야 한다고 말한다. 빌 게이츠만 이런 주장을 하는 것이 아니다. 사실 기업가들이 UBI에 찬성하는 추세가 점차 일반화되고 있다. 2020년 민주당 대통령 후보자 앤드루 양은 UBI 또는 그가 이름 붙인 '자유 배당금Free Dividend' 정책을 주장했다.

보편적 소득 개념은 2020년 미국 민주당 대통령 후보나 기업가들에게서 시작된 것이 아니다. 마틴 루서 킹 주니어, 리처드 닉슨 대통령, 경제학자 밀턴 프리드먼이 예전에 이미 UBI의 여러 버전을 주장했다. 불평등과 고용 붕괴를 해결하기 위한 기본소득을 지지한 기업가들은 다음과 같다.

- **일론 머스크**(테슬라/스페이스엑스) "앞으로 필요할 것이다."
- **제프 베이조스**(아마존) "미국 경제 또는 아마존이 미국의 정체성, 곧 고임금 일자리라는 기둥을 지탱할 수 있다는 개념을 포기했다."

- **마윈(알리바바/앤트 파이낸셜)** "보편적 기본소득이 중요한 역할을 해야 한다⋯ 기본소득이 빈곤과 실업 문제를 급격하게 감소시킬 것이다."

- **마크 저커버그(페이스북)** "우리는 모든 사람이 새로운 일을 시도할 수 있는 완충장치를 제공하기 위해 보편적 기본소득과 같은 개념을 탐구해야 한다."

- **잭 도시(트위터)** "⋯ 가장 효과적으로 부를 재분배할 수 있는 UBI 개념은 정말 매력적이다."

- **피에르 오미디아(이베이)** "아프리카에서 실험 중인 UBI 프로젝트 기브다이렉틀리GiveDirectly에 493,000달러를 기부했다."

- **레이 커즈와일(구글/싱귤레리티)** "미래에 우리는 자신이 즐기는 일을 하게 될 것이다."

- **리처드 브랜슨(버진 그룹)** "유럽과 미국은 기본소득을 도입해야 한다."

- **팀 오릴리(오릴리 미디어)** "UBI는 노동의 개념을 재정의하고, 사람들이 개인적으로 가장 보람을 느끼는 일을 할 수 있는 기회를 더 많이 제공할 것이다."

- **크리스 휴즈(페이스북)** "1950년대처럼 우리의 경제를 재편하려고 노력하는 대신⋯ 수백만 개의 일자리가 사라질 경우 우리에게 필요한 경제 형태를 고민해야 한다."

- **샘 알트만(Y 컴비네이터)** "저소득층과 중산층에게 매달 2,000달러를 지급하는 실험을 선구적으로 진행해야 한다."

- **스튜어트 버터필드(슬랙)** "⋯ 많은 액수일 필요는 없지만, 사람들에

게 아주 작은 안전망이라도 제공하면 기업가 정신이 엄청나게 발휘될 것이다."

• **앤드루 응(교세라/바이두)** "그 어느 때보다 우리는 모두의 추락을 막기 위해 기본 소득이 필요하다"

이들은 모두 엄청나게 똑똑하고 경쟁력이 뛰어난 기업가이며 사업경영자들이다. 모두 합쳐 수조 달러에 이르는 기업들을 소유할 만큼 영리한 그들은 UBI를 마르크스주의 경제학자들이 제시하는 미친 생각으로 치부하지 않는다. 그들은 UBI의 가능성을 진지하게 고려하고 필요성을 지지한다. 왜 그럴까?

이 기업가들은 자동화로 인한 대량실업 가능성을 내다볼 뿐만 아니라, 향후 몇 십 년에 걸쳐 인간 노동에 점점 덜 의존하는 사업을 적극적으로 구축하려고 한다. 아주 똑똑한 그들은 자동화로 인해 일자리가 계속 감소할 것임을 알고 있다. 따라서 이런 변화에 가장 큰 타격을 받는 사람들을 지원할 계획이 필요하다. UBI가 아니라면 달리 어떤 방법이 있겠는가?

보편적 기본소득은 폭넓은 대중적 지지도 받고 있다. 옥스퍼드대의 최근 연구에 따르면 유럽인의 71%가 UBI를 찬성하고 유럽인의 84%가 의무적 최저임금제를 지지한다. 프란시스 교황은 2020년 전 세계 가톨릭교회에 보내는 부활절 서신에서 이제 "보편적 기본임금을 고려할 때"라는 점에 동의했다.

앞서 논의했듯이 인간 노동은 지난 십여 년 동안 노동자의 생산성이 정체되어 점점 매력을 잃고 있다. 노동생산성은 2007년 4분기부터 2016년 3분기까지 연평균 1.1% 증가했다. 1990~2007년 동안 대부분의 생산성 증가는 인간의 노동생산성이 아니라 IT 지출과 기술 개선 덕분이었다. 따라서 기업들이 인간 노동 프로세스 개선이 아니라 기술을 활용한 효율성 향상을 추구하는 것은 당연한 일이다.

오늘날 미국에서 근로소득세는 연간 연방예산의 3분의 1 이상인 대략 1.3조 달러에 이른다. 2019~2020년 영국 국세청의 총조세 수입은 약 8,900억 달러였다. 노동자의 절반이 로봇으로 대체되면 세계의 선진국들은 조세 수입에 큰 타격을 받을 것이다. 새로운 수입원이 없다면 보편적 기본소득에 필요한 재원을 마련하기 위해 정부는 심각한 예산 긴축에 직면할 것이다. 21세기에는 노동과 소득세 과세의 상관관계 패러다임에 변화가 불가피하다. 변화가 없다면 이런 관계는 지속하기 어렵다.

UBI 시범사업이 말해주는 것

스페인의 최소생활소득(IMV)은 유럽에서 최초로 시행된 국가 단위의 최소소득 제도다. 코로나바이러스 팬데믹의 사회적, 경제적 영향에 대처하기 위해 이 사업의 승인이 빨라지긴 했지만, IMV는 스페인의 사회주의 정당인 PSOE와 Podemos 간의 연립정부 합의에 따라 이미 승인되었다. 2020년 5월 스페인이 시행한 UBI를 평가한 연구 조사에 따르면, 스페인 국민의 56%가 UBI를 찬성했다.

월 소득 1,000유로 이하인 사람 중 67%가 UBI를 지지했다.

IMV 제도는 비기여적 현금 급여다. 이 급여는 고용 이력과 관련이 없으며 주로 인정소득 기준 이하인 가구에 지급된다. 이 최소소득은 여전히 빈곤선 아래 수준이지만 약 백만 가구를 지원하도록 설계되었고, 지금까지 (총인구 4,700만 명 중) 가장 가난한 230만 명이 수혜 대상이다. 스페인 사회보장제도는 스페인의 약 55만 가구가 월 소득 275달러 이하인 극빈층으로 추산한다. IMV는 나중에 스페인의 전 국민을 대상으로 하는 최소소득 사업이 될 가능성이 크다. 현재로서는 일정 기준 가난한 사람들을 위한 기본소득 제도다. 이 제도가 과연 스페인 국민 전체를 위한 UBI가 될까? 시간이 말해줄 것이다. 이 제도의 수혜자들이 이 제도로 인해 인생이 바뀐 것만은 확실하다.

2019년 캘리포니아주 스톡턴 시는 소규모로 UBI 시범사업을 시작했다. 페이스북 공동설립자 크리스 휴즈는 이 아이디어를 제안한 첨단 기술 기업가였다. 그와 그의 실리콘밸리 친구들이 이 시범사업에 자금을 제공했다. 세금은 전혀 사용되지 않았다. 이 프로그램은 매월 500달러를 무작위로 선택된 연소득 4만 6,033달러(이 도시의 중위소득 수준) 이하인 125명의 개인에게 지급했다. 중위소득 이하라는 조건 외에 어떤 다른 조건이나 자격 요건도 없었다.

시범사업이 시작되었을 때 선정된 사람들의 26%만이 풀타임으로 일했다. 시행 첫해 말에는 풀타임 직장인이 40% 이상으로 늘었다. 시범사업이 끝났을 때 참가 집단의 62%가 부채를 정기적으로 갚고 있다고 말했는데, 일 년 전 만해도 정기적인 부채상환자는

50%에 불과했다.

참가자들은 직불카드로 기본소득을 수령했다. 거래 분석을 보면 매달 가장 많이 지출한 항목은 식품이었고, 두 번째는 주로 월마트, 타겟과 같은 대형마트에서 구입한 일반 잡화였다. 그다음은 수도, 전기와 같은 공공요금, 자동차 관련 지출, 여행이었다. 마지막은 담배, 술이었는데 전체 지출액의 1% 이하였다.

핀란드는 세계 최대의 UBI 시범사업을 시행한 국가다. 핀란드는 2017년과 2018년에 전국에서 실업 상태인 시민 중에서 무작위로 2,000명을 선정해 매달 569유로를 지급했다. 그 후 시범사업 결과를 핀란드의 표준적인 실업수당 프로그램을 신청한 17만 3,000명과 비교했다. 핀란드 정부가 수행한 연구에 따르면 UBI의 지지자와 비판자 양쪽의 결과에 대한 분석은 서로 달랐다. 하지만 이 사업이 행복 측면에서 표준적인 실업 프로그램보다 상당히 개선된 결과를 보여준 것은 확실하다.

"기본소득 수령자들은 대조집단보다 자신의 생활에 더 만족했고 정신적 압박을 덜 경험했다… 또한 그들은 이 복지 정책에 대해 더 긍정적으로 인식했다."

핀란드 UBI 프로그램에 대한 헬싱키대학교 보고서

헬싱키대학교 연구자들은 81명의 사업 참가자들과 심층 면접을 시행했다. 그들은 참가자들의 경험이 상당히 다양하며, 대조집단보다 대체로 자신의 생활에 더욱 만족하고, 정신적 압박, 우울, 슬품, 외로움을 덜 경험했다고 결론 내렸다. 역설적이게도, 특히 자녀를 둔 가정에 긍정적인 고용 자극 효과가 나타났다. 이것은 UBI가 일에 대해 부정적인 동기를 부여한다는 주장과는 상반된 것이었다. 대체로 독립성, 경제적 안정, 미래에 대한 자신감을 포함하여 참가자들의 행복감 수준이 더 높아졌다.

이 연구를 주도한 헬레나 블룸버그-크롤 교수는 이 시범사업이 참가자들에게 "자신의 꿈에 도전하고 살아볼 가능성을 제공하며, 프리랜서와 예술가, 기업가들은 기본소득의 영향에 대해 더 긍정적으로 느꼈고, 일부 사람들은 사업을 시작할 기회를 얻었다고 느꼈다"고 말했다. UBI 덕분에 자발적으로 지역 활동에 참여하는 방식으로 시민들의 더 많은 사회 참여가 이루어졌다.

요약하면 UBI는 참가자들의 경제적 불안을 없애고 최소생활임금에 기초한 단순한 생존을 넘어 삶의 선택권을 제공했다. 기후변화, 자동화, 연속적인 팬데믹으로 인한 경제적 불안을 고려할 때 UBI는 중기적으로 이용할 수 있는 가장 인간적인 해결책으로 보인다. 시민들이 행복하고 보람찬 삶을 살기 원한다면 말이다. 이제 남은 문제는 필요한 재원을 어떻게 마련할 것인가 하나다.

UBI 재원조달 방식

보편적 기본소득을 위한 재원 조달 방법은 통상적인 정부 예산에 UBI 항목을 신설하는 것 외에 다음 4가지 방식을 생각할 수 있다.

보편적 기본소득의 재원조달 방법

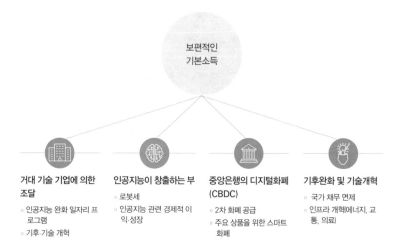

보편적인
기본소득

**거대 기술 기업에 의한
조달**
» 인공지능 완화 일자리 프로그램
» 기후·기술 개혁

인공지능이 창출하는 부
» 로봇세
» 인공지능 관련 경제적 이익·성장

**중앙은행의 디지털화폐
(CBDC)**
» 2차 화폐 공급
» 주요 상품을 위한 스마트 화폐

기후완화 및 기술개혁
» 국가 채무 면제
» 인프라 개혁(에너지, 교통, 의료)

│ 거대 기술기업에 의한 지원 │

앞에서 우리는 최고 기술기업들의 가치가 수십조 달러에 이르고 기업 설립자들은 슈퍼부자가 될 가능성이 있다는 사실을 살펴보았다. 우리는 이들 기업이 기술 자동화를 통해 고용에 부정적인 영향을 미친다고 비난하는 여론의 뭇매를 예상할 수 있다. 심지어 지금도 구글, 애플과 같은 기업들은 공공교육 훈련에 투자하고 UBI 시범사업을 지지하고 UBI를 위해 로비를 벌이고 있다. 이것은 구글, 애플과 같은 기업들이 그들의 상품을 사용하는 최종 소비자들에게 좋은 인상을 계속 줄 필요가 있으며, 일부 소비자들이 자신들에게 부정적인 감정을 느낀다는 사실을 깨닫고 있다는 분명한 증거다.

기후 문제가 실제로 우리에게 타격을 입히기 시작하면 우리는 빌 게이츠 부부, 워런 버핏, 일론 머스크, 마윈, 맥킨지 스콧, 제프 베이조스와 같은 주요 인물들이 기후 완화 프로그램에 수천억 달러를 지원할 것을 기대하게 될 것이다. 2050년 기후 완화 프로그램은 단언컨대 최대 순고용 증가 분야가 될 것이다.

일론 머스크는 2021년 4월 22일(지구의 날)에 시작되어 4년 동안 운영될 기가톤 탄소 제거 프로그램Gigaton Carbon Removal program에 1억 달러를 지원한다고 발표했다. 이 프로그램은 25개의 학생팀에게 각각 20만 달러의 장학금, 최상위 3개 기술 시연팀에게 5,000만 달러, 2,000만 달러, 1,000만 달러의 상금을 각각 지급한다.

빌 게이츠 부부는 맥킨지의 연구를 근거로 미국인의 3분의 1이 2030년에 직업을 바꾸어야 할 것이라고 주장했다. 2018년 한 행사의 연설에서 멜린다 게이츠는 로봇학, 기계학습, 인공지능과 같은 새로운 분야가 향후 10년 동안 앞으로 살아남을 일자리 유형으로 분류되고 있다고 말했다. 그녀는 새로운 산업 분야에서 전문기술을 획득하는 것이 미래에 고용을 유지하는 핵심 요소가 될 것이라고 말한다. 빌 게이츠 재단은 이미 135개국에서 일자리를 창출하기 위해 5,480억 달러를 지원했다.

인공지능이 창출하는 부

새로운 개념이 있다. 인공지능으로 대체되어 실직한 사람이 계속 늘어나면 어떻게 될까? 누가 이 비용을 감당할까?

오픈AIOpenAI의 샘 알트만은 보편적 기본소득의 재원 조달 방법에 대해 걱정할 필요가 없다고 주장한다. 그는 인공지능이 세계 경제에서 엄청난 부를 창출하여 기본소득 재원 문제는 쉽게 해결될 수 있을 뿐만 아니라 기후와 같은 인류가 당면한 가장 중요한 문제를 중심으로 "인센티브를 조정할 수 있을 것"이라고 주장한다. 인공지능으로 일자리가 대체되는 것은 걱정할 일이 아니다.

알트만은 2030년에 인공지능이 미국에 사는 성인 1인당 매년 1만 3,500달러를 제공할 수 있을 것이라고 말한다. 하지만 이렇게 되려면 정부 정책의 근본적 변화가 필요하다. 이 수치를 계산할 때 알트만은 2030년에 미국의 (시가 총액기준) 선도적 기업들의 가치가 50조 달러가 되고, 미국의 민간 소유 토지의 가치가 30조 달러가 될 것으로 추정했다. 그는 대기업들에 기업 시장가치의 2.5%(주식 형태로), 모든 토지 가치의 2.5%를 세금으로 부과하여 미국 에쿼티 펀드American Equity Fund를 설립할 것을 주장한다. 10억 달러 가치가 있거나 인공지능을 더 많이 이용하는 기업들 역시 이 펀드에 자금을 댈 것이다.

발전 속도가 점점 빨라지는 상황에서 알트만은 이렇게 주장한다. "인공지능이 놀라울 정도의 부를 창출하겠지만 동시에 노동의 가치는 제로 수준으로 추락할 것이다… 마치 유토피아처럼 들리지만 기

테크노소셜리즘

술 덕분에 가능한 것이다(어떤 의미에서 이미 이루어지고 있다). 수십 년 동안 주거, 교육, 식량, 의복 등 모든 것의 가격이 2년마다 절반이 되는 세상을 상상해보라." 이것은 분명히 기술사회주의, 테크노 소셜리즘이다.

중앙은행의 디지털 화폐

오늘날 중앙은행의 디지털화폐(CBDC)가 전 세계적으로 큰 이목을 끌고 있다. 많은 사람이 중국의 디지털 위안화가 강력한 미국 오일달러의 아성을 무너뜨릴지를 놓고 논쟁을 벌이고 있다. 중국의 CBDC는 전혀 다른 목적을 위해 설계되긴 했지만 소비와 디지털 화폐의 직접적인 연결에 성공했음을 입증했다.

중국의 CBDC는 알리페이와 위챗페이 시행, 거래한도액 증가, 여러 도입 단계에 덕분에 이미 4가지 형태의 정부 주도 모바일 전자지갑을 만들었다. 지금까지 2단계에 걸쳐 4가지 다른 대규모 시범사업이 시행되었다. CBDC 시범사업이 시행된 도시는 선전, 쑤저우, 청두, 슝안이다. 전자지갑은 대부분 익명이고 회당 최대 500위안(77달러)을 결제할 수 있으며 1일 1,000위안(154달러), 1개월 1만위안(1,536달러) 한도에서 사용할 수 있다. 홍콩과 인접한 중국 남부 도시 선전은 이미 3단계 디지털 화폐 시범사업에 착수했다. 최근 시범사업에서 수십만 명의 사람들이 각각 200위안을 받았다.

디지털 위안화 지갑은 메이투안과 칭주 바이시클Meituan and Quingju

Bicycle 공유 서비스가 자전거를 대여하는 데 시범적으로 사용되었다. 최근에는 슈퍼 앱이자 차량공유 서비스 디디 추싱Didi Chuxing이 택시, 음식 배달, 택배, 극장 예매, 여행 등에 디지털 위안화 결제를 지원한다. 전자 상거래 기업 징동닷컴은 자사의 공동구매 앱 징시Jingxi, 영상공유 서비스 빌리빌리Bilibili와 함께 적극적으로 참여하고 있다.

마카오 정부는 지역 경제 활성화를 위한 경기부양 지원금을 제공할 때 시민들에게 비접촉 마카오 패스 스마트카드를 지급했다. 이 카드에는 3,000파타카(377달러)가 충전되어 있으며 2020년 5월부터 7월까지 사용해야 한다. 추가로 8월부터 12월까지 5,000파타카(629달러)가 지급되었다. 이 카드들은 카지노, 전당포, 금융기관에서 사용할 수 없고 마카오 외 지역의 항공권, 여객선 탑승권을 구매하거나 공공요금을 지불하는 데 사용할 수 없다. UBI에 초점을 둔 CBDC는 임대료, 식료품, 의료비, 의복, 교육과 같은 주요 상품 구매에만 사용할 수 있는 전자 화폐로 발행된다. 하지만 시간이 흐르면 UBI는 실업으로 충격을 받는 저소득층과 중산층 가구를 위한 기본소득이 될 가능성이 있으며 특별한 제한을 두지 않을 것이다.

CBDC는 사실상 UBI를 위한 이차적인 화폐가 될 수 있다. 이것은 소비를 진작하고 일자리와 경제활동을 창출할 테지만 폭넓은 범위의 국제교역과 상거래에 영향을 미치진 않을 것이다. CBDC는 UBI 기반 화폐로서 일상적인 범위에서 사용되는 폐쇄회로 생태계를 만들 수 있다.

테크노소셜리즘

기후 완화와 기술 개혁

앞서 언급했듯이 우리는 세계적 차원에서 국가 채무를 면제하고, 이 국가 채무를 향후 30년 동안 기후 완화 활동에 투자할 것을 제안할 수 있다. 크게 두 가지 목적이 있다. 첫째, 전 세계가 기후 행동에 진지하게 헌신하는 것이며, 둘째, 자동화와 기술 변화로 인해 실직한 사람들에게 일자리를 창출할 수 있는 국가 인프라 사업을 제공하는 것이다. 또한 직접적인 UBI 지원책 대신 기후변화 완화를 중심으로 대대적인 국가 노동력 프로그램을 활용하거나, 새로운 기후 완화 분야를 선택하는 노동자들에게 더 큰 인센티브를 제공하는 방법을 생각해볼 수 있다.

국제재생에너지기구International Renewable Energy Agency는 2050년 대대적인 비용편익과 에너지 인프라 개혁, 현대화 프로그램으로 인해 4,200만 개 이상의 새로운 에너지 인프라 일자리가 창출될 것으로 예측한다. 21세기 말에는 지구상에 석탄, 가스, 핵에너지를 이용하는 발전 시설이 하나도 가동되지 않을 것으로 예상한다(화성과 달에 핵발전소가 있을지도 모르지만 그곳에서도 태양에너지가 장기적인 해결책이 될 가능성이 크다). 2050년대에는 100% 재생에너지로 전기가 생산될 가능성이 상당히 크다. 이렇게 하려면 태양광, 풍력, 지열, 수소 발전 상황에 맞게 전체 송전망을 개조하고, 아울러 에너지를 저장하여 나중에 이용하기 위해 전 세계 에너지 저장시설을 구축해야 한다. 용융염 배터리와 같은 혁신적인 기술은 리튬 배터리보다 5~20배 이상 더 효율적인 대규모 에너지 저장 능력을 제공할 것이다.

테슬라는 리튬 이온을 이용해 호주 남부 아델라이드에 100MW 용량의 배터리 팜battery farm을 건설하는 데 성공했다. 배터리 팜은 일론 머스크가 트위터에서 당시 총리 말콤 턴불, 그리고 현직 총리 스콧 모리슨과 공개적으로 약속한 내기의 결과였다. 두 총리는 남부 지역에 반복적으로 발생하는 정전사태를 재생에너지 발전 탓으로 돌렸다. 배터리 저장장치가 네트워크의 최대 전력 수요량을 맞추지 못하고, 태풍 같은 에너지 네트워크에 중대한 피해를 입힐 경우 화석연료 발전소만이 신속하게 발전량을 증가시켜 호주 남부의 수요를 충분히 충족할 수 있다는 것이었다.

머스크는 총리들과 약속한 100일 만에 100MW(129MWh) 테슬라 기가 배터리 팜을 설치했을 뿐만 아니라 처음으로 배터리 저장 시설이 정전사태에도 천연가스 발전소를 대체할 수 있다는 점을 입증했다. 전용 배터리 팜은 최대 한 시간 동안 3만 가구에 전력을 공급할 수 있어 전력 공급에 실패할 가능성이 큰 더운 여름 시기에도 전력망 부하를 낮출 수 있다. 이러한 부하 경감 시설로 인해 호주 남부지역은 2019년에만 네트워크 비용 감소로 약 1억 1,600만 달러를 절감했다. 호주 남부 전력 운영사 네오엔Neoen의 개발부 책임자 가레스 헤론에 따르면, 배터리 시설 도입으로 호주 남부의 전력망을 조절하는 비용이 91% 줄었다. 이런 점 때문에 호주 정부는 2019년 말까지 배터리 팜을 50% 증설하기로 결정했다.

기후변화로 인해 전 세계적으로 막대한 투자가 필요한 분야는 몇 가지 더 있으며, 향후 완전히 새로운 성장 분야가 될 것이다.

- **탄소 제거**   기후변화에 관한 정부 간 협의체(IPCC)는 2100년까지 이산화탄소 100~1,000기가톤을 대기 중에서 제거해야 할 것으로 추정한다. 이 수준은 지난 20년 동안의 탄소 배출량을 되돌릴 수 있는 수준에 불과하다. 트릴리온 트리 캠페인Trillion Tree campaign, 머스크 엑스프라이즈Musk X Prize for Carbon sequestration 등이 탄소 제거를 위한 세계적 차원의 추진 사례다.

- **방파제 방어시설**   2014년 뉴욕은 190억 달러의 피해를 입한 슈퍼태풍 샌디와 같은 재난으로부터 뉴욕시를 보호하려고 3억 3,500만 달러의 방파제 건설사업을 시작했다.

- **기후변화 대비 인프라 강화**   홍수 피해를 자주 입는 해안 도시들은 기존의 인프라를 강화하는 것이 매우 중요하다. 여기에는 전력, 위생, 배수시설, 도로, 교량, 공공교통 시스템, 병원, 긴급구조 서비스 등이 포함된다.

- **녹색 산업 개혁**   2019년 11월 빌 앤 멜린다 게이츠 재단은 헬리오젠Heliogen이라는 잘 알려지지 않은 태양광 스타트업을 지원했다. 이 기업은 태양광을 이용해 1,000℃ 이상으로 태양광 오븐을 가열할 수 있으며, 이를 통해 화석연료에 의존하는 유리, 시멘트, 철, 산업 가공품을 만드는 데 필요한 획기적인 해결책을 제공했다.

- **거주지역과 산업시설의 재배치**   2050년이 되면 자카르타 북부지역의 95%가 물에 잠길 것이다. 그래서 2019년 8월 인도네시아 조코 위도도 대통령은 홍수 문제를 언급하며 330억 달러를 투자하여 동부 칼리만탄 지역에 새로운 수도를 건설하는 사업을

시작할 것이라고 발표했다.

- **지속 가능한 소비** 실험실에서 키운 식량과 고수준의 재활용에서
부터 균사체에 기반한 가죽 대체품을 이용하는 비건 가죽까지,
앞으로 사람들은 지속 가능한 원재료에 기초해 제품을 바라볼
것으로 예상된다. 기업들은 지속 가능한 재료를 투명하게 사용
하고 재활용하는 능력으로 평가될 것이며, 주식시장은 주가와
순이익뿐만 아니라 기후 친화적인 요소를 기업 평가 기준에 포
함시킬 것이다.

그러나 앞서 논의했듯이 고용에 더 큰 충격을 주는 것은 높은 수
준의 기술 유발 실업일 것이다. 기술이 경제에서 차지하는 역할 때
문에 일자리 부족이 지속되는 가운데, 기존의 많은 일자리는 예전
의 모습을 찾아볼 수 없을 정도로 바뀔 것이다. 성숙한 선진 경제에
서 자동화가 노동의 역할에 얼마나 광범위한 영향을 미칠까? 그 해
답을 찾으려면 역사를 살펴보아야 한다.

인간의 노동이 어떻게 바뀔까?

풀타임 직장은 역사적으로 보면 이례적인 것이다. 산업 시대 이
전 그런 일자리는 존재하지 않았다. 초기 산업가들은 효율성을 확
보하기 위해 노동자들을 생산라인에 동시에 투입할 필요가 있었으
며, 그들이 체계적인 주간 노동시간 개념을 만들었을 가능성이 가

장 크다. 지난 100년 동안 주 40시간 노동이 직장생활의 중심이 된 것은 사람들을 동시에 한 장소에 모아서 접촉하고 협력하면서 생산물을 만들어내는 더 나은 방법이 달리 없었기 때문이었다.

대부분의 사람들은 평생 9만~12만 시간, 7일 24시간 연속 노동으로 환산하면 13~14년 동안 일하며 보낼 것이다. 노동은 깨어있는 시간에 '우리가 하는 일'로 정의하는 것이 타당하며, 자신과 타인을 구분하는 가장 흔한 방법이기도 하다. 우리의 일과 정체성은 긴밀히 엮여 있다. 그래서 고용과 일자리는 여전히 경제에서 매우 중요한 지표이며, 사람들은 자신의 가치를 일에서 발견한다. 자동화가 점점 더 사회에 영향을 미치면서 이 질문에 대한 대답은 분명히 근본적인 변화를 겪을 것이다.

자동화와 그것이 사회에 미치는 영향에 대한 우리의 예상이 옳다면, 2050년에는 많은 사람들이 오늘날 일반적인 노동 형태인 오전 9시~오후 5시, 주 40시간 근무를 하지 못할 것이다. 기본적인 생계, 에너지, 식량, 의료, 교육이 경쟁력 있는 스마트도시 인프라의 일부로 제공되면서 우리는 풀타임으로 일하지 않고도 기본적인 생활을 유지할 수 있을 것이다. 물론 여행을 원하거나 최신 기기를 구입하거나 고급 레스토랑에서 식사를 원한다면 더 많이 일해야 할 것이다. 핵심은 우리 모두가 일을 덜하게 될 것이라는 점이다. 하지만 일을 얼마나 덜하게 될까?

과거 역사에서 경험한 속도로 장기적 추세가 계속된다면, 2050년에는 사람들이 대부분 주당 25시간 내외를 일할 것으로 예상된다. 여기에다 선진국에서 기대수명이 평균 90~95세로 상승하고,

생산적인 노동 연령이 20~70세일 것으로 예상되는 점을 고려하면, 앞으로 30년 동안 은퇴 문제가 매우 다양해질 것이다. 첫째, 저축 기간이 오늘날의 은퇴 시나리오에서 예상되는 것보다 거의 두 배 이상 길어져야 할 것이다. 둘째, 긴 노동 기간에 비해 노동시간이 줄면서 가처분소득이 낮아지고 저축도 감소할 것이다. 인공지능과 기술 유발 실업의 영향에 상관없이, 특히 고령인구를 위한 사회 안전망 인프라를 늘릴 필요가 있을 것이다.

역사적인 고용 통계를 살펴보면 인구 대비 고용률은 일정하지만 노동시간은 1950년 이후 계속 감소하여 지난 50년 동안에만 약 25~30% 줄어들었다. 이것은 현재 추세에 기초한 것일 뿐 기술 유발 실업을 고려한 것은 아니다. 미국 노동통계국 조사에 따르면, 미국의 노동참여율이 1970년대 매년 2.6% 증가하여 정점을 찍은 뒤 이후 10년 동안 매년 0.5% 증가로 줄어들었다. 아울러 느린 인구 증가로 인해 고령 노동인구가 증가하여 2050년에는 55세 이상 노동인구가 두 배(13%에서 24%로)로 증가할 것이다.

일본은 2019년에 퇴직 연령을 65세로 상향 조정했다. 호주를 비롯한 다른 국가들은 인구 고령화와 연금 납입자 감소를 고려하여 2023년부터 연금 지급 연령을 67세로 올렸다. 미국 입법교류협의회American Legislative Exchange Council는 연금기금 수익 추세를 고려하여 단기 부채가 조만간 6조 달러를 초과할 것으로 추정한다.

노인 노동력의 지속적인 고용 필요성, 노동시간의 지속적인 감소, 기술 유발 실업률 증가, 90세까지 안락한 삶을 위한 더 많은 저축의 필요성과 같은 엇갈린 추세들이 어느 시점에 서로 충돌하면

테크노소셜리즘

연도별 세계 고용율 1970~2013년

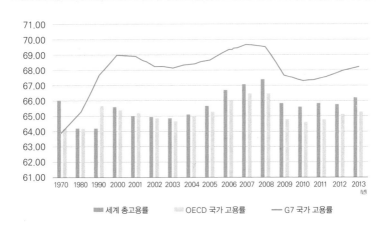

■ 세계 총고용률   OECD 국가 고용률   —— G7 국가 고용률

미국 노동자의 연평균 노동시간

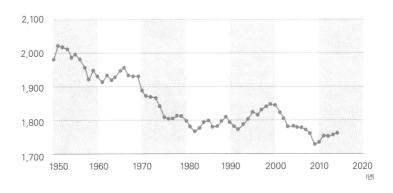

출처: OECD, 호로닝언 대학

매우 혼란스럽고 끔찍한 악몽이 될 것이다. 자본주의가 이런 전반적인 변화를 예상하지 못한 채 매우 정교한 계획과 정책을 미리 고민하지 않으면 사회에서 가장 규모가 큰 고령 계층이 한꺼번에 나락으로 떨어질 수 있다.

이런 추세를 고려하지 않고 모든 사람을 위한 충분한 일자리가 있을 것이라고 안이하게 생각할 수 없다. 사회가 작동하는 방식을 재고하지 않으면 고용과 모든 노동은 질서 있고 공평한 방식으로 사회가 기능하는 데 필요한 결과를 만들어내지 못할 것이다. 우리가 열심히 일하기 위해 얼마나 준비하는지, 또는 가능한 일자리를 받아들일 준비가 얼마나 되었는지는 중요하지 않다. 설령 일자리를 찾는다 해도 그 일자리는 적정한 생활 임금을 벌 수 있을 정도의 적절한 임금 단가와 충분한 노동시간을 보장하지 못할 것이다. 앞에서 언급한 통계를 잊지 말기 바란다. 오늘날 미국에서 주 40시간 일하는 최저임금 노동자는 방 두 개짜리 기본적인 아파트를 살 능력이 없다.

당신은 무슨 일을 합니까?

미래에 우리는 이 질문에 어떻게 대답할까? 아마 2050년에는 지금보다 훨씬 더 복잡한 대답을 할 수밖에 없을 것이다. 로스앤젤레스에 사는 실직 중인 전문직 종사자가 자신을 프로듀서 겸 작가, 감독, 배우로 소개하는 것처럼 미래에는 우리도 자신의 시간을 투여하는 여러 종류의 일을 갖게 될 것이다. 우리는 보편적 기본소득을 늘리는 일을 가질 수도 있고, 평생 학생이 될 수도 있고, 폭넓은 사회활동 또는 대의에 열정적으로 참여할 수도 있다. 아니면 지구가 입은 손상을 회복하는 일에 일생을 바칠 수도 있을 것이다.

일의 역할은 우리에게 대부분 이차적인 것이 될 것으로 예상된다. 이것은 주로 인공지능이 풍부하게 부를 창출하고, 산업 혁명 이후 일반화된 전통적인 프로세스에 기반한 노동을 붕괴하기 때문이다. 과연 일을 제외한다면 무엇이 21세기의 가치체계를 형성할까?

21세기의 새로운 가치체계

1929년의 대공황은 세계 경제를 초토화시켰다. 미국 은행의 3분의 1이 파산했다. 1933년 미국의 1인당 국내 총생산량은 47% 감소했다. 세계 최대 경제국들은 대부분 실업률이 20~25%에 달했다. 영국의 산업과 광업 분야 실업률은 거의 70%에 달해 350만 명 이상이 실직했다. 노숙인들이 넘쳐났다. 미국의 주택가격은 67% 폭락했고 국제무역은 65% 급감했으며, 영국의 무역은 50%로 추락했다. 주식시장이 회복하는 데 거의 25년이 걸렸다.

1930년대 금융 붕괴 이후 경제정책은 훨씬 더 집단적 측면에 초점을 두게 되었다. 오늘날처럼 경제학자들은 다양한 정책 방안을 열정적으로 주장했다. 각 정부는 대부분 20세기 초의 보수적인 정책이 대공황기의 시장실패와 밀접하게 관련된 것으로 보고 회피하는 경향을 보였다. 전형적인 전략은 노동비용을 낮게 유지하여 고용을 촉진하고 화폐 가치를 안정시키는 것이었다. 미국은 뉴딜 정책을 수립하여 대규모 공공사업을 벌여 실업자들에게 일자리를 제공했다.

대공황을 경험한 세대들은 대공항이 사회에 끼친 충격으로 영구적으로 사고방식이 바뀌었다. 1930년대의 공황과 2차 세계대전을 함께 겪은 사람들은 저축을 매우 강조하게 되었다. 1960년대 중반이 되어서야 비로소 소비주의가 다시 유행하게 되었다. 공황을 겪은 사람들은 금융 시스템의 붕괴로 인해 재산을 잃은 기억을 지니고 있으며, 이것은 20세기 말까지 기억 속에 고착되어 있었다. 대공황 때처럼 2008~2009년의 심각한 경기침체와 최근의 팬데믹은 21세기 시민들의 행태를 바꿀 것이다. 아울러 인터넷, 기후변화, '가짜 뉴스'와 같은 것들도 사람들의 행태에 영향을 줄 것이다.

2030년에 Y세대는 최대 인구집단이 되고 거시 경제정책을 결정할 것이다. 아니면 적어도 발언권을 요구할 것이다. (하얀 울타리가 있거나 없는) 자가 주택에 대한 멋진 꿈은 대다수 Y세대, Z세대, 알파 세대(2010년대 초 이후에 태어난 세대)에게는 이룰 수 없는 것이 된다. 주택담보대출금을 상환하기 위해 은퇴할 때까지 일하는 것은 우리 자녀들에게는 평생 과업이 되지 않을 것이다. 그렇다면 그들의 과업은 무엇이 될까?

우리 자녀들은 평생 자산 획득에는 훨씬 덜 집중할 것이며, 그 대신 삶의 경험을 중시하고, 세계적으로 연결된 생물종으로서 인류의 더 나은 미래를 만드는 일에 더 집중할 것이다. 이들은 경제적 지

———— 테크노소셜리즘

위, 인종, 성, 성적 취향에 따른 많은 분열을 보며 자란 세대로서 이런 차별에 대항하는 일에 큰 역할을 하고 있다. 또한 이들은 이민, 프라이버시, 노인 세대를 위한 복지를 둘러싼 치열한 논쟁을 보며 자라난 세대이며, 인터넷, 소셜 미디어, 게임을 통해 세계의 친구들과 연결되어 있다. 그들은 훨씬 더 집단 지향적이며, 부모 세대들이 오랫동안 환경을 무시하고 자원을 무분별하게 이용한 뒤 물려준 세계를 염려한다. 그들의 부모들은 자본주의 대 사회주의에 대해 논쟁하고, 경제의 목적을 은행 계좌에 부를 늘리는 것 이전에 우선 기본적 욕구를 충족하는 것으로 보았다.

이 새로운 세대는 세계 최대 경제 대국이 되거나 최강의 군사력을 갖거나, 무역전쟁에서 승리하는 것에 대해 환호하지 않는다. 그들은 각자 국가에 대한 자부심을 느끼지만 서로 연결된 글로벌 집단의 일부로서 부서지기 쉬운 공존을 위해 서로 의지해야 한다고 본다. 그들은 21세기가 시작되고 20년 동안 금융 위기를 두 번 경험했다. 그들은 집이 없어 부모님집 지하에서 거주해야 했을 때나 또는 10만 달러의 학자금 대출을 안고 대학을 졸업한 뒤에도 취직을 못했을 때 경제정책이 아무런 쓸모도 없다는 것을 이미 경험했다. 그들은 GDP가 성장하고 기업 가치가 수조 달러에 달한다는 경제학자들의 말을 듣고는 있지만, 한편으론 교육, 의료, 주택 시장이 부적절한 관리와 구조적 편견, 개발과 재원 부족으로 붕괴하는 모습을 보았다.

21세기에 태어나서 디지털에 익숙한 세대는 대체로 20세기를 인류가 실패한 시기로 평가한다는 점에서 기존 세대와 다르다. 그들은 불균등한 부의 축적이 최악의 불평등을 초래한 것으로 판단한다. 그들은 세계 금융 위기 때 주택가격이 폭락하는 것을 보았고, 그 뒤 임대료를 내지 못하는 수백만 가정이 팬데믹 시기에 퇴거에 직면하는 반면, 부유한 '베이비부머 세대'는 많은 돈을 버는 것을 보았다. 무엇보다도 그들은 기후변화가 사실인지를 놓고 논쟁하는 부모 세대를 보면서 한편으론 주변에서 대량 멸종 위기가 가속화되고 있으니 집단행동에 나서야 한다는 외침을 듣는다.

에이브러햄 매슬로의 '욕구단계설'(1943년)은 심리학 분야의 동기부여 이론이다. 고전적인 용어로 말하자면 이 모델은 인간 욕구를 5단계로 나눈 일반적으로 위계적인 피라미드 형태다. 매슬로는 조건부 세 단계를 추가했지만, 고전적인 모델은 다섯 단계이며, 4단계까지의 결핍 욕구와 성장 욕구인 5단계 욕구(자기실현의 욕구)로 구성된다. 네 가지 결핍 욕구는 존중의 욕구, 애정과 소속의 욕구, 안전의 욕구, 생리적 욕구다.

결핍 욕구 분류는 매슬로가 인간이 일반적으로 결핍을 느끼는 영역으로 나눈 것이다(이를테면, 나는 아기가 있어서 더 큰 집이 필요해, 나는 배고파, 나는 외로워, 나는 불안해, 나는 과체중이야 등). 매슬로는 사람들이 피라미드 꼭대기로 올라가서 잠재력을 온전히 실현하려면 먼저 그들을 사로잡고 있는 결핍을 채워야 한다고 주장했다. 그는 기본 욕구가 결핍된 기간이 길수록 그런 욕구를 충족하려는 동기가 더 크다고 말했다.

포스트 X세대의 욕구는 그들이 태어난 세계에 의해 형성되었다. 기본적인 생리적 욕구는 오늘날 쉽게 충족될 수 있기 때문에(사용할

　　　　　——— 테크노소셜리즘

돈이 있는 한), 점차 커지는 사회적 압력과 경제적 불확실성은 물론 기술 확산, 인터넷 이용, 투명하고 활발한 의사소통 탓에 행동 동기로서의 기본 욕구의 역할이 바뀌고 있다.

매슬로의 욕구단계론은 개인의 철학적 신념에 대한 체계를 제공한다. 매슬로의 체계는 정신의 초월성, 즉 자신을 계속 개선하려는 능력을 염두에 두고 고안되었다. 하지만 매슬로는 우리가 이런 결핍을 먼저 해결해야 하기 때문에 개인적 성장이 제약된다고 주장했다.

포스트 코로나19 세대가 광범위한 기후 붕괴와 인공지능에 기반한 인류 변화의 시대에 진입할 때 그들은 자산과 부의 축적에 가치를 두기보다 그들의 미래에 대한 안정성을 찾으려고 노력할 것이다. 스냅멍크SnapMunk의 벤저민 만은 밀레니얼 세대의 새로운 행동에 기초해 매슬로의 욕구단계론을 다시 검토했다.

매슬로의 욕구 체계를 21세기에 맞게 재해석한 모델에서 밀레니얼 세대의 우선순위는 확실히 바뀌고 있다. 매슬로는 욕구단계론에 관한 후속 연구에서 '절정의 경험'에 관해 언급했다. 이것은 피라미드 상층부로 올라갈수록 더 깊은 만족을 추구한다는 뜻이다. 원래 모델은 생리적 욕구와 안전 욕구를 분리하지만 밀레니얼 세대에 이런 구분은 사실상 더 이상 존재하지 않는다. 행복하려면 안전이 선행되어야 하기 때문에 안전은 음식, 온기, 쉼터와 같은 근본적인 욕구와 분리되지 않는다. 오늘날 '경제적 불확실성'이 최고 수준인 환경에서 밀레니얼 세대는 돈과 부에 관한 불안을 없애는 방법을 찾고 있다. 다음 욕구 단계는 디지털 접근성과 사회적 접근성이다. 밀

21세기 상황에 맞추어 수정한 매슬로 욕구단계론

밀레니얼 세대

» 집단적 유산의 욕구
» 애정과 존경의 욕구
» 건강과 자율의 욕구
» 접근성과 평등의 욕구
» 안정의 욕구

디지털 이전 세대

» 자기실현의 욕구
» 존중의 욕구
» 애정과 소속의 욕구
» 안전의 욕구
» 생리적 욕구

출처: 스냅멍크

레니얼 세대는 매슬로 시대에는 없었던 커뮤니케이션 도구를 이용해 세계와 연결되어 있다. 광범위한 연결을 통해 그들의 눈에 확연하게 들어오는 것은 불평등, 편견, 접근성 부족이다.

밀레니얼 세대의 건강관은 단순히 아프냐, 아프지 않느냐의 문제 그 이상이다. 개인적인 발전과 성장을 위해 자원을 활용하는 능력과 정신 건강에 더 많은 관심을 갖는다. 현실적으로 볼 때 기본 서비스에 대한 접근 제한은 흔히 성장 기회를 제약한다.

인터넷상에 등장한 소셜 네트워크 세계는 젊은 밀레니얼 세대에 피드백 고리를 제공한다. 여기에서 그들의 자존감은 틱톡이나 인스타그램의 팔로우 숫자와 연결되며, 애정과 폭넓은 사회적 인정이 이들 디지털 원주민에게 중요하다. 나아가 이것은 강력한 성장 동기가 될 수 있다.

그리고 마지막 단계인 집단적 유산의 욕구로 이어진다. 이것은 대통령이 임기 말이 되었을 때 언급하는 그런 유산이 아니라, 하나의 생물종인 인간으로서의 집단적 유산이다. 자아를 넘어서는 궁극적인 초월을 말한다. 이것은 이 세대가 지닌 열망이고 나아가 그들의 개인적인 경험은 지구를 더 나은 곳으로 만들고 모든 인류가더 번영하도록 함께 더 효과적으로 일할 필요성을 보여준다. 이는 21세기에 나타난 중요한 경제적 행태 변화의 핵심으로 우리를 안내한다.

제품보다는 '경험'

최신 아이폰이나 게임기에 집착하는 십대들을 보면 최신의 고급 제품을 소유하려는 욕구가 그들의 핵심적인 행동 욕구인 것 같다. 하지만 그것은 오해다. 그들에게 좋은 스마트폰은 음식이나 따뜻한 침대를 갖는 것과 같다. 이것은 선택 사항이 아니라, 밀레니얼 세대들이 연결되고 제대로 살아가는 필수적인 수단이다. 그들은 자동차나 주택과 같은 고가의 자산에는 그다지 흥분하거나 동기부여가 되지 않는다.

해리스 리포터라는 연구에 따르면, 밀레니얼 세대의 72%가 자산이나 원하는 것을 구입하는 것보다 기념할 만한 경험을 갖기를 더 선호한다. 밀레니얼 세대가 상실에 대한 두려움Fear of Missing Out(좋은 기회를 놓칠까 봐 불안해하는 심리)에 대해 말할 때 그들은 새로운 플레이스테인 PS5를 사지 못할까 봐 두려운 것이 아니라 경험하지 못할까 봐 두려운 것이다.

이것은 '경험 경제' 관련 서비스의 성장을 부추긴다. 우버, 에어비앤비, 위워크는 오늘날 연방 파산법에 따른 파산을 선언하는 오래된 소매기업들을 능가하고 있다. 분명 거시경제적 변화다. 20년 동안의 중국 고도성장기와 1950년대와 60년대의 미국을 돌아보면 주택과 부동산 경기 붐은 경제 성장과 소비의 거대한 원동력이었다. 하지만 고도의 자동화를 달성한 기술 중심 경제는 분명히 경험 경제에 적합하다.

다음 세기에 인간의 미래를 이끄는 힘은 삶을 안정화하고, 기후 변화를 되돌리고, 불평등을 해소하는 것임을 알 수 있다. 중심을 잘 잡고 동기부여가 된다면 밀레니얼 세대가 원하는 것은 한곳에 뿌리를 내리는 것보다 삶의 경험을 추구하는 것이다. 어느 시점이 되면 주택은 원하는 모든 사람을 위한 사회적 공유재가 될 것이다. 우리는 단순히 매년 아이폰을 새로 구입하기보다 소비재의 장기적 활용, 재사용 가능성, 재활용성에 초점을 맞출 것이다. 이로 인해 재화를 덜 소비하고 서비스를 더 많이 소비하게 된다. 이것이 밀레니얼 세대가 이끌 경제 행태의 핵심적인 변화다. 또한 자연스럽게 한 층 더 나은 글로벌 결속으로 이어져 더 많은 사람이 다문화주의, 다양한 문화적 차이점, 진정으로 연결되고 공유하는 생활방식을 받아들일 것이다. 우리는 함께 세계를 고치고 경험할 것이다. 이것이 우리의 사명이다.

하지만 이것이 옳다면 우리는 경제 성장을 어떻게 측정해야 할까? 재사용 가능하고, 지속 가능한 경제에 초점을 맞추면 소비는 그다지 인기 없는 행위가 될 수 있다. 인프라와 기본적인 필요에 대한 투자는 증가하겠지만, 세계 스마트폰의 판매량 또는 월간 이용자 수처럼 수익성을 평가하지 않을 것이다. 흑자와 적자는 탄소 중립성으로 대체되고, 이것은 불평등과 기후 피해를 역전시키는 데 도움이 된다. 경제는 매우 자기성찰적인 동시에 세계적으로 상호 연결될 것이다. 우리는 이런 경제를 아름답다고 생각할 것이다. 지금까지 상거래와 시장을 창출했던 모든 것을 이제는 인류의 더 나은 미래를 위해 활용할 수 있다. 분명한 것은 21세기 경제는 단순한 부의 창출보다 시민의 기본적인 필요를 우선시하는 경제가 될 것이다.

PART 8

기술이
모든 것을 바꾼다

"민주주의가 완벽하다거나 현명한 제도라고 주장하는 사람은 아무도 없습니다. 민주주의는 그동안 시도된 모든 정부 형태 중 최악의 정부형태라고 말하는 사람도 있습니다…"

영국 전 총리, 윈스턴 처칠(1947.11.11.)

소크라테스와 플라톤은 일찍이 '가짜뉴스'가 나타날 것을 예측했다고 할 수 있다. 소크라테스는 민주주의에 참여하여 이슈에 대해 투표하려면 최소한 교육과 사려 깊은 숙고가 필요하다고 주장했다. 그렇지 않다면 민주주의는 쉽게 무너질 것이다.

디지털 시대의 민주주의

플라톤의 《공화국》에서 소크라테스는 아데이만토스와 논쟁을 벌이며 통치 형태로서의 민주주의가 효과적이지 않다는 점을 설득한다. 그는 국가를 배에 비유하여 자신의 주장을 설명한다. 이 비유에서 소크라테스는 국민을 강하지만 세련되지 못하며, 항해에 대한 지식이 부족한 선주에 비유한다. 배의 항해사(철학자)는 배를 잘 조종하지만 항상 별을 응시하고 있어 쓸모없다며 선원들로부터 비난받는다. 선원들(선동가들과 정치가들)은 배를 운전하는 자신들의 능력에 대해 온갖 주장을 하면서 선주가 그들을 배의 선장으로 선택하도록 다양한 책략을 꾸민다. 그들은 선주(국민)에게 마약과 포도주를 자꾸 권하며 자기편으로 만들려고 한다. 그들은 별을 응시하는 항해사를 무시한다. 하지만 항해사는 배가 위험한 해역을 통과하도록 안내하는 데 필요한 지식을 가진 유일한 사람이다.

소크라테스에 따르면, 투표와 민주주의 참여는 타고난 권리도, 시민권에 기초한 것도 아니다. 교육 수준이 낮은 시민이 정책 결정에 참여한다면 민주주의는 실패할 것이다. 왜냐하면 비판적 사고 능력 없이 국가에 영향을 미치는 결정을 내리기 때문이다.

토머스 제퍼슨(1743~1846) 역시 강력한 교육제도가 민주주의의 효과적인 작동에 매우 필수적이라고 믿었다. 존 샤프 윌리엄스는 제퍼슨이 교육의 영향을 확고하게 언급한 것은 "민주주의와 교육은 상호의존적이어서 교육은 민주주의의 성공에 반드시 필요하고 성공적인 민주주의는 교육을 제공해야 한다"고 이해했기 때문이라고 썼다. 지난 몇 십 년 동안 미국의 교육 평가 비교지표가 상당히 하락하고, 기득권 이해집단에 의해 정책과 정부가 조종되었다는 사실은 높은 수준의 교육에 대한 노력이 부족할 때 민주주의가 취약해진다는 제퍼슨을 관점을 뒷받침한다.

소크라테스와 플라톤이 기본적으로 자기들과 같은 철학자들이

테크노소셜리즘

가장 유능한 리더라고 주장했다는 점을 차치한다 해도, 우리에게 다가올 위기에 성공적으로 대처하려면 세계 도처에 "전반적인 상황을 이해하는" 리더십이 필요한 것은 분명하다. 많은 현대 민주국가에서 문해력, 수리력, 과학적 지식이 뒤떨어질 때, 평평한 지구론, '가짜' 달 착륙과 같은 가짜뉴스와 음모론이 판친다는 것은 우연이 아니다. 일반대중은 소셜 미디어와 인터넷을 통해 팩트와 가짜 뉴스를 똑같이 접하고 소비하고, 이 두 가지에 동등한 가치를 부여한다. 트럼프의 홍보 책임자 켈리앤 콘웨이가 말했듯이, 대안적 사실은 실제 사실과 같지 않지만 이 두 가지 모두 널리 퍼져 있다. 2016년 선거 기간 페이스북에 공유된 상위 20개 가짜뉴스는 주요 주류 매체에 소개된 상위 20개 진짜뉴스를 능가했다. 공유횟수는 가짜뉴스가 870만 회, 진짜뉴스가 730만 회였다.

트럼프는 멕시코인들이 미국에 와서 미국인의 일자리를 훔치고 범죄를 유발한다고 주장했다. 하지만 이 두 가지 모두 입증되지 않았다. 트럼프는 석탄 관련 일자리 회복을 약속했다. 그는 이것을 경제에 좋은 것으로 묘사하면서 "거대 석탄 산업이 돌아왔다!"고 선언했다. 그때는 보조금을 받지 않는 태양에너지가 석탄을 이용한 전력 생산비의 6분의 1 수준으로 내려가고, 새로운 재생에너지 일자리가 석탄에너지 일자리보다 백배 더 많고, 석탄 이용량이 35% 감소한(석탄 관련 일자리의 10% 감소) 시기였다.

오늘날 가짜뉴스의 확산을 막을 정확한 메커니즘은 없지만, 미래에 인공지능이 자료 수집 및 관리, 맥락화contextualization에 미치는 영향을 보강하고, 정부와 미디어와 같은 주요 기관에 대한 신뢰를 다시 쌓기 위해서 반드시 필요할 것이다.

디지털 콘텐츠의 문제점은 평판에 대한 책임이 없다는 것이다. 예전에는 언론인이나 뉴스 앵커가 가짜 정보를 전달하면 소환되거나 해고 또는 좌천되었다. 언론인들은 반발로부터 제보자를 보호하길 원했고, 제보자도 기자에게 정보의 신뢰성을 제공했기 때문에 제보자들은 보호받았다. '깊은 목구멍'으로 알려진 FBI 정보원 마크 펠트를 생각해보라. 그는 밥 우드워드와 칼 번스타인이 닉슨 행정부에서 워터게이트 스캔들을 폭로하도록 도와주었다. 경찰의 만연한 부패를 폭로한 뉴욕 경찰관 프랭크 세르피코도 있다. 또 1996년 〈60분 TV쇼〉에서 담배 관련 기업들이 오랫동안 담배 니코틴의 중독 효과를 알고 있었고 그 효과를 더 높이기 위해 노력했다는 사실을 폭로한 제프리 위겐드를 생각해보라. 언론인들은 입증 가능한 사실과 신뢰할 만한 제보자가 없다면 이런 중대한 이야기를 터뜨릴 수 없었고, 언론인들은 모든 노력을 다해 제보자를 보호했다.

하지만 오늘날 주류매체들은 뉴스 속보나 탐사보도보다는 평가를 더 중요하게 여긴다. 이로 인해 세계 최대 케이블 뉴스매체들은 특정 시청자들로부터 지지를 얻기 위해 '낚시성 기사'를 내거나, 자신의 '의견'을 기사에 포함하거나 대놓고 거짓을 유포한다. 이상한 견해를 밝히는 음모론자들과 자기 분야에 평생을 바친 과학자가 정보제공자로 나란히 소개될 수도 있다.

또 다른 우려는 페이스북, 트위터와 같은 기술 플랫폼들이 시민들에게 지나치게 단순한 편리성을 제공하면서 가짜뉴스와 대안적 사실의 제공자를 만들어낸다는 것이다. 소셜 미디어가 정보를 무분별하게 증폭하는 능력을 갖지 못했다면 트럼프는 일부 미국인들이 멕시코와 중국에 대해 깊은 반감을 갖게 하는 데 이처럼 성공하지는 못했을 것이다. 볼티모어 대학과 이스라엘 사이버보안 기업 CHEQ가 수행한 연구에 따르면 가짜뉴스는 세계 경제에 한 해 780억 달러 이상의 피해를 주고 있다.

투명하고 참여적인 민주주의가 가능하려면 과학을 이용해 기득권자와 잘못된 정보와 정치적 이해관계를 효과적으로 막아야 한다. 이를 위해선 완전히 새로운 수준의 투명성과 정확성이 필요하다. 코로나19 동안 기본적인 과학이 몇 번이고 정치적 이해관계 때문에 경시되었다. 똑같은 일이 기후변화에도 일어나고 있다. 기득권자들이 수십억 달러를 투입해 사실을 왜곡하고 투명성을 심각하게 위협하고 있다. 인터넷이 상거래에 요긴하고 엄청난 인류의 지식에 접근할 수 있게 해주지만, 한편으로 소문과 잘못된 정보에 쉽게 접근하게 하여 실제 현실에서 사실을 전달하도록 규제하기 위해 사용하는 기본 개념들을 약화시켰다. 소셜 미디어는 이용자 증가와 참여를 유인하기 위한 엄청난 도구들을 만들어냈지만, 한편으로 매우 분열적인 행동, 디지털 괴롭힘, 왕따를 유발해 급기야 자살, 증오범죄를 일으켜 왔다.

가짜뉴스와 '대안적 사실'이 유명한 공인에 의해 언급되면 일반인의 페이스북이나 트위터 댓글보다 파급력이 훨씬 더 크다는 것은 말할 필요도 없다. '평평한 지구론자', 달 착륙과 코로나바이러스 부인론자들처럼 큐어넌QAnon(미국 극우파들이 주장하는 음로론)은 분명히 매우 황당한 가짜뉴스의 예다. 또한 오늘날 스마트폰을 가진 아프리카의 한 농부가 빌 클린턴 대통령이 임기 말에 알았던 것보다 훨씬 더 많은 정보를 손끝에 갖고 있다는 점도 사실이다.

비주류 온라인 하위문화에 속하는 사고방식이 주류 플랫폼과 뉴스매체의 많은 청중에게 전달되는 방식을 규범화normiefication라고 한다. '큐어난 현상에 관한 한 연구(Zeeuw et al, 2020)'는 큐어난이 인터넷상의 혐오단체 4chan에서 '피자게이트'(민주당의 중요 인사들이 소아성애자 아동 밀매 조직에 관여했다는 이론)에 대한 비주류적 사고방식을 어떻게 유포했는지 보여준다. 이 내용은 나중에 미국 대통령이 중요한 내용으로 직접 언급한 바 있다.

이런 거짓 자료에 대한 해결책은 뭘까? 기술을 통해 저렴하고 높은 수준의 교육 접근성을 개선하는 것은 인류의 발전에 필수적이다. 20세기의 대부분 시기에 지능지수가 개선되어 왔으며 10년마다 약 3점이 상승했다. 하지만 1975년 이후 이 추세가 반전되었다. 우리는 이 추세에 대처해야 하며, 기술을 활용해 우리의 지능을 높여야 할 것이다. 하지만 일론 머스크가 주장했듯이 주변의 기기를 통해 인터넷에 접속하는 방식으로 이미 그렇게 하고 있다.

우리는 합리적 가격의 더 수준 높은 교육을 통해 가짜뉴스와 싸울 수 있을 것이다. 또한 투명성과 책임성을 더 높일 필요가 있다. 누군가 입증 가능한 가짜 정보나 선전물을 반복해서 온라인에 올린다면 그가 영향력을 잃도록 만들어야 한다. 또한 정보의 출처를 투명하게 밝혀야 한다.

투명성이 오늘날만큼 가능해진 시기도 없었다. 하지만 이런 투명성을 판단하는 기준으로 신뢰성, 정확성, 사실성을 평가하는 윤리

테크노소셜리즘

적 구조에 따라 정보와 자료 출처에 대한 새로운 틀이 필요하다. 이런 윤리는 정치적 및 상업적 이해관계와 분리되어야 하고, 정직하게 인류 전체의 이익에 부합해야 한다. 또한 편견 없고 공평한 인공지능을 보장하는 투명성이 똑같이 필요하다.

최적의 인류를 위한 구성 원리

플라톤이 제시한 유형의 자비로운 전제국가가 인류 발전에 더 좋을까? 그럴 수도 있다. 예컨대 싱가포르는 대체로 플라톤이 언급한 방식으로 작동되며 경제적으로 아주 윤택하다. 싱가포르의 교육은 순위가 높고, 과학, 수학, 문해력 점수가 우수하다. 또한 지난 50년 동안 아시아에서 최고의 성과를 내는 국가 중 하나였다. 흥미롭게도 연구에 따르면 이 기간 아시아 최고 수준의 경제발전(아울러 1인당 GDP가 미국보다 더 높다)을 이룩한 싱가포르는 주로 대규모 자본 축적과 노동력에 대한 투자에 기반한다. 그런데 서구에서 경제 발전지표로 선호하는 생산성 증가는 싱가포르의 경제적 성공에 큰 역할을 하지 않았다.

생산성 증가가 다 좋은 것은 아니다. 싱가포르 사람의 60%는 일반적으로 싱가포르 정부에 만족한다. 하지만 싱가포르는 미국과 호주와 같은 국가보다 세계행복 순위가 낮다. 미국인의 불과 17~18%가 미국 정부에 만족한다는 점을 기억하기 바란다. 〈세계행복보고서World Happiness Report〉에서, 북유럽 국가들, 즉 덴마크, 노르웨이, 스웨덴, 핀란드, 아이슬란드는 계속 세계 최고의 국가로 평가받는다. 긴 겨울, 많은 세금, 지독한 악취를 풍기는 청어 통조림에도 불구하고 말이다.

무엇이 그들을 행복하게 만들까? 자유가 행복의 기초일까? 프리덤하우스(워싱턴 D.C.에 위치한 비정부 기구로, 민주주의, 정치적 자유, 인권을 위한 활동을 하고 있다)는 국가별 자유의 변동사항을 정리한 보고서 〈세계자유지수Freedom in the World〉를 매년 발간하고 있다. 2020년 141개 국가가 '자유' 또는 '부분적 자유' 등급을 받았고 54개국이 '부자유' 등급을 받았다. 코로나19 팬데믹 시기에 탁월한 성과를 낸 뉴질랜드는 2020년 자유 측면에서 최고 등급을 받은 국가 중 하나였다(자유지수가 99점이었다). 핀란드, 노르웨이, 스웨덴은 모두 100점이었고, 미국은 83점이었다. 자유에 대해 자부심을 가진 미국은 '자유'와 관련해 상위 20개국에도 들지 못했다.

안타깝게도 세계의 '자유'는 하향 추세이며 2020년 코로나19는 지난 15년 이래로 자유 점수가 가장 많이 하락하는 계기였다. 이것은 21세기 세계에 여러 문제와 연결될 것이다. 연속된 위기가 정치적 게임을 이전과 다르게 만들고 있고, 팬데믹이 미래에 대한 어떤 암시라면 자유도 줄어들 것이다.

설명하자면 이렇다. 팬데믹 시기에 정치권력이 남용된 것은 코로나19 자체나 위험요소에 대한 우선순위 때문이 아니었다. 그것은 나쁘게 보자면 단지 기회주의적 정치 때문이었고, 좋게 본다 해도 무능한 행정 때문이었다.

중국의 이른바 불간섭주의(그들의 정확한 표현은 내정간섭 금지다)와

테크노소셜리즘

민주주의 격차의 증가

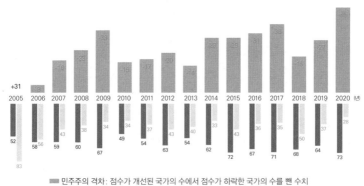

■ 민주주의 격차: 점수가 개선된 국가의 수에서 점수가 하락한 국가의 수를 뺀 수치
■ 개선된 국가의 수   ■ 감소한 국가의 수

지난 15년간 세계자유지수의 총점수가 하락한 국가는 매년 점수가 증가한 국가보다 더 많았다. 자유가
계속해서 쇠퇴의 길을 걷고 있다는 의미다.   출처: freedomhouse.org

홍콩기본법 23조 반선동법의 적용으로 홍콩은 가장 자유로운 국가
에서 부분적으로 자유로운 국가로 바뀌었다. 지난 10년 동안 미국
의 프리덤하우스 점수는 93점에서 83점으로 많이 떨어졌다. 이것
은 주로 정치 부패, 행정부의 투명성 부족, 최근의 가혹한 이민 및
망명 정책 때문이었다. 헝가리 총리 빅토르 오르반은 팬데믹을 악
용하며 비상 권한으로 언론을 압박해 정부에 대한 비판을 금지해버
렸다. 필리핀의 두테르테 대통령은 코로나19에 대한 정부의 대응을
비판하는 '거짓 정보'를 금지했다.

　이것이 왜 중요할까? 자유는 시민의 행복과 아주 밀접하게 관련

자유, 1인당 GDP, 행복 기준 상위 20개 국가

순위	자유		경제		행복	
	국가	점수	국가	1인당 GDP	국가	점수
1	핀란드	100	리히텐슈타인	139,100	핀란드	7.809
2	노르웨이	100	카타르	124,100	덴마크	7.646
3	스웨덴	100	마카오	122,000	스위스	7.56
4	뉴질랜드	99	모나코	115,700	아이슬란드	7.504
5	캐나다	98	룩셈부르크	105,100	노르웨이	7.488
6	네덜란드	98	버뮤다	99,400	네덜란드	7.449
7	우루과이	98	싱가포르	94,100	스웨덴	7.353
8	호주	97	맨섬	84,600	뉴질랜드	7.3
9	덴마크	97	브루나이	78,900	오스트리아	7.294
10	아일랜드	97	아일랜드	73,200	룩셈부르크	7.238
11	룩셈부르크	97	노르웨이	72,100	캐나다	7.232
12	벨기에	96	포클랜드섬	70,800	호주	7.223
13	일본	96	아랍에미리트연방	68,600	영국	7.165
14	포르투갈	96	쿠웨이트	65,800	이스라엘	7.129
15	스위스	96	홍콩	64,500	코스타리카	7.121
16	바베이도스	95	스위스	62,100	아일랜드	7.094
17	슬로베니아	95	지브롤터	61,700	독일	7.076
18	사이프러스	94	미국	59,800	미국	6.94
19	에스토니아	94	산마리노	59,000	체코공화국	6.911
20	독일	94	저지	56,600	벨기에	6.864

출처: https://companiesmarketcap.com

된다. 가장 자유로운 상위 20개국 중 12개국은 가장 행복한 국가 상위 20개국에도 속한다.

그러면 경제적 성과는 행복과 어떤 관계가 있을까? 거시경제는 자유와 행복 모두와 거의 전혀 관련이 없는 것처럼 보인다. 오직 2개 국가만이 세 가지 지표(자유, 1인당 GDP, 행복지수) 모두에서 상위 20위에 속한다. 이 두 국가는 어딜까? 노르웨이와 룩셈부르크다. 공교롭게도 세계 최대 경제국인 미국과 중국은 자유, 경제, 행복 측면에서 상위 10위에 들지 못한다.

일반 시민에게 경제적 성과 지표는 정치적, 사회적 자유, 올바른 통치, 좋은 의료, 장수, 사회적 지원 시스템보다 중요하지 않다. 예컨대 중국인들은 서구 민주국가보다 개인적 자유 지수가 낮을 것으로 추정되지만 그들 역시 과거보다 중앙정부에 대해 더 만족하고 훨씬 더 많은 자유를 누리고 있다고 느낀다. 주로 경제적 조건이 개선되었기 때문이다. 하버드 가제트는 2003~2016년까지 중국 중앙정부에 대한 만족도를 조사한 자료에 기반한 애쉬 센터Ash Center 연구를 발표했다. 그들은 중국 전역에서 중앙정부에 대한 만족도가 높다고 밝혔다. 응답자의 95.5%가 중앙정부에 대해 '비교적 만족' 또는 '매우 만족'한다고 응답했다.

> "〈세계행복보고서〉가 매년 국가 순위를 발표할 때마다 북유럽 국가들, 즉 핀란드, 덴마크, 노르웨이, 스웨덴, 아이슬란드는 상위 10위 안에 들었다. … 민주주의, 정치적 권리, 청렴성, 시민 간의 신뢰, 안전, 사회적 통합, 성평등, 소득 균등 분배, 인간개발지수, 또는 기타 많은 세계 비교지표 등에서 무엇을 평가하든 북유럽 국가들은 상위 순위에 포함된다."
>
> 〈세계행복보고서〉(2020)

시민이 행복을 느끼고 경제적으로 가장 성공한 국가들을 살펴보면, 특정 국가를 매력적으로 보게 만드는 미디어의 묘사는 연구와 피드백을 통해 보는 것과 실제로 일치하지 않는다. 북유럽 국가에서 사는 사람들은 높은 세금에 대해 간혹 불평할 때도 있지만 대체로 조세제도가 그들에게 다른 방식으로는 누릴 수 없는 높은 삶의 질을 제공한다고 생각한다. 이것은 중국인들도 비슷하다. 그들은 중국이 선도적인 경제 대국으로 발돋움한 것을 굉장히 자랑스럽게 여긴다. 하지만 일반 중국인들이 자부심을 느끼는 더 큰 이유는 정부가 중산층의 생활과 경제적 부를 개선하기 위해 열심히 일해 왔다고 생각하기 때문이다.

행복의 우선순위

미래의 선도적인 국가는 국민들에게 행복한 생활 수준을 제공하는 것은 물론, 직업이나 재산에 상관없이 더 큰 자유를 주려고 노력할 것이다. 이렇게 하려면 사람들에게 더 나은 삶을 살 수 있도록 접근성, 성취감을 높여주는 자기 계발의 다양한 경험과 기회를 제공해야 한다.

이를 위해 유엔개발프로그램의 인간개발지수(HDI)는 순수한 경제를 넘어서 생활 수준과 관련된 요소들을 포착하려고 시도한다. 이 지수는 매년 각국의 교육수준과 국민소득, 평균수명 등을 적절한 생활 수준을 함께 평가하여 어떤 국가가 최고의 인간개발 수준

테크노소셜리즘

을 제공하는지 전체적으로 보여준다.

노르웨이는 2019년 HDI에서 1위, 아일랜드와 스위스는 공동 2위, 홍콩, 아이슬란드는 공동 4위, 독일 6위, 스웨덴 7위, 호주와 네덜란드 공동 8위, 덴마크가 10위를 각각 기록했다.

홍콩과 스위스는 2020년 HDI와 글로벌지식지수(GKI), 프레이저 연구소가 최근 발표한 경제적 자유 세계 순위, 가장 최근의 HDI에서 모두 상위 10위에 포함되었다. 홍콩과 스위스는 지식경제 분야에서 다른 국가들이 모델로 삼는 국가들이다.

인간개발, 지식 수준, 경제적 자유의 세계 순위에서 좋은 성과를 올리는 국가들은 국내 노동자들에게 비교적 행복한 생활 수준을 제공하며, 이를 통해 전 세계에서 이주하는 전문 직업인들을 유치하는 것으로 보인다. 더 특별하고, 지적이며, 창의적인 사람들을 끌어들일수록 눈덩이 효과가 발생해 그 지역으로 더욱 재능이 있는 사람들을 끌어들여 계속 성공할 가능성이 높아진다.

시민들에게 최적인 경제는 어떤 모습일까? 첫 번째 기준은 시민들의 기본적인 필요에 우선순위를 두는 것이다. 이런 모델은 실제로 사회적 측면을 강조하기 때문에 19세기 관점에서 보면 공산주의적이거나 사회주의적이라고 표현하고 싶을 수도 있다. 하지만 순수하게 경제적 측면에서 보면 이 모델은 기본적으로 다이아몬드 형태 모델과 비슷하며, 여기에서는 단순한 부의 창출 대신 전체 사회계층의 고용, 소비, 임금 증가를 위해 경기부양책을 수립한다. 1950~1970년대의 미국 경제에서 볼 수 있는 다이아몬드형 경제는 분명히 자본주의라고 할 수 있다. 2차 세계대전 이후 미국은 퇴역

군인들이 다시 일자리를 찾고, 경쟁력의 토대를 확보하기 위한 인프라를 발전시키고, 전쟁 시기의 긴축정책 이후 중산층을 확대하는 데 우선순위를 두었다.

우리는 이러한 최적의 경제적 폭포 모델이 부유한 사람들과 기업을 우선시하는 모델보다 전반적으로 더 성과가 좋다고 확실하게 주장할 수 있다. 특히 래퍼곡선(중산층 증가를 위해 설계된 부자와 기업에 대한 세금 감면)이 미국의 중산층 증가를 촉진하는 데 계속 실패했음을 볼 때, 시장의 최상위에 속하는 부유한 사람들이 계속해서 더 큰 부를 축적하는 방식이 GDP 증가를 꼭 보장하지 않는다.

또 다른 기본적인 기준은 미래 국가를 위한 투자다. 세계 경제는 애덤 스미스나 존 메이너드 케인스가 경제이론을 발표할 시기에는 절대 불가능했던 방식으로 통합되고 있다. 아울러 프리드먼은 인터넷 전자상거래의 탄생을 예견했지만 그의 가장 유명한 저서《자본주의와 자유》(1962)에서는 이런 부분을 고려하지 않았다. 물론 그는 최소한의 정부 개입을 주장하고 복지국가에 대한 반대 입장 탓에 보수주의자들에게 인기 있는 경제학자다. 빈곤과 불평등에 대한 프리드먼의 대답은 간단히 표현하자면, 부유한 사람들이 모두 함께 기부에 동참하여 지역에서 가난한 사람들을 없애는 것이다. 하지만 그의 전체적인 주장은 부를 창출하는 경제적 문제가 가장 우선적이고 중요하며, 사회적 문제는 정부가 나중에 고민할 수 있다는 것이다.

인터넷으로 돌아가 보자. 지금은 글로벌 상거래가 예외가 아니라 표준인 세상이다. 미국인들이 아마존에서 물건을 주문하면 아마

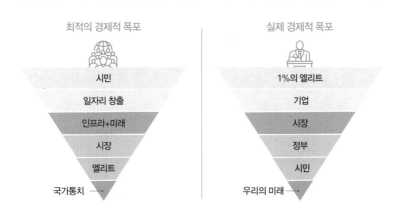

시민을 위한 경제 작동 방식 대 오늘날 경제가 실제로 작동하는 방식

최적의 경제적 폭포

- 시민
- 일자리 창출
- 인프라+미래
- 시장
- 엘리트

국가통치 →

실제 경제적 폭포

- 1%의 엘리트
- 기업
- 시장
- 정부
- 시민

우리의 미래 →

존 판매자들은 주문한 그 상품을 알리바바를 거쳐서 불과 24시간 뒤에 중국에서 미국으로 가는 화물기에 실을 수 있다. 각국의 경제는 세계적으로 촘촘하게 연결되어 있고 세계 경제가 원활하게 돌아가기 위해서는 막대한 기술 투자와 인프라가 필요하다. 재생에너지에 기초한 경제는 더 깨끗하고 저렴할 뿐만 아니라 새로운 일자리를 많이 창출하고 미래에도 지속 가능할 것이다. 인구의 유전체 염기서열분석, 인공지능 이용과 같은 목적의식적인 자료 관리를 통해 지역사회의 발전에 투자하는 경제는 시민들이 더 건강하고, 더 오래 살 수 있게 할 것이다. 이런 투자는 프리드먼의 모델과는 상반된다. 시장이 산업의 핵심적인 노동과 투자 방식을 바꾸는 경우는 기존 시스템이 최고의 수익을 창출하지 못할 때뿐이기 때문이다.

21세기 경쟁력에는 근본적으로 기술, 인공지능, 스마트 인프라가 매우 중요하기 때문에 이러한 시스템에 대한 투자, 공격적인 경제구조 개편과 개인적 기술 습득 지원에 우선을 둘 필요가 있다. 따라서 앞으로 프리드먼이 주장한 자본주의가 허용하는 것보다 훨씬 더 많은 투자가 요구된다. 이것은 미국 경제가 급속히 중국보다 뒤떨어지는 이유가 될 수도 있다. 소비뿐만 아니라 경제적 인센티브도 중요하다.

자유, 불평등, 민주주의에 관한 논쟁이 많은 국가는 사람들에게 평평한 운동장을 제공하려고 노력하는 지역이거나, 일반 사람들의 경제 상황이 나빠지고 있는 지역이다. 중국에서 이런 논쟁이 거의 없는 것은 일반 사람들이 더 행복하기 때문이다. 핀란드, 노르웨이, 덴마크, 스웨덴 역시 이런 논쟁이 별로 없다. 그것은 시민들이 자신들의 요구가 기업이나 부유층의 요구보다 더 우선시된다는 것을 알기 때문이다.

미국에는 지겹도록 오래된 논쟁이 있다. 이를테면 노숙인들이 정말 집을 원한다면 더 열심히 일할 것이라든지, 또는 의료비 때문에 파산한 사람을 위한 유일한 대책은 그들을 더 잘 교육하여 더 나은 일자리를 얻게 하면 된다는 것이다. 이런 논쟁은 애초 잘못된 전제에 기초한다. 실제로는 대부분의 미국인들은 경제가 성장함에 따라 핵심 서비스에 대한 접근성 개선을 우선시하는 경제가 아니라 소수의 사람들이 부유하도록 설계된 시스템 속에서 살고 있는 것이다.

| 승리자 대 패배자 |

이제는 우리가 접근할 수 있는 여러 자원은 모든 시민이 자신과 가족들에게 더 건강한 생활 수준을 제공할 수 있는 기회로 활용되어야 한다. 2019년 전 세계의 총부는 360.6조 달러로 추정되었다. 이것은 환산하면 개인당 대략 50,000달러의 가치지만 잘 알고 있는 것처럼 특정계층에 쏠려 있다.

앞에서 제시된 근본적인 질문으로 되돌아 가보자. 즉 경제의 진정한 목적은 무엇일까? 경제 성장을 이루는 것일까? 사람들의 필요를 채우는 것일까? 당신이 행복하고 성취감을 느끼는 시민을 원한다면 그 대답은 후자다. 당신이 21세기 경제가 크게 성공하기 원한다 해도 아이러니하게도 그 대답도 후자다. 이런 관점을 뒷받침하는 근거는 무엇일까?

앞서 언급했듯이 2차 세계대전 이후부터 1970년대 초까지 시기는 세계 역사에서 경제가 가장 크게 팽창했던 때였다. 미국 GDP는 불과 30년 만에 2,280억 달러(1945년)에서 1.7조 달러(1975년)로 증가했다. 1975년 미국 경제는 세계 전체 산업 생산액의 35%를 차지했고 당시 세계 2위 경제 대국인 일본보다 3배 더 컸다. 실제적인 비결은 중산층의 성장이었다. 미국이 경험한 경제 성장의 과실은 경제적 계층 전체에 매우 고르게 배분되었다. 이것은 소비, 주택, 제조업, 자동차 산업, 전자산업을 자극했다. 미국 경제가 성장할 수 있었던 큰 이유는 저소득 농장 노동자들이 소도시와 대도시의 고임금 일자리로 이동한 덕분이었다. 인간을 달로 보낸 미국은 의학과 과학을 엄청나게 발전시켰다. 미국인들은 모두 가능성에 고무되었고 자녀 세대는 자신보다 더 잘 살 것이라고 철석같이 믿었다.

1950년대 세계 중산층의 90%가 유럽이나 미국에 살았고 중국은 무시할 만한 수준이었다. 하지만 오늘날 세계 중산층의 약 20%가 중국에 산다. 2027년이면 중국의 12억 명이 중산층으로 분류되어 세계 중산층의 최소 25%를 차지할 것이다.

중국은 이미 세계 최대의 단일 소비시장이다. 이것은 폭넓은 서민경제의 성장 관점에서 볼 때 2차 세계대전 이후 미국 경제와 아주 비슷하다. 앞서 말했듯이 중국은 70년 전의 미국 경제보다 상당히 큰 장점을 갖고 있으며, 그들의 경제를 적절하게 유지할 21세기 인프라와 개인적 기술 역량에 엄청나게 투자하고 있다. 중국은 고전적인 피라미드형 경제(20세기 중반 내내)에서 역대 가장 수익성이 높은 경제인 다이아몬드형 경제로 바뀌고 있다.

인프라 개발, 인공지능과 연구 및 개발 투자, 기술 기반 역량, 중산층 성장 측면에서 미국, 중국, 일본, 인도, 유럽연합을 간단히 비교해보면 다음과 같다.

| 인프라 개발 |

중국은 인프라 시설에 일본, 인도의 약 2배, 미국과 유럽의 약 3배 더 많이 투자하고 있다. 시진핑 주석은 2013년 두 번의 연설에서 일대일로 사업을 제안했다. 오늘날 중국은 전 세계 70개국의 2,881개

테크노소셜리즘

사업에 약 3.5조 달러를 투자하고 있다. 2050년 일대일로 사업이 완료되면 중국은 대략 8조 달러를 투자할 것으로 보인다. 이것은 현대 역사상 가장 크고 야심찬 인프라 사업으로서, 이 사업이 완료되면 동아시아에서 동아프리카, 중앙유럽까지 연결될 것이다.

이 사업에는 철도망, 도로망, 해운 시설과 같은 무역로 개발과 투자가 포함된다. 일대일로 사업은 유라시아 지역을 크게 바꾸고 세계 무역을 재편하여 미국 달러화 기반 무역에 맞서 중국 위안화의 경쟁력을 강화할 것이다. 일대일로 인프라 사업은 70개국을 연결하고 세계 인구의 60% 이상, 세계 경제생산량의 40%에 영향을 미치게 될 것이다. 한편 조 바이든은 미국 인프라 시설에 약 2조 달러를 투자하는 새로운 인프라 계획을 제안했다.

> "바이든의 원대한 미국 일자리 창출 계획에는 노후화된 도로와 교량을 개량하고, 대중교통 프로젝트를 활성화하고, 학교 건물과 병원을 다시 짓는 사업이 포함된다. 또한 이 계획은 전기차를 확대하고 모든 납관을 교제하고 국가의 상수도 시스템을 점검하고 … 국가의 청정에너지 노동력을 개발하고 제조산업을 확대하고, 고령자와 장애인을 관리하는 돌봄서비스를 직업군으로 육성할 것이다."
>
> 〈유에스에이 투데이〉 (2021.04.02.)

대규모 심해항, 고속철도, 그린에너지 발전소와 같은 인프라의 건설 재원은 대부분은 중국 국영 기업의 자금에서 나올 것이다. 일부는 보조금이지만 많은 재원은 차관 형태가 되기 때문에 채무 국가가 부도가 나면 큰 문제가 발생할 수 있다. 2006년부터 2017년까

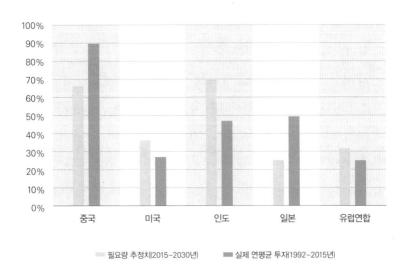

GDP 대비 인프라 필요량과 투자 비율 (%)

■ 필요량 추정치(2015~2030년)   ■ 실제 연평균 투재(1992~2015년)

지 케냐는 중국으로부터 98억 달러의 인프라 차관을 빌렸다. 오늘
날 대중국 부채 규모는 케냐의 대외 부채 중 약 5분의 1에, 케냐 쌍
무무역 부채의 3분의 2 이상에 해당한다. 이 재원들은 몸바사와 나
이로비를 연결하는 고속도로, 도로, 철도 사업에 투자되었다.

2018년 12월 말 보도에 따르면, 케냐는 수익성이 가장 높고 가장
큰 몸바사 항을 개발하기 위해 빌린 중국 부채에 대해 거의 채무불
이행 수준까지 갔다. 케냐는 이 때문에 항구 운영권을 중국에 넘겨
줄 수밖에 없었다. 이와 비슷하게 파키스탄의 과다르 심해항도 중
국 은행에서 약 160억 달러를 대출받아 투자했다. 문제는 13%가
넘는 이자율로 인해 채무불이행 위험이 상당하다는 점이다. 채무불

이행이 발생하면 중국은 결국 온갖 유형의 담보물을 요구할 것이다. 중국 측이 이미 주장한 담보물은 석탄 광산, 공항, 고속도로에서부터 석유 파이프라인, 철도가 포함된다.

중국은 예외적인 상황이 아니라면 이 대출금을 회수하지 않을 것이다. 중국이 원하는 것은 일종의 신경제 식민주의를 내걸며 인프라를 소유하는 것이 아니라 세계 무역을 지배하는 것이기 때문이다. 중국이 세계 경제에 참여하려는 동기는 세계의 다른 국가들보다 훨씬 더 강하고, 지역 차원에서 채무불이행 국가 소유 자산과 인프라를 통제하는 기회를 갖는 것보다 더 강하다. 분명히 얼마간의 채무불이행이 발생할 것이다. 중국도 물론 상대 국가의 채무불이행이 많아질수록 일대일로 사업으로 그런 국가들과의 무역이 촉진될 가능성은 낮아지리라는 것을 이해하고 있다. 중국이 계속해서 자국의 핵심적인 경제 자산을 장악하는 것을 본다면 개발국가들은 중국에 대한 태도를 바꿀 것이기 때문이다.

중국은 또한 무역 발전이 인공지능 역량의 발전과 매우 강하게 관련된다고 본다. 실제로 인공지능은 중국이 추진하는 인프라 개발의 일부로 볼 수 있다. 중국은 인공지능 관련 연구 및 개발, 스타트업에 대규모로 투자할 뿐만 아니라, 대학생들에게 인공지능과 그것이 생활에 미치는 잠재적 영향에 대해 중점적으로 가르치고 있다.

인공지능은 어떻게 이용되는가?

2017년 중국 국무원은 인공지능 개발계획을 발표했다. 이것은 중국의 미래 경제계획의 핵심이며, 일대일로 투자사업과 쌍벽을 이루는 디지털 실크로드 사업의 일부이기도 하다. 이 문서는 중국의 목표를 명확하게 밝혀준다. 중국의 목표는 곧 2030년 또는 그 이전까지 중국이 인공지능의 이용, 개발, 적용 분야에서 세계를 선도하는 것이다.

> "인공지능의 신속한 발전은 인간의 사회생활과 세계를 근본적으로 바꿀 것이다. 이 계획은 중국 공산당 중앙위원회와 국무원의 요구 사항에 따라 인공지능 개발의 중요한 전략적 기회를 포착하고, 인공지능 개발 분야에서 중국의 선발이익을 확보하고, 혁신 국가의 건설과 세계의 과학기술 발전을 촉진하기 위해 수립되었다."
>
> 신세대 인공지능 개발계획에 관한 중국 정부 계획(2017.07.08.)

몇몇 연구에 따르면 미국은 인공지능 분야에서 중국에 비해 10~15년 정도 앞서 있다. 하지만 이 연구들은 인공지능 스타트업들에 대한 미국의 벤처자본 투자와 군사 분야의 인공지능 개발 투자에 초점을 맞춘 것이다. 보다 폭넓은 사회 전반을 위한 인공지능 분야에 대한 투자를 고려하지 않았다(이 분야는 중국이 앞선 것으로 추정된다). 미 국방부는 미국이 인공지능 투자에 상당히 뒤져 있다는 우려를 거듭 제기해왔다. 미국 군부는 인공지능에 대한 중국의 투

테크노소셜리즘

자가 2020년 최소 700억 달러로 증가했다고 추정했다. 이와 대조적으로 미국의 펜타곤이 2020년에 인공지능, 기계학습 연구와 개발에 투자하고자 계획을 세운 금액은 약 40억 달러에 불과하다.

〈이코노미스트〉는 2017년 7월 중국이 이미 딥러닝 역량의 핵심 응용 분야, 이른바 '데이터의 사우디아라비아'(데이터가 새로운 석유라면)에서 미국을 앞질렀다는 우려를 제기했다. 중국의 인터넷 이용자는 7억 3,000만 명으로 미국의 3억 1,200만 명보다 2배 이상 많다. 그 결과 중국은 딥러닝 또는 인공지능 기술을 꾸준하게 일상에 훨씬 더 빨리 적용하고 있다.

예컨대 모바일 지갑을 보자. 애플은 2025년까지 모바일 전자 지갑 결제액이 1조 달러에 육박할 것으로 예상한다. 중국의 경우 2013년에 벌써 이 수준을 넘어섰고, 모바일 지갑 이용 측면에서 미국을 12년 정도 앞섰을 가능성이 있다. 2020년 알리페이와 텐센트 위챗페이를 통한 모바일 결제액만 52~58조 달러 범위일 것으로 추정된다. 이와 대조적으로 세계 플라스틱 카드 결제액(신용카드, 직불카드, 선불카드, 기프트카드 포함)은 2017년 25조 달러 수준에서 정체 상태를 보였다. 계산해보면 중국의 모바일 지갑 결제액이 전 세계 플라스틱 카드 결제액의 약 2배라는 것을 알 수 있다.

중국의 엄청난 모바일 결제액 증가는 분명히 인터넷 연결 덕분이지만, 더 나아가 얼굴인식 기술의 스마트한 활용, 인공지능을 활용한 사기 및 신원 도용 추적 기술의 발전 덕분이기도 하다. 2020년 11월 11일 알리바바는 하루에 560억 달러의 매출액을 달성하여 이전 기록을 모두 깼다. 당시 엄청난 액수의 거래가 알리페이 모바일

중국 모바일 지갑 결제액 증가 (단위: 조 미국달러)

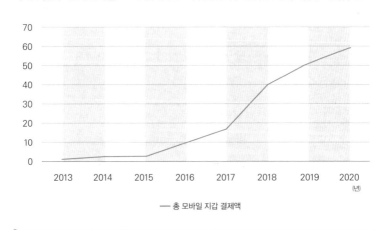

— 총 모바일 지갑 결제액

중국의 모바일 지갑에는 전국 단위의 얼굴인식 기능이 포함된다.

결제망을 통해 이루어졌고 생체 보안기술이 활용되었다. 이런 방식의 인공지능 기술 활용은 안전하다는 강점까지 있다. 알리페이가 초당 최대 459,000건의 거래를 처리했음에도 모바일 거래 사기 비율은 0.0006bps밖에 되지 않았다.

이에 비해 지난 10년 동안 미국 신용카드는 '카드 제출' 거래에서 평균 2.92bps, '카드 미제출' 거래(보통 온라인 전자상거래 결제)에서는 11.44bps를 기록했다. 따라서 안면인식 기술은 전자칩 신용카드나 플라스틱 카드를 제시하고 서명하는 방식보다 엄청나게 더 안전하다. 이 결과는 감당할 수 없을 정도의 사기 비율과 범죄 가능성을 놓고 볼 때 앞으로 현금과 플라스틱 카드를 폐기해야 한다는 뜻이

2014년 얼굴인식 결제 기술을 시연하는 마윈 회장

출처: Ant Group/Alipay

다. 미국과 유럽연합은 지금까지 얼굴인식 기술을 공식적으로 거부했지만(아마도 시민의 권리문제 때문에) 실제적으로는 법률 집행과 운전면허, 여권, 국경 통제를 위해 널리 사용하고 있다. 아마도 일반 시민들은 이런 점을 잘 알고 있지 못할 것이다.

2030년에는 국가 차원의 생체기반 신원 증명 제도가 인터넷을 이용한 일상적인 서비스에 적용되어 일반화되고, 여권도 얼굴인식과 블록체인과 같은 기술에 기반해 발행될 것이다. 서구의 여러 국가들이 가까스로 이런 목표에 도달할 즈음이면 중국은 이런 기술을 경험한 지 벌써 15년이나 되어 있을 것이다.

인공지능과 연구 및 개발 분야에 대한 중국의 야심은 분명하다.

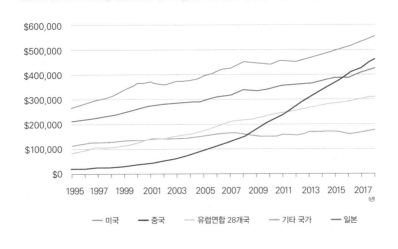

세계 국가별 R&D 지출액 (구매력지수로 조정한 미국 달러)

지난 20년간 세계 R&D 지출액

출처: OECD 통계

1999년 세계 지식재산권기구(WIPO)이 중국으로부터 특허 신청을 받은 것은 불과 276건이었다. 2019년 이 수치는 폭발적으로 증가하여 5만 8,990건이 되었다. 미국의 특허 신청 건수는 같은 해 5만 7,840건이었고, 일본은 세 번째로 많은 5만 2,660건이었다. 화웨이에서만 4,411건의 특허를 신청했다. 중국의 인공지능 투자와 특허 신청은 다음 인공지능 기반 범주를 중심으로 집중되고 있다.

2020년 8월 중국은 과학 논문 발표 건수에서도 미국을 추월했다. 중국은 전 세계 과학 논문의 19.9%를 발표한 반면, 미국은 18.3%를 차지해 2위에 그쳤다. 중국은 현재 연구 및 개발 분야 지

테크노소셜리즘

출액에서 세계 2위이지만 2022년에는 미국의 연구 및 개발 분야 지출액을 넘어설 것으로 예상된다.

기술의 격차

중국이 세계적으로 탁월한 분야는 미래를 대비하기 위한 시민 육성 노력이다. 대학생 수를 볼 때 인도(7,800만 명)는 중국(7,770만 명)과 미국(6,740만 명)보다 많다. 2016년 중국에서도 매주 하나꼴로 새로운 대학이 설립되는 등 움직임이 일고 있다. 이것은 기술주도 산업과 서비스 경제에 부족한 학생을 해결하기 위한 노력이다.

세계경제포럼은 중국이 2016년 470만 명의 과학, 기술, 공학, 수학(STEM) 분야 졸업생을 배출했다고 밝혔다. 반면 같은 기간에 인도는 260만 명, 미국은 56만 8,000명을 각각 배출했다. 중국은 2020년부터 매년 약 4,000만 명의 STEM 졸업자를 배출할 것으로 추정된다. 어떤 사람들은 중국의 과학과 공학 프로그램이 미국보다 수준이 낮고 아직 부족하다고 주장할지 모른다. 하지만 매년 중국의 학사학위 졸업자의 40~50%가 STEM 분야를 전공하는 반면, 미국은 한 자릿수를 기록하고 있다. 이것은 2030년에 중국의 STEM 노동력이 300% 증가하는 반면 미국은 30% 증가한다는 의미다. 나아가 미국이 STEM 노동력을 메꾸기 위해 H1-B 비자 소유 이민자에 많이 의존하고 있다는 뜻이기도 하다.

경제의 초점이 기술 절대 우위, 제조 역량을 자율로봇에 의존,

국가 데이터 딥러닝을 활용한 대규모 시스템 설계, 스마트하게 배전되는 에너지 저장과 재생에너지 방향으로 에너지 시스템을 개편하는 것에 맞추어지면, 한 국가가 배출할 수 있는 STEM 분야 인재는 당연히 미래를 대비한 노동력 확보를 위한 일차적인 관심사가 된다.

미국의 박사급 화학자 3분의 1 이상이 미국 시민권자가 아니거나 귀화한 외국인이다. 미국 공학 박사학위 지원자의 53%가 미국 시민이 아니었다. 외국인으로서 미국의 과학, 공학 분야 박사학위자의 76%가 미국에 계속 머물기를 희망한다. 미국 특허의 24% 중 적어도 한 명 이상의 비미국인이 특허발명자로 등재되어 있다. 2017년 현재 미국 대학을 졸업한 외국 태생의 과학자와 공학자는 과학과 공학 분야 미국 전체 노동력의 약 30%를 차지한다.

앞서 말했듯이 미국은 대체로 수학과 과학 교육 수준이 형편없다. 2018년 국제학업성취도평가PISA에 따르면 미국은 79개국 중 수학에서 36위, 과학에서 24위, 읽기에서 13위였다. OECD 35개 회원국 중 미국은 수학 분야에서 뒤에서 5위였다. 가장 큰 문제는 PISA의 표준점수체계가 미국 학생들의 경제적 지위에 따라 매우 큰 편차를 보인다는 것이다.

미국에서 가장 가난한 학교의 평균 점수와 가장 부유한 학교의 평균 점수 차는 93점이다. 이것은 3등급 수준, 즉, 일반적인 10등급 성취도와 7등급 성취도 간의 차이다. 미국의 부유한 학생의 27%, 가난한 학생의 4%(이에 비해 OECD 평균은 17%와 3%)가 읽기에서 최고 점수를 받았다.

　　　　　　　　　　　테크노소셜리즘

STEM 역량 개발을 통해 미래의 경제를 대비하는 과제와 관련하여 미국은 분명 문제가 있다. 이 분야에서 미국 교육의 상대적 수준은 지난 30년 동안 PISA 점수를 개선하지 못했을 뿐더러, 노동시장에서 외국인 STEM 노동자에 대한 의존도가 상당히 증가해왔다. H1-B 비자 프로그램 덕분에 미국의 최대 기술기업이 번영할 수 있었지만, 오늘날 이런 이민 형태에 대한 압박이 심각하다. 이것은 미국이 내국인 역량에 의존해야 한다는 뜻이다. 미국이 이런 문제를 신속하게 역전시키는 유일한 방법은 국가적 차원에서 STEM 프로그램을 무료로 폭넓게 제공하고, 요즘 거의 찾아보기 힘들긴 하지만 기술 기업의 최고경영자가 일자리 프로그램을 활성화하는 것이다.

한편 중국은 STEM과 인공지능을 중심으로 한 이른바 '핵심 역량'에 매우 광범위한 노력을 기울여왔다. 중국의 교육 목표는 인공지능과 인간지능 간의 관계, 인간과 기계의 협업, 인공지능을 미래 발전과 강력하게 연결하는 방법을 근본적으로 실현하는 것이다. 중국의 교육은 학문적 지식의 완성을 강조하는 전통적 체계에서 학생들의 사고력과 문제해결능력을 키우는 역량 개발을 강조하는 방향으로 탈바꿈하고 있다. 예컨대 중국 고등학교의 IT 교육과정은 더 이상 단순히 컴퓨터와 인터넷(일반적으로 미국, 호주, 영국 학교시스템에서 정보통신기술ICT이라고부르는것)을 중심으로 이루어지지 않는다. 그 대신 데이터, 알고리즘, 정보시스템, 정보사회에 초점을 맞춘다. 중국이 학교 교육과정 수정, 공격적인 R&D 투자, 특허, 인공지능 활용, 기술 통합에 공을 들이는 현실은 중국이 미국의 지식

재산을 복제하거나 모방한다고 주장하는 사람들의 심각한 무지를 드러낸다.

어쨌든 21세기에 적합한 경제를 원한다면 중국의 선례를 따라야 한다. 근본적인 개인 역량 개발, 인프라, 미래를 위한 근본적인 기술 개발에 대한 중국의 집중적인 노력은 세계 어떤 국가에서도 찾아볼 수 없다. 따라서 2030년에 중국은 세계 최대 경제 대국이 될 뿐만 아니라, 21세기 내내 전 세계에서 사용할 가장 중요한 기술의 핵심 개발국이 될 것이다. 아마도 최초의 슈퍼부자trillionare는 인공지능을 만든 중국인이 될 것이다.

| 그들은 더 이상 개발국가가 아니다 |

이른바 선도적인 '개발국가'로 불리는 4개국은 브라질, 러시아, 인도, 중국이다. 또는 4개국의 머리글자를 따서 BRIC 국가라고 한다. 하지만 2050년에 이른바 '개발국가'들은 전 세계 최고수준의 GDP를 달성하면서 미국을 거의 추월할 것이다.

미국은 2050년에 세계 3위 경제 대국이 되겠지만 경제 규모가 중국보다 훨씬 더 작을 것이며 중국 경제가 미국 경제보다 1.5~2 배 더 커질 것이다. 골드만 삭스는 2027년에 중국의 GDP가 미국과 비슷해지고, 그 이후부터 계속 앞서 나갈 것으로 예측한다. 인도 역시 2030년에 미국을 따라잡거나 추월할 것이다.

2032년 BRIC 국가의 전체 GDP는 오늘날 선도적인 서구 국가

——— 테크노소셜리즘

흔들리는 토대 세계 외환보유고 중 미국달러 비중 25년 이래 최저로 감소

(%)

85
80
75
70
65
60
55
50
45

1970~1979   1980~1989   1990~1999   2000~2009   2010~2019

(년)

—— IMF의 세계 외환보유고 중 미국달러 비중(%)

현재 세계 외환보유고 중 미국 달러 비중이 1995년 이후 최저수준이다.

출처: 블룸버그

들의 전체 GDP와 비슷해질 것이다. 세계은행은 미국 달러가 2025년에 세계적 지배력을 상실하고, 달러화, 유로화, 중국 위안화가 '다중 화폐' 통화시스템 속에서 동등해질 것이라고 예측한다.

21세기는 '선진국'과 '개발국'의 기준을 다시 평가해야 한다. 유엔 경제사회사무국은 1975년에 시작한 경제 연구에 기초해 경제개발을 위한 〈세계경제상황 및 전망 보고서(WESP)〉 분류체계를 만들었다. 오늘날 G7 국가에는 캐나다, 일본, 독일, 프랑스, 이탈리아, 영국, 미국과 같은 주요 선진국이 포함된다. 2018년 다른 WESP 등재 선진국에는 호주, 한국, 네덜란드, 스페인, 스위스, 대만이 포함

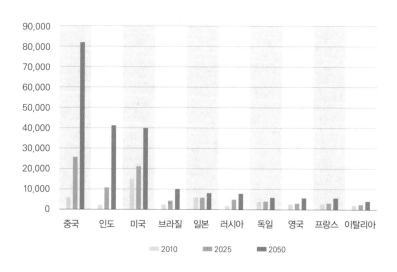

2050년 국가별 GDP 증가 예상액 (2009년 구매력 기준, 10억 미국달러)

출처: PwC, WEF, OECD

되었다. G20은 더 확대되어 WESP가 여전히 개발국가로 분류하는 국가인 러시아, 중국, 브라질, 아르헨티나, 인도네시아, 멕시코, 사우디아라비아, 남아프리카공화국, 터키가 포함된다.

G20은 매년 세계 주요 경제국이 모여서 거시경제 정책과 협력을 논의하는 국제포럼이다. 오늘날 G20 회원국들은 세계 GDP의 80% 이상, 세계 무역량의 75%, 세계 인구의 60%를 차지한다.

하지만 향후 30년 동안 장기적으로 바라보면 어떻게 바뀔까? 어떤 국가들이 2차 세계대전 이후 미국처럼 더 강력해질까? 분명히 중국은 여러 핵심 지표에서 앞서고 있다. 중국은 세계 경제에서 이

테크노소셜리즘

미 지배적인 국가로 나아가고 있을 뿐만 아니라 세계 무역과 미래의 경제적 지배력을 뒷받침하는 세계 인프라에 많은 투자를 하고 있다. 일대일로 사업은 중국을 경제적 파트너와 함께 향상된 공급망 관리와 강력한 경제적 지렛대를 발전시키는 거의 독보적인 기반을 제공한다. 이 사업에는 대규모 인프라 개발 차관과 투자, 광범위한 국가 간 무역에서 우대국 지위가 포함된다.

중국은 향후 20~30년 동안 인공지능이 자국의 경제와 산업을 어떻게 규정할 것인지를 미국이나 유럽보다 훨씬 더 확실하게 이해하고 있는 것 같다. 이것은 21세기 내내 중국 경제의 선도적 위치가 흔들리지 않을 것이라는 뜻이다.

적응은 선택 사항이 아니다

우리는 2050년에 인공지능이 세계 GDP의 25%를 차지할 것으로 추정한다. 인공지능에서 최대의 경제적 이익을 얻는 국가는 중국(2030년에 GDP의 26%로 증가)과 북미지역 국가(2030년에 GDP의 14.5%로 증가)가 될 것이다. 이것을 금액으로 환산하면 10.7조 달러이며, 두 국가는 인공지능의 세계 경제적 파급효과의 약 70%를 차지할 것이다. 전반적으로 인공지능이 생산성, 제품 가치, 소비를 증대시킴에 따라 가장 큰 이익을 얻는 분야는 소매업과 금융서비스업, 의료업이 될 것이다.

2050년이 되면 기후는 매년 최소 7.9조 달러의 경제 효과를 창출할 것이다. 여기에는 홍수와 같은 기후 관련 재난만 포함된 것이다. 농업 분야 파급효과, 대규모 이주민, 성장 산업으로서의 기후 완화 활동 등은 고려되지도 않은 것이다. 기후변화가 경제 성장에 미치는 부정적 효과로 매년 세계 GDP의 3~7%가 사라진다는 추정은 매우 보수적인 예측이다. 2050년 정부의 주요 정책은 모두 기후변화를 고려해 설계될 것이다. Y세대와 Z세대가 분명히 정책을 담당할 것이며 기후재난에 대응하기 위해 전 세계적으로 협력, 노력과 투자가 촉진될 것이다. 그때쯤이면 이미 세계 경제의 20%가 기후 관련 대응과 완화 활동에 투자될 것이다.

실제로 향후 10년 이내에 GDP 성과 다음으로 탄소 중립성, 그린에너지 점수, 투명한 지속가능성 노력이 분명히 중요해질 것이다. 탄소중립을 이루고, 국내와 국제적 차원의 기후 위기 완화 프로그램에 적극적으로 기여하라는 국제적 압력이 엄청나게 커질 것이다. 전 세계 공동체는 각 국가에 대해 지속 가능한 생산, 재활용 기술 개발, 탄소중립 스마트 에너지 관리, 해양에서 플라스틱 제거, 대기질 및 수질 개선을 평가하고 책임을 물을 것이다.

요점은 이것이다. 성공적인 경제국가의 토대는 확실히 바뀌고 있다. 첨단 기술, 과학, 공학 기술과 투자가 21세기에 경쟁력 있는 경제의 핵심 요소가 될 것이다. 이를 위해서는 새로운 표준에 따른 변화가 필요하다. 코로나19 팬데믹을 통해 보았듯이 어떤 국가는 이러한 변화에 극단적으로 저항한다. 미국, 영국, 호주의 일부 지역에서 보이는 정치적으로 보수적인 관점, 즉 우리가 더 단순한 시대로 돌아가야 한다는 시각(1950년대와 1960년대를 향한 향수에서 비롯되었

21세기 경제의 구성요소들

- 인공지능
- 임베디드 기술
- **스마트 인프라**
- 스마트 의료기술 및 장수
- 기후 방어·완화 대응
- 보편적 소득 또는 자산 지원
- 적극적인 이주 지원활동

21세기 '스마트 경제'를 위해서는 경쟁력 있는 사고와 투자에 대한 완벽한 검토가 필요하다.

다)은 시민들이 기술 변화를 받아들이지 못하게 한다. 하지만 변화하지 않으면 인공지능, 기후변화와 더불어 사는 경제를 질서 있게 맞이할 수 없다. 이 경우 정책과 경제적 핵심 동력이 서로 갈등하면서 장기적으로 경제를 약화시키는 혼란스러운 저항에 직면할 것이다. 토머스(밀턴이 아니라) 프리드먼이 이렇게 말했다.

> "살아남는 것은 가장 강한 것도, 가장 스마트한 것도 아니다. 상황에 가장 잘 적응하는 것이 살아남는다… 우리는 개인, 지역사회, 기업 차원에서 거대한 변화의 도전과제에 직면해 있다."
>
> 〈뉴욕타임즈〉 칼럼니스트, 토머스 프리드먼(2018.07.19.)

2050년의 세계 경제가 어떤 모습일지 분명해지고 있다. 이 기간 내내 엄청난 과학과 공학 기술이 경제 분야에서 계속 활용될 것이다. 21세기에는 기후 회복과 완화 프로그램과 관련되는 부분을 제외하고, 기술 중심의 역량을 갖추지 못한 노동력에 대한 수요는 증가하지 않을 것이다. 기후 완화 활동은 새로운 노동수요를 창출하는 매우 중요한 분야가 될 것이며, 이런 기술 역량은 많은 부분을 STEM 교육에 의존할 것이다. 경제학은 자원을 활용하는 학문에서 자원을 극대화하는 학문, 즉 우리가 가진 자원을 지속 가능하고 긍정적인 방식으로 이용하는 것으로 바뀔 것이다.

GDP 성장은 경제적 성공의 유일한 지표는 아니지만 STEM 역량에 크게 의존하게 될 것이다. 중국은 이것을 알고 있다. 미국, 영국, 유럽연합 역시 이런 사실을 알지만 그들의 교육시스템과 시민에 대한 투자는 이런 통찰을 반영하지 못하고 있다.

21세기 경제는 다른 무엇보다도 시민의 행복에 초점을 맞추고, 우리의 자녀와 후손들은 정책 결정에 적극적으로 참여하며 20세기 경제이론에 동의하지 않게 될 것이다. 경제의 기본 목표는 첫째로 국민을 위하고, 둘째로 환경을 돌보고, 마지막으로 기업, 군산복합체와 정치인을 챙기는 것이다. 기업들이 자동화로 대체되는 노동자를 재배치하는 계획을 적극적으로 수립하지 않는다면 그들은 불매운동을 야기할 것이며 브랜드 평판에 심각한 문제를 감수해야 할 것이다. 기업의 기후문제 대응도 마찬가지다.

이런 문제를 만리장성을 쌓을 때의 중국처럼, 인간을 달에 보낼 때의 미국처럼, 2차 세계대전 당시의 세계처럼 생각해야 한다. 당시 경제는 경제 성장 이외 다른 것에 초점을 맞추었고, 그 이후 믿기 어려울 정도의 엄청난 발전이 급속하게 이루어졌다. 물론 세계 경제의 목적은 인류의 생존 및 지속 가능성이어야 한다. 그게 맞다.

2030년대부터 21세기 후반까지 인류는 지구를 보호하고, 환경을 다시 살리고, 멸종 생물을 구하거나 다시 살리고, 인류와 자연 세계의 균형점을 찾기 위한 집단적 통찰력을 갖도록 하는 데 중점을 두어야 한다. 이것은 단순히 그렇게 되면 좋은 일 정도에 머물지 않는다. 지구 환경 파괴로 인해 인류 생존에 꼭 필요한 핵심적인 철학이 될 것이다. 적응하지 못하면 죽는다. 적응하지 못하면 인류는 멸종될 것이다. 이것은 선택 사항이 아니다.

PART 9

미래의 경제학

"교육은 미래로 가는 여권이다. 미래는 지금 준비하는 사람들의 것
이기 때문이다.

미국의 흑인 인권 지도자, 맬컴 엑스

앞서 우리는 상당한 변화가 없다면 현재의 경제시스템이 제대로 지속
될 수 없는 이유를 살펴보았다. 이 장에서는 미래 경제가 정상적으로 기
능하기 위해 구체적으로 어떤 변화가 필요한지 알아보려고 한다. 특히
힘께 나누고 지속 기능한 번영을 창출하는 방법을 검토하고자 한다

이런 미래는 생각보다 이해하기 어렵지 않다. 미래 경제를 형성
하는 잠재적인 추세와 힘을 숙고하면 부분적인 그림을 얻을 수 있
다. 하지만 인간을 위한 최고의 경제적 성과를 달성하는 데 필수적
인 실천 내용을 고려하면 미래의 모습이 한층 더 뚜렷해진다. 우리
는 앞에서 살펴본 힘과 관련하여 필요한 사고를 촉진하기 위해 원
형 모델을 만들려고 노력했다. 우리는 먼저 핵심적인 가정, 즉 "경
제의 목적은 더 큰 목적이 결여된 단순한 경제 성장이 아니라 지속

가능한 방식으로 시민에게 행복하고 건강한 삶을 제공하는 것이다"에서 출발한다. 끝으로 이런 경제가 제로섬 게임이 아닌 이유와 장기적인 경제적 불확실성을 없애기 위해 어떤 정책이 필요한지를 설명한다.

우리가 살펴보는 아이디어 중 일부는 과거에 다른 사람들이 이미 제시한 것이다. 우리는 해결해야 할 큰 문제에 비추어 이런 아이디어가 확장되기를 바란다. 또한 기존 아이디어에 생명력을 불어넣기 위해 새로운 아이디어를 도입하여 논의하고 연구할 것이다. 우리는 까다로운 문제에 실질적인 해결책을 제시하려고 노력할 것이다. 노벨평화상 수상자 베티 윌리엄스가 말했듯이 "해결책을 제시하지 않고 문제에 대해 말하는 것은 아무 소용이 없기" 때문이다.

세계 경제의 미래가 포용적이지 않고, 모든 사람이 기여할 기회를 주지 않고, 목적의식이 없다면 우리 인류는 계속 분열하고, 결국 갈등과 사회적 붕괴가 일어날 것이다. 물론 그 과정에서 더 나은 시스템이 나타날 수도 있을 것이다. 하지만 국가의 실패와 혁명은 최적의 통치 상태와 생산성으로 질서 있게 이전하는 방식이 아니다.

자본주의를 예로 들어보자. 자본주의는 오랫동안 많은 국가의 지배적인 경제 모델이었다. 하지만 유일한 모델도 아니고, 최선의 모델도 아닐지도 모른다. 설령 최선의 모델이라 해도 개선이 필요할 것이다. 향후 천 년 동안 지금 형태의 자본주의가 인간의 활동을 조직하고 보상하기 위해 우리가 개발할 수 있는 최고의 시스템이 될 것이라고 상상하는 것은 무리다. 현재 경제시스템의 변화는 불가피하며, 언제, 어떻게 변화시켜야 할지가 문제일 뿐이다. 그렇다면 지금 시스템이 더 잘 작동하도록 무언가를 바꾸려고 시도하지 않고 시스템이 붕괴할 때까지 기다려야 할 이유가 있을까? 우리는 이전의 경제적 사고와 정책의 족쇄를 끊어야 하며 더 이상 과거에 매여서는 안 된다. 혼란스럽고 음울한 미래가 되지 않도록 예방하는 비결은 성공의 필수조건을 갖춘 미래를 계획하는 것이다.

- 공평한 기회
- 포용성
- 세계가 제공하는 부와 물질적 풍요를 나누는 것
- 단기적이고 일시적인 관심사보다는 인간을 발전시키는 것들을 소중하게 여기고 집중하는 것
- 지구와 자원을 유한한 것으로 소중하게 여기는 시스템

마법의 약도 없고 특효약도 없다. 하지만 우리가 올바른 길을 택한다면 인간과 지구에 최적의 결과를 얻을 수 있는 길은 있다.

긴급한 경제적 이슈

세계 금융 위기와 코로나19가 현재 시스템의 결함을 현저하게 드러낸 것은 분명하다. 게다가 양적 완화는 인플레이션을 유발하고, 경기부양 조치와 세계적 차원의 여행 및 무역 '봉쇄'는 막대한 부채를 발생시켰다. 우리의 자녀들은 그것을 평생 감당해야 한다.

2008년과 2020년의 외부 충격이 없었다면 인플레이션과 부채는 지금처럼 큰 문제가 되지 않았을지도 모른다. 하지만 불평등과 기타 이슈들은 여전히 문제로 남았을 것이다.

팬데믹은 몇 가지 추세와 이슈를 촉진했다. 여기에는 비법정 통화의 부상, 디지털 중심 산업으로 이전, 정치 및 무역 긴장 증가, 세계화의 본질과 기업과 정부의 세계화 계획 방식의 변화, 그리고 인공지능, 기술, 연결성의 비약적 발전이 포함된다. 이 두 가지 위기는 규제를 조정하여 사람들이 더 오랜 기간 일하고 기술 역량을 더 많이 습득해, 특히 인공지능이 강력해지면서, 손보다 머리로 일해야 할 필요성을 보여주었다. 우리는 노동자들이 혁신적이고 창의적으로 일하며 21세기 문제를 해결하기 위해 과거의 방식에 의존하지 않는 경제가 필요하다. 인공지능을 활용하면 생산성과 부의 생산이 엄청나게 개선되지만 이것이 꼭 모든 사람의 이익이 되지 않을 수도 있다는 점을 기억해야 한다.

점점 심화하는 부의 불평등과 환경 파괴는 수십 년간 논의되었지만 최근 들어 비로소 집중적인 관심의 대상이 되고 있다. 아마 코로나19 사태는 이런 문제에 더 깊이 생각하고 무엇이 핵심적으로 중요한지 고민하는 계기가 되었을 것이다. 그동안 이런 문제를 해결할 정치적 의지 부재와 시장의 무능력은 어떤 면에서 인류의 폐단을 보여주었다. 또한 세계 경제가 이런 대규모의 문제를 결코 다루어본 적이 없다는 증거이기도 하다.

앞서 언급했듯이 디지털 '무중량' 경제는 과거의 연장통 속에 있는 도구일 뿐 문제를 고칠 수 없다. 그것들은 다른 도전과제와 역량을 가진 다른 시대에 맞게 고안된 도구이기 때문이다. 과거의 각본은 더 이상 유효하지 않다. 시스템을 바꾸지 않고 20세기 경제정책을 단순히 반복한다면 어떻게 될까? 다음 내용은 예상되는 그 결과들로 이 시대의 도전과제이기도 하다.

1. 통화정책이 예전처럼 더 이상 효과적이지 않고 오히려 피해를 유발하고 인플레이션을 통제하기 힘든 시대
2. 생산성 감소
3. 세계화가 중단됨에 따른 경제 대국 간의 단절
4. 전혀 관리할 수 없는 수준의 세계 부채
5. 우리에게 익숙한 기존 화폐의 종말
6. 삶의 질을 떨어뜨리고 수백만 명의 피해자를 유발하는 급격한 환경 악화
7. 기술 변화로 인한 소득 불평등 가속화
8. 세계 인구 증가와 수명 연장
9. 프로세스와 문제해결 활동 중심의 노동력이 점차 로봇, 알고리즘, 인공지능으로 대체되고 대규모 이직이 발생하는 현상
10. STEM 교육과 이민 부족으로 인한 신규 일자리의 심각한 노동력 부족 발생
11. 대규모 기술 유발 실업과 보편적 기본소득이 등장하면서 실업자들의 동기부여와 열정이 사라지는 상황

이제 분명한 해결책을 찾아보고, 아울러 인간의 잠재력을 최적화

하고 지속적인 번영을 세계적 차원의 성과로 만들 수 있는 근본적인 아이디어를 탐색해보자.

미래 경제를 만드는 힘

블록체인과 이것이 만드는 디지털 경제를 제외하면, 이 단락에서 논의하는 모든 추세와 힘들은 세계 금융 위기 이전에 어느 정도 명확하게 나타났다. 사토시 나카모토(또는 그의 동료들)가 비트코인에 관한 백서를 처음 썼을 때 비트코인이 10년 만에 1조 달러 이상의 경제활동을 창출하리라고는 아무도 몰랐다. 그도 그럴 것이 21세기에는 화폐, 시장, 자산을 어떤 식으로든 다시 숙고할 필요가 있을 것이다.

블록체인, 21세기의 데이터 인프라

데이터가 새로운 석유라면 엣지 컴퓨팅edge computing(클라우드 컴퓨팅과 대비되는 개념으로 단말기 주변에서 1차로 데이터를 처리하여 속도를 개선하는 새로운 시스템), 인공지능, 블록체인은 정유공장이자 송유관이다. 블록체인 발명은 역사적으로 중요한 사건으로 간주될 것이다. 블록체인 덕분에 암호화폐, 중앙은행 발행 디지털 통화, 스마트계약, 탈중앙화 금융(DeFi), 대체 불가능한 토큰(NFTs)을 비롯한 디지털 화폐의 급속한 발전이 가능했다. 하지만 블록체인은 훨씬 많은 산업에 폭넓게 영향을 미친다. 에너지에서부터 부동산, 의료, 정부 서비스, 물류, 금융에 이르기까지 모든 산업이 블록체인 기술에 의해 붕괴되거나 완전히 바뀔 가능성이 있다. 공급망과 상거래의 디지털화가 사이버보안 불안 없이 안전하게 작동하려면 블록체인 구조가 필요할 것이다.

그렇다면 금융의 한 부분인 명목화폐에 어떤 일이 벌어질지 생각해보자. 앞서 논의했듯이 정부는 명목화폐를 이용해 경제에 유통되는 화폐량을 관리할 수 있다. 이 메커니즘은 오랫동안 경제에 유연성과 상대적 안정을 제공했다. 은행은 손쉽게 금융 시스템이 수조 달러로 증가하도록 뒷받침했고, 사람들은 이런 메커니즘을 이해하고, 돈을 빌렸다. 이용하기 쉬웠다. 그동안 이것은 쉬운 접근이 가능했고, 신뢰할 만한 가치교환 메커니즘으로 잘 작동했다.

최근 달러 가치의 지속적인 하락이 전망되고, 여러 기술이 명목화폐의 융통성, 감사 가능성auditability, 보안에 도전하면서 앞으로 화폐의 적절한 형태가 어떠해야 할지 다시 고민할 수밖에 없게 되었다. 종이 화폐를 더 찍어내는 것이 해결책이 아니라는 것은 확실하다.

> "현금을 갖고 있었지만 현금으로 음식값을 낼 수 없었다. 현금을 소지하는 것이 불법은 아니었지만, 현금으로는 적법한 일을 전혀 할 수 없었다.
>
> 윌리엄 깁슨의 《카운트 제로》

명목화폐가 사라질 때를 묻는다면 특정 연도보다는 영향력의 쇠퇴 시기라고 말해야 할 것이다. 명목화폐의 종말이 논의 대상이 되지 않기 때문이 아니다. 화폐의 미래는 분명히 명목화폐는 아니다. 미지의 변수를 포함해 수많은 변수가 포함되어 있어 정확한 시기를 예측하는 것은 불가능하기 때문이다. 윌리엄 깁슨이 상상했던 미래는 우리가 가능성이 가장 큰 시나리오로 상상하는 미래다. 명목화폐가 불법은 아니지만 더 나은 대안 화폐들이 더 많이 사용되고 있는 것이 현실이다.

하지만 명목화폐를 찬성하는 사람들의 해결책을 과소평가하지 않는다. 또한 그들이 동원할 수 있는 자원이 막대하다는 점도 과소평가하지 않는다. 명목화폐가 오랫동안 서서히 감소하면서 기존 대안 화폐가 대중적으로 확산되고 기술 발전과 세대 변화가 일어날 것이다. 아울러 정부, 규제당국, 정책입안자들은 정치적, 경제적 이상에 가장 적합한 비명목 통화로 이행하는 시간을 벌 수 있을 것이다. 확실한 것은 가치교환의 핵심 메커니즘이 이미 진화하고 있다는 것이다.

블록체인 기술은 여러 다른 장점 외에도 생산성을 높이는 혁신 기술로서, 몇 가지만 언급하자면 신원 증명, 의료, 공급망 관리 분야를 획기적으로 바꿀 것이다.

미래의 지렛대인 생산성

생산성 개선으로 소득과 부의 격차를 좁힐 수 있다는 사실이 입

테크노소셜리즘

증되었다. 과거에는 생산성에 따른 소득이 모든 경제 계층에 지금보다 더 고르게 분배되었다. 예컨대 포드의 T모델 자동차 생산라인은 역사상 가장 빠르게 중산층을 증가시킨 것으로 인정받고 있다. 선진국 경제와 신흥국 경제의 생산성 지표는 시간이 흐르면서 비슷하게 수렴될 필요가 있다. 테크노소셜리즘은 그것을 요구한다. 그렇지 않으면 선진국 경제는 생산성 증가를 통해 계속 부를 축적할 것이고 반면 신흥국 경제는 뒤떨어질 것이다.

21세기 경제에서 생산성이란?

생산성은 일반적으로 투입당 산출량으로 측정된다. 물리적 생산성은 단위 투입물, 이를테면 한 시간 노동당 생산된 산출량이다. 다요소 생산성은 경제적 성과를 측정할 때 산출물의 가치를 그 산출물 생산에 투입된 자본과 노동의 투입량과 비교한다. 따라서 노동자가 기계를 이용하여 1시간에 5개의 물건을 생산하고 각 물건의 가격이 20달러라면 다요소 생산성은 100달러다.

디지털 중심 산업으로의 이동과 알고리즘에 의한 대규모 인간 노동의 대체는 우리가 알고 있는 공급과 수요, 생산성 측정방식에 대한 개념을 바꾸고 있다. 21세기 경제는 대부분 비물질적 재화와 서비스가 차지할 것이다. 적어도 가치와 지출 측면에서는 그럴 것이다. 수요가 증가하면 공급은 기가팩토리Gigafactory에서 처리될 것이다. 인간이 관리하지만 더 이상 생산성 증가를 인간 노동에 의존하지 않는다. 투입물이 이를테면 인간의 노동 연령을 연장하는 의학적 조치일 경우 생산성을 어떻게 측정할까? 더 긴 근무연한의 가치일까? 더 오래 일할 수 있게 하는 의학적 조치와 노동, 관계, 환경, 음주 단속과 같은 다른 변동 요인을 어떻게 분리할 것인가?

이것은 어려운 일이다. 이와 같은 질문 때문에 연구자들은 사회적 요인과 문화적 맥락이 생산성 개선에 어떤 역할을 하는지 고민하게 되었다. 생산성 개념 자체가 다시 정의되어야 할지도 모른다. 집단주의와 세계시민주의가 자리 잡은 지역과 개인주의와 민족주의가 지배적인 지역 간에 생산성 차이가 존재하는지 관찰하는 일은 흥미로울 것이다. 사회가 고도로 자동화되고 사람들이 더 오래 산다면 노동의 역할은 분명히 도전받을 것이며, 부와 기회에 대한 우리의 생각도 역시 그럴 것이다.

21세기에는 하드 인프라와 소프트 인프라가 모두 필요하다. 노동자가 효과적이고 효율적으로 일하려면 필수적인 도구를 보유해야 한다. 또한 생산적인 노동을 위해서는 교육이 필요하고 또 건강해야 한다. 생산성이 늘어나면서 사람들의 직업 만족도가 크게 올라가고 새로운 아이디어와 혁신에 더 많은 정신적 에너지를 투입할 것이다.

| 구조적 고용 변화 |

앞에서 우리는 미래 경제의 가장 큰 도전과제 중 하나는 인공지능, 기계, 기술 혁명이 노동자를 대체하면서 발생하는 기술 유발 실업임을 살펴보았다. 특정 산업의 자동화는 경기 호황을 창출하지만 어쩔 수 없이 다른 산업의 붕괴를 초래할 것이다. 초기 산업 시대에 농업 자동화로 인해 농업 노동자가 크게 감소한 것과 비슷하다. 이런 변화가 GDP에 미칠 전반적 영향은 아직 알려지지 않았다.

21세기 경제에서 두 번째 극적인 변화는 기후변화와 이것이 지구에 미치는 영향에 대해 세계적 차원과 국가적 차원에서 대응하는 방식이 될 것이다. 이것은 경제의 우선순위를 바꾸고 새로운 산업과 도전을 유발할 것이며, 여기에 엄청난 혁신의 기회가 존재할 것이다.

이 두 가지 요소로 인해 노동력 관리와 고용은 산업 혁명 시기에 우리가 겪었던 것보다 더 큰 혼란에 직면할 것이다. 더 장기적인 투자 관점에서 보아야 하는 경제의 기능적인 영역은 인재 관리다. 우리는 더 많은 데이터와 더 우수한 처리 능력을 확보하여 사람들이 최고 수준으로 일을 수행하도록 도와주고 안내할 것이다. 또한 직업과 산업이 발전함에 따라 인력을 계속 적응시키고 재훈련할 것이다. 21세기에 가장 성공적인 사람들의 가장 중요한 능력은 아마 적응력이 될 것이다.

미래 경제에서는 사람들이 더 오래 일해야 하기 때문에 적응력을 갖추는 것은 경쟁력 있는 일이다. 기대수명이 증가하고, 의학적 치료법이 개선되고 생활방식이 바뀌면, 사람들이 60대 이전에 하던 일을 그만두고 다른 종류의 사회활동에 도전하는 것을 막을 수 없을 것이다. 그 결과 사람들이 더 오래 살고, 더 오랫동안 건강하게 활동할 수 있을 것이다. 미래 사회는 모든 사람이 오늘날 정상적인 은퇴라고 생각하는 연령보다 더 오랫동안 생산적으로 활동하면서 사회에 기여할 것으로 기대된다. 밀레니얼 세대는 일생 동안 다양한 직업을 갖는 것이 정상적인 것으로 간주되고, 지속적인 훈련과 개발이 더 중요해질 첫 번째 세대가 될 것이다. 이런 측면에서 더 오랜 기간 더 많은 일을 하고 사회에 기여하는 사람들을 보상하는 연령 인센티브가 제공될 수 있다.

한 가지 잠재적 시나리오를 생각해보자. 2050년에 인간의 기대수명이 130세에 이르면 얼마나 오래 학교를 다니게 될까? 미래의 시민들이 취업 첫해에 시민권이나 보편적 기본소득 취득 자격을 얻기 위해 국가 기후서비스 기관에 들어가 봉사하는 것이 일반화될까? 우리가 더 오래 산다면 학생에서 직장인으로 이동하는 것에 대해, 하나의 직업이 아니라 다양한 직업을 갖는 것 등에 대해 지금과는 매우 다르게 생각해야 할 것이다.

또한 성공적인 미래 경제를 맞이하려면 불확실한 미래를 지금 준비하고 아울러 사회적 안정을 위해 경제적 불확실성을 해소하려고 노력해야 한다. 이를 위해서 교육, 훈련, 노동력 참여(더 많은 사람이 노동하는 것), 더 많은 여성의 노동 참여 촉진, 퇴직 연령 연장은 물론, 인프라, 연구 및 개발, 시장 개발, 무역 확대에도 투자해야 한다. 혁신과 효율성은 경쟁력 있는 성과를 만들어내는 핵심적인 경제적 기준이 될 것이다. 경제적 생산성이 구조적으로 증가하면서도 동시에 완전히 지속 가능한 경제를 창출한다는 목표는 21세기 운영 철학의 토대가 되어야 한다.

──── 테크노소셜리즘

어떤 사람들은 틀림없이 이렇게 물을 것이다. 미래를 대비하는 일에 필요한 재원은 누가 감당하나요? 미국 같은 경제 선진국들은 금융 역량을 활용하여 글로벌 위기를 거치면서 미래 경제를 준비해왔지만 이런 투자의 일부만이 폭넓은 경제적 혁신에 투입되었다. 따라서 또다시 우리는 인프라 개선, 타격을 받은 노동자들을 재훈련하는 사업, 새로운 R&D나 기술 발전을 촉진하는 프로그램의 재원을 세금에서 조달해야 하는 상황에 놓여 있다. 이 전략의 핵심적인 문제는 정치적 기회주의 탓에 흔히 세금이 전용되고 장기적인 대응계획이 난항을 겪는다는 것이다.

우리는 무엇이 가능하며, 경제가 그런 가능성을 어떻게 실현할지에 대한 더 원대한 비전이 필요하다. GDP 증가는 매우 제한적인 세계관이다. 미래 경제에서 가장 중요한 요소는 (아리스토텔레스가 우리에게 일깨워주듯이) 인간의 생존과 번영이다. 이를 위해 21세기에 사람들이 무엇을 해야 하는지에 대한 새로운 비전이 필요하다. 그 핵심은 성공 가능성이 가장 큰 경제 모델과 그런 미래에 전적으로 참여하기 위해 개인과 시장이 해야 할 일을 이해하는 것이다.

KIC, 지식-혁신-창의 경제

이 책은 인간과 인간의 미래에 관한 책이다. 따라서 먼저 우리가 지식-혁신-창의 경제(KIC)Knowledge-Innovation-Creative economy라고 정의한 것이 무엇인지 살펴보자.

미래에는 모든 사람이 지식 노동자가 될 것이다. 21세기 후반에는 직업 운동선수와 모험 관광 전문가를 제외하면 육체노동으로 돈을 버는 사람은 거의 없을 것이다. 창의성, 진취성, 비판적 사고, 유머, 추론, 판단, 통찰, 예술성, 리더십, 아이디어, 조율 능력, 협동 능력, 관리 능력, 조사와 연구 능력이 요구될 것이며, 모든 일자리는 어느 정도 창의적 능력이나 지적 능력을 요구할 것이다.

이는 모든 사람이 양자물리학이나 랑데부 궤적을 계산하는 법을 이해해야 한다는 뜻이 아니다. 모든 사람이 마스터 셰프가 되지도 않을 것이다. 하지만 일하고 싶은 사람은 모두 디지털 화폐를 벌기 위해 손대신 머리를 사용할 것이다. 지금 우리는 많은 사람이 생각하는 것보다 순수한 KIC 경제에 더 가까이 살고 있으며, 인간은 KIC 경제에 의해 해방되고 동시에 도전받을 것이다.

KIC 노동은 평등을 확대하는 훌륭한 수단이 될 것이다. 물리적 특성은 물론 성, 민족, 연령도 중요하지 않다. 중요한 것은 아이디어, 지능, 기술이다. 이것은 여성과 소수 집단에 힘을 부여할 것이며 미래 경제의 평등을 강화하는 한 요소가 될 것이다. 사실 벌써 오래전에 일어났어야 할 일이다. 또한 성, 인종, 신장, 체중, 그 외 중요하지 않은 다른 요소들에 개의치 않는 엄선된 알고리즘을 이용해 노동자를 선발할 가능성이 있다는 뜻이다. 이제까지의 정책은 이런 성과를 내지 못했다.

이런 변화를 위해선 현재 인간의 프로세스, 행동, 정책을 단순히 모방하는 머신 러닝에서 이런 편견들을 먼저 제거해야 한다. 그렇게 되더라도 인간의 지성, 비판적 사고, 사회적 기술이 여전히 중요

테크노소셜리즘

하기 때문에 평등의 확대가 쉽지만은 않을 것이다. 이러한 인간의 독보적인 능력은 보상받을 것이며, 이런 기량을 갖지 못한 노동자는 일을 찾기가 더 어려워질 것이다.

비정신적인 노동이 사라진다는 것은 노동 개념에 대한 우리의 사고방식이 바뀐다는 의미다. 어떤 사람들은 아무런 생각 없이 일하는 것을 좋게 평가하고 건설적인 무관심을 주장한다. 하지만 생각하지 않는 노동은 미래 경제에 유의미한 평가를 받지 못할 것이다. 따라서 사고방식에 변화가 필요하며, 정신적 능력이 부족해 일할 수 없는 사람들을 어떤 식으로든 지원해야 할 것이다. 21세기에는 비정신적이고 프로세스 중심적 인간 노동은 지속되지 않을 것이다. 오랜 세월 우리는 로봇처럼 일하도록 인간을 훈련했지만 이제는 인간이 아닌 로봇이 로봇의 일을 하게 될 것이다.

기술 지배력을 위해 사람에 투자하라

자본주의는 최고의 수익이 예상되는 투자처에 돈이 배분되도록 오랜 시간에 걸쳐 고안되었다. 21세기에 이것은 인간이 아니라 기술에 돈을 투자한다는 뜻이다. 투자자, 기업, 시장은 인공지능에 대한 투자를 합리적이라고 판단하겠지만 다른 이해관계자들은 부적절하다고 느낄 것이다.

사람에 투자하고 소중하게 여기도록 경제적 인센티브를 제공하면 미래의 기술이 균형 있게 발전하도록 만들 수 있다. 정부의 인센티브와 별도로, 사람들이 자신의 잠재력에 대해 원대한 비전을 갖도록 가르쳐야 한다는 뜻이기도 하다. 기본 전제는 미래에 교육이 무료로 언제, 어디서나 제공되어야 한다는 것이다. 그렇지 않으면 불평등과 분열이 더 커질 것이다. 21세기에 브랜드와 기업들은 단순히 인간을 자동화로 대체하는 대신 직원 재훈련을 문화의 핵심 요소로 발전시켜야 할 것이다. 동기부여와 인센티브가 제공되면 이런 일이 자발적으로 일어날 수 있다는 점은 다행스러운 일이다.

과거의 경제에 머물지 말라

지식, 혁신, 창의성은 인간의 모든 경제 발전 단계에서 언제나 중요했다. 오늘날 특별히 다른 점은 KIC에 초점을 맞춘 기업들이 이전보다 훨씬 뛰어난 경제적 가치를 입증했다는 것이다. 아울러 기술 덕분에 그들의 제품과 서비스를 언제, 어디서나 이용할 수 있고, 복제와 휴대가 가능하고, 종종 재생산 비용이 엄청나게 낮다는 것이다. 이것이 오늘날 우리가 시장수익률을 말할 때 계속해서 FAANG(미국의 IT 선도기업인 페이스북, 애플, 아마존, 넷플릭스, 구글), BATX(중국의 유명 IT 기업인 바이두, 알리바바, 텐센트, 샤오미) 등을 언급하는 이유다.

예전의 공급 곡선과 수요 곡선은 이런 세계의 가치 역학을 포착하거나 설명하지 못한다. 총생산비가 반드시 수요량 변화와 상관관계를 보이는 것은 아니다. 적어도 무형의 상품은 그렇다. 경제이론

————— 테크노소셜리즘

은 현실 세계의 역학을 따라잡지 못하고 있다. 미국에서는 1999년까지만 해도 GDP를 계산할 때 소프트웨어 매출액을 포함하지 않았다. 오늘날 부와 번영을 측정하기 위해 사용하는 지표들은 이런 문제에 대한 많은 시민의 사고방식에 비해 크게 뒤떨어져 있다. 앞에서 우리는 국가의 번영과 경제의 효과성을 평가할 때 행복, 웰빙, 건강, 장수, 만족 지표를 추가해야 할 필요성을 살펴보았다. 눈여겨 보아야 할 21세기의 특징은 다음과 같다.

│ 미래의 번영 │

유형자산의 비중이 사람마다 다를 수 있지만, 거의 모든 사람에게 시간이 지나면서 무형자산의 비중이 유형자산의 비중보다 더 커질 것이다. 이것은 21세기의 특징이다.

경제의 중심이 이렇게 변화함에 따라 우리는 더 이상 단순히 물건의 축적만으로 번영하고 있다고 느끼지 못할 것이다. 경제가 혁신을 통해 시민의 기본적 필요를 충족하려고 서로 경쟁하기 때문에 인간은 자연스럽게 의미 있는 경험을 쌓는 방향으로 이동하고, 또 건강하고, 깨어있고, 고통이 없는 상태에서 더 많은 경험을 할 수 있다는 현실적인 소망을 갖게 될 것이다.

미래의 어떤 국가도 이러한 KIC 경제 모델을 발전시키지 않으면 진정한 번영을 기대할 수 없다. '피라미드 경제'의 오랜 수호자들도 KIC 경제가 자신의 생존을 위해 반드시 필요한 것임을 알게 될 것이다.

진정한 가치가 발생하는 곳

21세기 KIC 경제에서 가치는 고부가가치의 재화와 서비스로 실현되는 지적 재산에서 발생한다. 이런 제품과 서비스는 대체로 중량 또는 부피당 가치가 높고, 인공지능과 디지털 매체처럼 중량과 부피가 없어 외부의 충격에 영향받지 않을 가능성이 있다. 이런 '무중량 경제'는 가치를 발생시키는 능력에 대한 강력한 제약으로 작용하는 사업장 위치 및 거래처 간 연결성 등의 물리적 거리에 더 이상 구애받지 않는다.

팬데믹은 사람들이 기본적인 기기에 접근할 수 있는 한 그들이 원하는 곳에 살면서 일할 수 있다는 것을 입증했다. 또한 도시 생활 구조에서 벗어나서도 원격의료와 원격수업 같은 디지털 서비스가 가능하다는 것을 보여주었다. 인간은 대부분 많은 시간을 도심에서 보내려고 하겠지만, 개인의 생산성에 영향을 받지 않고 기분에 따라 원하는 곳에서 자유롭게 살 수 있을 것이다.

오늘날 부를 창출하는 지식과 혁신은 일반적으로 가치를 만드는 제품과 서비스로 나타나며 모방하거나 대체하기 힘들다. 쉽게 확산되지 못하고 업그레이드할 수 없는 지식은 시간이 지나면 그 가치가 사라진다. 미래 경제는 새로운 지식과 혁신을 계속 창출하고 활용하는 능력, 고정된 지식이 아니라 지속적인 혁신에 따라 살아남거나 소멸한다. 그래서 R&D가 매우 중요하며, 사상가와 공상가들은 높은 평가를 받고, 위험 감수와 미래 계획 능력은 필수적인 특성이 된다.

KIC 경제가 되려면 '기술 제일주의' 산업과 수준 높은 R&D 능력을 갖추어야 한다. 그뿐만 아니라 지배구조, 조정 협력, 의사소통, 기업 시스템, 사업 프로세스, 훈련 및 시장 개발에서도 혁신을 만들어내야 한다. 이는 우리가 개발한 지식재산 또는 혁신이 단순히 우리에게만 이익을 제공하는 것이 아니라 세계 경제에도 더 크게 기여한다는 뜻이다.

KIC 경제의 잠재력을 보여주는 단 하나의 지표는 없다. 특허 건수, 선도 기업의 존재, 교육 성취도, 지식 노동자의 비율 등은 하나같이 부분적인 지표일 뿐이다. 그렇다면 21세기에 가장 부유한 국가를 어떻게 판단할 수 있을까?

GKI, 세계지식지수

유엔개발계획(UNDP)의 2020년 세계지식지수(GKI)Knowledge Index Score는 138개국의 '지식수준'을 발표했다. GKI 보고서는 지식에 대한 투자가 인간 발전과 행복을 촉진하며 "디지털 경제와 같은 분야의 지식 격차 해소는 자연을 보호하고 회복하는 '탄소 제로' 미래로 가는 우리의 집단적 노력을 진전시키는 데 매우 중요하다"고 언급했다.

상위 10위 국가와 기타 여러 국가의 세계지식지수(GKI)

2020년 GKI 순위	국가	GKI 점수 (전체)	2020년 인구 (대략)	2019년 1인당 GDP(미국달러)
1	스위스	73.6	900만	85,135
2	미국	71.1	3억 3,100만	65,134
3	핀란드	70.8	600만	48,678
4	스웨덴	70.6	1,000만	52,896
5	네덜란드	69.7	1,700만	53,053
6	룩셈부르크	69.5	60만	115,481
7	싱가포르	69.2	600만	64,103
8	덴마크	68.3	600만	60,657
9	영국	68.1	6,600만	41,855
10	홍콩	66.8	700만	49,180
11	독일	66.2	8,300만	46,232
12	일본	66.2	1억 2,500만	40,063
19	한국	64.4	5,200만	32,143
20	프랑스	64	6,700만	40,319
23	호주	62.2	2,600만	54,763
24	캐나다	61.1	3,800만	46,550
30	스페인	57.9	4,700만	29,816
31	중국	57.4	14억 1,000만	10,004
32	이탈리아	56.6	5,900만	33,090
42	사우디아라비아	50.9	3,400만	23,140
45	러시아	50.6	1억 4,600만	11,606
57	멕시코	47.5	1억 2,600만	9,849
68	브라질	45.4	2억 1,300만	8,755
69	터키	45.2	8,300만	9,127
75	인도	44.4	13억 7,000만	2,116
81	인도네시아	43.3	2억 7,100만	4,136
138	차드	21.5	1,700만	707

이 표는 2020년 GKI 상위 10위 국가와 여기에 포함되지 못한 OECD 국가들을 보여준다. GKI 상위 10위 국가에 해당하지 못한 국가는 호주, 캐나다, 프랑스, 독일, 이탈리아, 일본, 한국, 멕시코, 스페인, 터키가 있다. 그 아래로는 세계에서 가장 인구가 많은 국가인 중국과 인도가 있다. 그리고 그 다음으로 GDP 기준 상위 20위에 포함되는 브라질, 인도네시아, 러시아, 사우디아라비아가 나오고, 비교를 위해 맨 아래에 최하위 국가인 차드를 넣었다. 이 표에는 각 국가의 2020년 기준 GKI 순위와 함께 GKI 점수(100점 기준), 인구 수와 1인당 GDP가 각각 제시된다.

2020년 GKI 순위를 보면 대체로 성적이 좋은 국가들은 1인당 GDP가 상대적으로 높다. 가장 지식 집약적인 경제가 가장 부유한 국가에서 나타나는 것은 타당한 것처럼 보인다. 하지만 부가 KIC의 유일한 요인은 아니다. 다른 KIC 경제국과의 근접성, 연결성, 주요 산업, 규모와 인구 역시 뚜렷한 요인이다. 지식 노동자, 혁신가, 창의적인 인재를 길러내는 교육에 대한 투자도 중요한 요인이다.

비교적 인구가 작지만 GKI 순위 1위인 스위스는 인구와 전체 GDP 기준으로 훨씬 더 큰 국가들인 독일(11위), 프랑스(20위), 이탈리아(32위)와 인접하고 있다. 스위스는 물리적 연결성이 훌륭하다. 또한 인터넷 접근성 순위도 2021년 인터넷 접근성 지수에서 세계 9위로 차지할 정도로 높다. 대다수 스위스 노동자들은 서비스 분야에서 일하며, 그들 중 많은 사람이 은행과 보험 분야에 종사한다. 이 분야는 스위스 GDP의 약 10%를 생산하며 노동자 1인당 수익률이 매우 높은 산업이다. 스위스는 주변 경제 대국에 서비스를 제공할 수 있다는 점에서 여러 가지 이점을 누리고 있으며, 아울러 소수의 핵심 고부가가치 산업에 대한 집중, 초연결 사회, 지리적으로 밀집된 소규모 인구라는 특징이 긍정적인 파급효과를 발생시킨다.

스위스가 KIC 경제에서 좋은 성적을 거둔 요인들은 다른 GKI 상위 10위 국가에서도 그대로 적용된다. 핀란드(3위), 스웨덴(4위)의 경우 국경을 맞대고 있고 인구가 적고, 경제적으로 서비스를 제공하는 내륙지역이 크다. 아울러 2021년 인터넷 접근성 지수에 따르면 인터넷 접근성도 상위에 있다. 이들 국가의 국민들이 느끼는 행복감도 크다.

싱가포르(7위)와 홍콩(10위)은 세계에서 가장 빨리 성장하는 선진 경제권에 속한다는 이점을 누리고 있다. 홍콩의 경우 조만간 세계 최대 경제국이 되는 중국이 홍콩의 핵심 산업에 거대한 수요와 기회를 제공한다는 점에서도 유리하다. 또한 홍콩의 2021년 인터넷 접근성 지수는 4위다.

미국과 영국의 경우는 조금 다르다. 미국의 GKI 순위가 높은 것은 부분적으로는 인구 규모가 가장 큰 탓도 있지만, 20세기 가장 발전된 경제국이기 때문이다. 미국은 막대한 자원을 통해 세계를 선도하는 연결성을 유지하고 있고, 세계에서 가장 존경받는 교육기관과 연구기관을 갖고 있다. 영국에도 몇몇 세계적인 대학이 있고, 각급 교육시스템은 매우 경쟁력이 높아 여러 다른 국가에서 많은 학생을 끌어들인다. 미국과 영국은 아주 오래된 선진 경제국이라는 이점을 누리고 있다. 교육과 지식이 세계적 차원에서 관계를 맺는 데 매우 중요하다는 생각이 문화적으로 사회적으로 여러 세대에 걸쳐 각인되었다. 이런 토대는 미국과 영국이 KIC 경제에 뒤떨어지지 않을 수 있는 핵심 근거를 제공하지만, 미래 경제를 위한 충분한 투자가 이루어지지 않으면 지속될 수 없다. 20세기 산업이나 기술에 머물러 있는 것은 미국과 영국에 재난이 될 것이다.

중국(31위)은 1970년대 개방하기 시작했고, 세계 최대의 인구와 거대한 국토를 보유한 국가 치고는 놀라울 정도로 빠른 속도의 발전을 보여준다. 인도는 75위를 기록했지만 넓은 국토와 많은 인구라는 도전과제를 안고 있다. 중국의 선전은 전형적인 디지털 경제의 스마트도시이며, 상하이는 세계 최대의 다국적 기업 지역 본사가 많이 위치한 국제적인 도시다. 이외에도 20개 이상의 도시가 주요 산업 도시로서 꾸준히 기술과 가치를 쌓아가고 있으며, 그곳에 거주하는 사람들은 점진적으로 KIC 경제로 진입하고 있다. 인도의 벵갈루루와 하이데라바드는 디지털 전환이 잘 이루어지고 있는 도시다. 인도는 정보기술-업무프로세스관리(IT-BOM) 분야의 세계 최고 아웃소싱 공급자이며, 인터넷 이용자는 세계 2위, 기술 스타트업 허브는 세계에서 두 번째로 크다.

중국과 인도에는 KIC 산업에 종사하는 수백만 명의 숙련 노동자들이 이미 존재한다. 이들은 빠르게 발전하는 도시나 지역에 집중되어 있다. 인공지능이 더 일반화되면서 더 많은 경제 분야가 빠르게 변모할 것이고 인공지능이 국가 전체의 번영에 기여하는 경제로 바뀔 것이다.

GKI 순위가 최하위인 차드와 그 외 비슷한 순위의 다른 국가들은 단기적으로는 부유한 국가들의 도움을 받아 인프라에 투자하여 빈곤을 극복할 것으로 보인다. 상대적으로 낙후된 이들 국가의 한 가지 이점은 그들이 성장 엔진이 될 가장 새로운 21세기 인프라를 갖게 될 것이라는 점이다. 기술 능력이 발전함에 따라 어느 시점에는 다른 국가와 집단을 지원해야 한다는 점을 인식해야 한다. 미국과 같은 부유한 국가들이 백신을 고통을 겪는 빈곤 국가에 공급한 것에서 볼 수 있듯이 팬데믹으로 인해 이런 인식이 더 확대되었다. 이것은 올바른 일이며 문명 세계를 만드는 일에 경제적인 것이 고려 대상이 되어서는 안 된다.

하지만 특효약은 존재하지 않으며 여기에도 문제는 있다. 지금 필요한 투자가 즉각적으로 이루어진다 해도 빈곤 국가의 시민들이 경제를 바꾸는 데에는 적어도 두 세대가 걸릴 것이다. 그런데 정치적, 경제적 기준으로 성공을 평가하는 부유한 국가들은 이익이 당장 발생하지 않기 때문에 투자를 철회할지도 모른다. 미래 경제가 모든 인간을 위해 작동하고 당면한 최대 도전과제를 극복하려면 모든 사람과 단합하고 그들을 동등한 경쟁자라고 느껴야 한다. 그들의 기여를 무시하거나 하찮게 여길 정도로 격하시키고 소외시키지 말아야 한다. 우리에게 필요한 것은 서로를 적대하는 경쟁이 아니라 모든 인간을 발전시키기 위한 경쟁을 창출하는 경제다. 이것이 테크노소셜리즘의 핵심 철학이다.

KIC 경제를 위한 체크리스트

KIC 노동자의 수는 KIC 경제가 아직 초기 단계라는 것을 보여준다. KIC 경제는 자연스럽게 발전한다기보다는 전통적인 경제 관행에 어느 정도 제약을 받는다. 세계적 수준의 KIC 경제가 되려면 먼저 실행되어야 할 요소가 있다.

- **적절한 기술** KIC 시스템에는 노련한 STEM과 창의적인 전문가가 필요하다. 새로운 지식의 개발과 적용은 물론 개발된 지식을 이용하고 다른 곳에 변용할 수 있어야 한다. 지금 미국, 영국, 호주와 같은 경제는 인공지능으로 인한 실업, KIC 발전에 필요한 적절한 교육 부족으로 인한 노동력 부족을 겪고 있다.

- **일할 준비가 된 전문가** KIC 경제에서는 팀워크, 분석적 문제해결, 의사소통 기술, 기업가정신, 리더십처럼 보다 소프트한 기량이 점차 중요해진다. 이런 역량을 갖추려면 교육과정에 통합된 인턴 활동 등을 통한 실제 사업 시나리오를 더 많이 경험할 필요가 있다. 교육, 직업 훈련, 노동 경험을 통합하는 독일의 도제 프로그램은 KIC 경제를 준비하는 데 일반적인 서구 대학 교육과정보다 더 적절하다.

- **지속적인 학습** 오늘날 대학생들은 졸업 후 첫 10년 동안 3~10개의 일자리를 가질 것으로 예상된다. 우리는 상당 시간을 지속적인 교육과 개발에 투자할 필요가 있다. 특히 자동화가 가속화함에 따라 기업, 정부가 지속적인 학습을 지원해야 할 것이다.

- **더 폭넓은 노동 참여** 그다지 대단하지 않다 해도 성인 노동력과 여성 노동력의 노동참여율이 증가하면서 대부분의 국가 GDP가 크게 증가할 것이다. 이것은 연금수령 연령의 상향, 연금수령 연령에 도달할 때까지 연금 펀드에 대한 접근 제한 때문에 가능할 것이다. 아동 보육을 지원하고, 여성에게 세금 인센티브를 더 많이 제공하면 여성의 장기적 노동 참여가 촉진될 것이다.

- **인재 유출 대 이민** 국가들은 자신의 최고 인재를 잃지 않기 위해 최선을 다할 것이다. 하지만 20세기 내내 이런 일이 세계적 수요에 따라 기술을 발전시켜온 국가에서 일어났다. "어디에서나 일하는" 문화의 등장 역시 최고의 인재들이 가정에서 글로벌 사업을 위해 일할 수 있는 토대를 제공할 수 있다. 앞에서 논의했듯이 KIC 인재 확보는 21세기에 매우 강력한 경쟁력이 될 것이다. 많은 국가는 경제를 발전시키고 출산율이 감소함에 따라 소비와 노동 참여를 늘리기 위해 엄청난 인센티브를 제공하여 똑똑한 인재를 유치할 것이다.

- **혁신 만트라** 혁신은 KIC 경제의 피다. 어떤 한 기업이나 개인이 21세기에 필요한 핵심 혁신을 모두 만들 수 없다. 따라서 차선은 다른 사람의 성공을 활용하는 것이다. 우리는 기후 변화 완화 활동과 관련하여 지식재산권 법률이 유예되어야 한다고 생각한다. 또는 테슬라가 많은 특허를 개방했듯이 발명가들은 자신의 핵심적인 발명을 오픈소스로 만들어야 한다.

- **유니콘 대학?** 혁신 분야에서 상업적으로 협력하고 시제품 제작 실험실을 만들면 더 많은 연구자가 빨리 상업화할 수 있는 연구

를 수행하도록 동기와 보상을 제공할 수 있다. 이를 통해 더 빠르게 아이디어를 떠올리고 실행에 옮기고, 확실하게 고용을 보장할 수 있으며, 아울러 많은 대학이 직면한 재원 조달 문제를 해결할 수 있다. 이것은 지나치게 단순화된 교육과정에서 학비를 스스로 부담하는 대학생끼리 경쟁하게 하는 만드는 악순환을 중단시킬 것이다. 우리는 대학에서 수행하는 연구를 상업화하고, 연구와 개발에 관심이 있는 학생을 유치할 인센티브를 만들고, 학생들에게 활력과 영감을 제공하길 바라는 산업계 리더들과 멘토들을 끌어들여야 한다. 디지털 플랫폼을 통해 이런 역량을 확대하면 세계 최초의 유니콘 대학이 탄생할지도 모른다.

- **UBI와 R&D** KIC 경제는 지속적인 R&D 투자를 위한 엔진을 만들어야 한다. 이를 위해 우리는 보편적 기본소득, 즉 UBI를 주장한다. UBI는 개인이 재원에 대한 기본적인 염려 없이 창의성과 아이디어를 탐색할 수 있고, 부와 GDP를 증가시키는 요긴한 수단이 될 것이기 때문이다. 기업과 인간은 함께 발전해야 한다. 인공지능이 인간을 업그레이드하고 발전할 수 있도록 도와줄 것이다. 하지만 인공지능이 삶을 더 쉽고 안락하게 만들면 사람들이 지루해하고 제대로 쉬지 못할 위험이 있다. 인공지능의 발전은 모두를 위한 더 유의미하고 목적지향적인 도전과제를 만드는 방식으로 이루어져야 한다.

- **역량과 기술에 대한 제약을 제거하라** 20세기 방식의 과거 인프라를 위한 보조금은 인류 전체의 발전을 촉진하는 기술과 역량을 위해 제거되어야 한다. 예컨대 화석연료 보조금은 즉시 사라져야

하며, 그 재원은 재생가능하고 탄소 중립적인 인프라에 투자되어야 한다. 이런 방식을 통해 에너지 전력망을 그냥 자유시장에 맡겼을 때보다 10배 더 빨리 바꿀 수 있다.

- **국가 인큐베이터 허브** 실리콘밸리, 선전, 소수의 다른 지역을 제외하면, 충분한 국가 혁신, 창의성 및 기술 개발, 새로운 기업가들을 지원할 충분한 투자가 이루어지지 않고 있다. 한 가지 해결책은 KIC를 위한 국가 인큐베이터를 만드는 것이다. 이곳은 관료주의로부터 자유롭고, 관료보다는 각 분야의 노련한 전문가의 감독하에서 투자가 지원된다. 국가 인큐베이터는 다른 국가의 비슷한 인큐베이터와 연계하여 후원 국가를 포함한 모든 참여자에게 유익한 방식으로 경쟁적 협력관계와 상호교류를 촉진할 수 있다.

세계화·민족주의·집단주의

지속적인 세계화는 미래 세계 경제의 역동성에 엄청난 영향을 미친다. 하지만 세계화는 10년 전보다 더 파편화되고 암울해지고 있다. 새천년이 시작된 2000년에 무역이 세계 GDP의 약 절반 수준까지 증가하고, 세계 경제에 대한 참여를 통해 수천만 명이 중산층에 진입했지만, 이제는 그때 같은 긍정적인 세계화는 점점 힘들어진다. 세계화에 대한 저항은 대부분의 국가에 피해를 주었다.

1980년대 가속화되었고 세계 금융 위기 이전까지 열정적으로 지속되었던 세계화가 활기를 잃고 주춤거리고 있고 그 위험이 증가하고 있다. 세계화 대신 민족주의가 부상하고 무역전쟁이 더욱 고착화되고, 불공평한 이익에 대한 양자 협정이 선호되면서 폭넓은 다자 무역 협정이 내부자 클럽 간의 다자간 협정으로 대체되고 있다.

어떤 국가들은 중국의 일대일로 계획을 국가적, 경제적 주권에 대한 공격으로 본다. 어떤 사람들은 이전의 환태평양 경제동반자 협정(중국 제외)과 똑같은 시각으로 본다. 파이브 아이즈Five Eyes 정보 동맹과 같은 기구는 갈등을 격화시키고 무역을 방해하며 세계화에 역행하는 것으로 비판받았다. 팬데믹은 환원주의적 민족주의를 촉진하여 세계화에 추가로 타격을 주었다. 타국에 대한 의존은 나쁜 것이며 민족자결권이 매우 중요하고, 따라서 최대한 국내에서 해결하는 것이 더 안전하다는 신념이 확산됐다.

민족주의적 정책은 경제 원칙들이 상대적으로 정적 상태를 유지하며, 인터넷에 기반한 상거래와 협력은 사실상 중단될 것이라고 상정한다. 이것은 명백히 가짜 뉴스다. 따라서 우리는 다음과 같은 질문을 던져야 한다. 아이디어, 인재, 활동을 계속 얇게 썰고 쪼개어 전 세계에 흩어놓으면 어떤 국가가 평정될까? 그리고 어떤 국가가 평정할까?

평정된 상대국을 지배하는 경제에는 과학 기술과 세계 시장에 대한 지식이 필요하다. 아울러 고급 지식 노동자를 신속하게 유치하는 능력, 새로운 트렌드를 포착하거나 트렌드를 만드는 능력, 동시에 글로벌 생산과 지원기지에 대한 접근권, 모든 것을 조율하는 능력이 있어야 한다. 그들은 세계 경제의 슈퍼 애플리케이션이 되어야 한다. 지식, 혁신, 창의성의 중앙 허브로서 인재, 투자, 스타트업, 소비와 참여를 유발하는 서비스를 끌어들여야 한다.

평정할 수 있는 후보 국가로는 미국, 중국, 그 외 대부분의 선진국들이 포함된다. 더 나아가 예를 들어 '떠오르는 디지털 경제국' 중 하나이며 '1,000개의 스타트업 운동'과 같은 혁신적이며 장기적인 비전을 가진 인도네시아와 같은 국가도 새로운 시대에 적절한 틈새를 파고들 수 있을 것이다.

인공지능은 핵심 인프라로 간주해야 한다. 인재와 투자를 유치하기 위해 멀리 내다보며 기업을 시작하는 능력도 마찬가지다. 현장의 인재는 물론 먼 곳에 있는 인재를 지원하는 혁신 허브 역시 중요하다. 설립 초기부터 세계화되어버린 그런 기업들이 20세기에 사무실을 선택하는 방식으로 글로벌 업무 장소를 선택한다고 생각해보라. 그들은 적극적인 정부 지원, 패키지 사업 서비스(스마트 뱅킹·법률·회계·대출), 인재와 글로벌 고객이 확보되어 있고 발송, 청구, 결제, 배포가 편리한 스마트 역량을 제공하는 국가에 해외 글로벌 사무소를 세울 것이다.

물론 세계화로 인해 승자독식 시장이 만들어져, 아이디어를 개발하고 지식재산을 소유한 국가들이 세계적으로 창출된 거의 모든 가치를 가져갈 위험이 있다. 평정 당할 국가들은 지식 창출자가 아니라 아이디어와 지식의 수용자로 무시를 받을 것이며, 그에 따라 인재나 인프라 측면에서 경쟁력을 갖춘 시스템을 개발하기 위해 애쓸 것이다. 한편 이렇게 평정 당하는 국가가 활용할 수 있는 다른 장점으로는 천연자원, 부러워할 만한 관광지역과 주거지역, 수출 가능

테크노소셜리즘

한 풍부한 농산물을 들 수 있다.

글로벌 허브로써의 스마트도시

도시들은 국내 시장과 세계 시장을 연결하는 장소다. 한 국가가 다른 주요 세계 시장과 멀리 떨어져 있을수록 세계 경제와의 연결점으로서의 도시의 역할은 더 중요해진다. 이런 도시는 세계와 연결되고 지식이 집중되고, 보편적인 서비스를 통해 우수한 삶의 질이 제공된다.

큰 시장에서 멀리 떨어진 도시들은 인구밀도가 높은 더 큰 국가의 도시들이나, 서로 다양하게 교역하는 더 큰 국가에 인접한 도시들보다 기능이 떨어지는 경향이 있다. 예컨대 시드니는 런던, 뉴욕, 홍콩과 같은 큰 도시의 규모와 기능을 갖추지는 못했다. 단기간에 시드니의 규모나 경제를 크게 바꾸는 것은 불가능하지만 도시의 잠재력을 최대한 발휘하는 것을 가로막는 도시 구조 및 계획, 인프라 투자 부족, 세계적 수준의 ICT의 부족, 높은 수준의 기술 부족과 같은 지역적인 장벽을 극복하는 것은 가능하다.

스마트도시는 미래 경제를 위해 훨씬 더 적절하고 경쟁력이 있으며 경제적으로 중요하다. 이들 도시의 시민들은 더 높은 생활 수준을 누린다. 세계적 수준의 스마트도시가 되려면, 지속 가능하고 재생 가능하며 스마트한 디지털 혁신과 포용적인 메커니즘의 힘이 시민을 위해 작동하는 도시가 되어야 한다.

스마트도시는 사람들이 살면서 일하고 싶은 곳이 될 것이다. 그들은 금융, 환경, 문화, 사회적 자산을 갖게 될 것이다. 스마트도시는 전 세계의 선도적인 인재를 끌어들이고, 그 선도적인 인재들은 살면서 일하고 싶은 매력적인 스마트도시의 위상을 더욱 강화할 것이다.

세계 도시 순위

영국 러퍼버러대학 지리학과에 설립된 '세계화 및 세계 도시 연구 네트워크(GaWC)Globalization and World Cities Research Network'는 '세계 도시'를 세계의 다른 지역과 가장 잘 연결된 도시라고 정의한다. 이를 보여주는 지표는 '다국적 기업 본사 위치', '주요 다국적 전문서비스 기업의 사무소 위치', '도시가 세계 경제와 연결되는 방식'이다. GaWC가 선정한 2020년 상위 20개 연결 도시는 다음 표와 같다.

이 표를 보면 상위 10개 연결 도시 중 3개가 중국에 있다. 중국을 제외하면 연결 도시가 1개 이상인 국가는 없다. 상위 6개 연결 도시 중 6개가 아시아 지역에 있으며, 이는 지속적인 아시아의 부상과 그 중요성을 보여준다.

상위 10개 연결 도시 중 1개만 미국에 있으며, 로스앤젤레스는 11위, 시카고는 19위에 올라 있다. 상위 20개 연결 도시에 올라 있는 호주(시드니, 10위), 캐나다(토론토, 12위)의 도시는 각각 1개다. 이들은 단 1개의 도시를 통해 세계적으로 경쟁력이 있는 방식으로 연

———테크노소셜리즘

GaWC 선정 2020년 상위 20개 연결 도시

순위	국가	순위	국가
1	런던	11	로스앤젤레스
2	뉴욕	12	토론토
3	홍콩	13	뭄바이
4	싱가포르	14	암스테르담
5	상하이	15	밀라노
6	베이징	16	프랑크푸르트
7	두바이	17	멕시코시티
8	파리	18	상파울루
9	도쿄	19	시카고
10	시드니	20	쿠알라룸푸르
10	아일랜드	97	아일랜드

출처: World According to GaWC 2020, Globalization and World Cities Research Network

결된 거대 국가다.

　표에서 언급한 이 20개의 도시가 미래 경제의 리더와 승자가 될 것이다. 이들 도시가 속한 국가의 다른 지역들이 그 도시와 똑같이 발전하지 않는다 해도 승자가 될 것이다. 이런 위치에 있는 국가들의 도전과제는 연결 도시의 힘을 활용하여 부와 소득의 불평들을 줄이는 방식으로 경제 전체를 발전시키는 것이다. 이 과제에 실패할 경우 그 국가의 경쟁력 있는 도시와 다른 지역 간의 긴장이 급격히 높아지고 사회불안이 발생할 것이다. 하지만 국가가 제대로 기능한다면 스마트도시가 딱 하나 있다고 해도 21세기 내내 그 국가의 경쟁력을 바꿀 것이다.

상호 연결된 경제 지역

인류의 도전과제들이 더욱 긴밀하게 연결될수록 경제와 정책도 그렇게 된다. 일부 지역의 인프라, 자원 관리, 서비스 문제는 국경 선 내에서 관리할 수 있지만 환경오염, 수질, 기후 대책과 같은 문제에는 더 큰 범위의 협력과 공동 정책 개발과 투자가 필요하다.

홍콩은 국경 북부 도시들에서 발생한 환경오염과 관련하여 대기질 개선 활동을 지역 차원에서 실행할 필요가 있다. 방콕, 호치민, 프놈펜의 경우, 라오스와 베트남 북부의 사탕수수 농장에서 발생한 매연과 짙은 스모그는 자체적으로 해결할 수 있는 문제가 아니다. 팜유 생산을 위한 인도네시아와 말레이시아의 산림 벌채, 주변 국가로 퍼지는 화재로 인한 매연 문제는 국제적인 정책 이슈다. 우리 이웃을 위한 더 나은 정책을 위해 자본의 이동이 제한되어야 한다. 이것은 대기와 삶의 질을 개선하기 위해 기술과 산업을 지원하여 오염 유발 기업들이 문제를 해결하도록 인센티브를 제공하는 것을 의미한다.

지역 내 여러 도시는 소통과 지식 공유를 통해 교통 관리, 주차, 태풍 경보, 사고 보고, 가로등, 공공 시설물 관리, 전자정부 서비스, 공공 서비스 계획 및 관리, 대중교통 및 관련 활동에 대한 GPS 추적과 같은 활동을 공동으로 관리할 수 있다. 충분한 선견지명이 있다면 주변 도시들과 협력하여 지식과 경험을 최대한 공유하고 더 저렴하고 호환성이 있는 시스템과 인프라를 개발하는 프로그램을 함께 만들 수 있을 것이다.

| 시장을 재편하는 ESG 목표 |

현재 경제 제도와 탐욕스러운 자본주의적 요소에 대한 환멸, 그리고 사회 갈등과 특권적인 다수집단의 파괴적인 이기심에 대한 불만 때문에 다수의 국가 및 기업 차원의 운동이 발생하여 시간과 돈, 특히 납세자의 돈의 투자를 환경, 사회, 지배구조(ESG) 목표와 연결 짓게 되었다.

지속 가능한 금융은 ESG 목표를 투자 결정과 운영체계와 통합하여 지속 가능한 개발 성과를 만드는 실천 방식이다. 여기에는 기후변화의 부작용을 완화하는 것이 포함되며, ESG에 대한 높아진 관심은 기후변화의 영향에 대한 인식 제고 덕분이다. 크레딧 뮤추얼, 유비에스UBS, 스베르방크Sberbank, 스테이트 뱅크 오브 인디아State Bank of India, 인테사산파올로Intesa Sanpaolo는 파리협정에 따라 지난 5년간 화석연료 분야에 대한 투자를 50% 이상 줄였다. 이들 은행의 이사회는 탄소 중립과 같은 핵심적인 ESG 목표 달성을 위해 노력해왔다.

스탠다드차타드도 2018년 모든 화석연료 관련 프로젝트를 중단하기로 공식적으로 약속했다. 하지만 〈파이낸셜 타임스〉는 이 은행이 2021년 세계 최대 석탄 광산 기업 중 하나인 리오 틴토에 4억 달러 중 일부를 신디케이트론으로 대출했다고 폭로했다.

거대 석유기업의 이사회와 법정에서 이루어진 여러 역사적인 조치는 이미 세계 최대 에너지 기업들에 강력한 영향을 미치기 시작했다. 엑손모빌, 쉐브론, 로열 더치 셸은 2021년 초 그들의 핵심 운영 원칙에 반하는 상상할 수 없는 조치에 직면했다. 엑손모빌의 주주들은 이사회에 대한 철저한 조사와 관련하여 소규모 헤지 펀드가 주도한 주주 행동을 수용할 수밖에 없었다. 미국의 투자자들은 기후 대응과 관련한 중요한 투표에서 쉐브론 경영진을 반대했다. 네덜란드 법원은 로열 더치 쉘에 파리협정에 맞추어 자사의 세계 탄소 배출량을 감축하라고 명령했다. 이 모든 일은 하루 만에 일어났다. 사회적 의식을 따라가지 못하는 기업과 이사회에 반대하는 주주들의 행동은 계속될 것이며 향후 10년 동안 점점 목소리가 커지고 큰 변화를 일으킬 것이다.

'임팩트 투자Impact investing'는 지속 가능한 사회를 목표로 하면서도 적절한 수준의 경제적 이익을 추구하는 투자 방법이다. 다시 말하자면 기후변화는 임팩트 투자의 동인이며, 아울러 이를 통해 소득과 부의 불평등을 해결해야 한다. 임팩트 투자는 대체로 헤지 펀드, 민간 재단, 연금 펀드와 같은 기관투자자를 통해 이루어진다. 하지만 점차 사회적 의식을 가진 개인 투자자 네트워크와 금융서비스 기업들이 등장해 더 많은 개인 투자자들이 참여할 수 있게 되었다. 레딧Reddit(주식 관련 정보 교환장소로 유명한 미국 소셜미디어 플랫폼) 주식 토론방에 속한 사람들이 점령한 '민주적 투자' 영역의 확장에서 볼 수 있듯이 이런 추세는 늘어나고 있다. 레딧 주식 토론방은 신문의 헤드라인을 장식하고, ESG 노선에 따라 투자하는 개미 투자자들에게 평등주의적 동료 의식을 확산하고 있다.

지속 가능한 임팩트 투자의 판단 기준은 프로젝트나 투자가 단순히 이익이 되는지가 아니라 사회에 긍정적인지 또는 부정적인지 여부다. 시간이 흐르면서 이 기준은 광범위한 사회, 환경, 지역 차원의 요소에 대한 관심에 부응하여 확대되었다. 이것은 세계 여러 지역에서 공공 정책을 계획하고 실행하는 방식을 바꾸었다. 많은 공공부문 투자는 사회, 환경, 경제적 영향을 고려하여 이익뿐만 아니라 인류의 목적에 관한 기대와 양립할 수 있는지 판단해야 한다.

미래에는 특히 무역과 세계화가 확대되고 노동력의 이동이 증가함에 따라 특정 지출이나 투자가 부의 분배와 소득의 평등에 전반적인 영향을 미치게 되기 때문에 촉매적 편익들catalytic benefits이 더 주목받게 될 것이다. 세계은행은 일찍부터 자원배분에 이런 사고방식을 도입하여 적용했다. 세계은행은 2005년에 세계은행이 자금을 지원하는 프로젝트는 빈곤을 줄이는 능력을 평가해야 한다고 언급했다. 그리고 "…민족, 성, 인종 불평등은 빈곤의 원인일 뿐만 아니라 빈곤의 여러 모습이며, 따라서 투자 또는 정책 변화가 이들 집단에 미치는 분배 효과도 평가해야 한다"고 말했다.

투자는 피해를 유발해서는 안 되며, 단순히 이익을 넘어서 사회에도 유익해야 한다는 개념이 기업계에서 널리 수용되는 것은 그것이 윤리적일 때 또한 돈을 벌 수 있기 때문이다.

주변부에서 주류로

한동안 ESG 노선에 따른 투자는 주변부적 도전으로 보였다. 언론에 보도하기 좋은 기삿거리였다. 사실 최근까지 우리는 이것을 핵심적인 사명으로 보지 않고, 기업의 홍보부서가 쏟아내는 기분 좋은 보도로 여겼을 뿐이었다. 하지만 이런 사고방식은 임팩트 투자시장 규모와 함께 바뀌기 시작하고 있다. 이제 이 시장 규모는 7,150억 달러에 달하며 빠르게 성장할 것으로 추정된다. 세계은행 그룹 산하기관인 국제금융공사(IFC)는 적절한 여건이 갖추어진다면 임팩트 투자시장이 앞으로 26조 달러로 커질 것으로 추정했다.

밀레니얼 세대와 Z세대의 행동이 좀 더 '사회 의식적인 자본주의'를 지향하는 방향으로 바뀌고 있다. 2020년 딜로이트 글로벌 밀레니얼 조사에 따르면, 응답자의 74%가 지역사회에 긍정적인 영향을 미치기 위해 행동에 나설 의향이 있다. 그들 중 절반은 기후변화로 인한 피해를 복구하기에 너무 늦었다고 믿는다. 그리고 다수는 자신의 가치와 상반된 가치를 유지하는 기업들을 응징할 준비가 되어 있다.

IFC 조사에 참여한 최근의 한 MBA 학생은 이렇게 말했다. "우리 세대는 지금 우리가 하고 있는 방식을 바꿔야만 한다는 것을 알고 있습니다. 부모 세대의 자본주의는 우리를 지금 상태로 이끌었습니다. 하지만 이런 상태는 지속될 수 없습니다."

2020년 글로벌 임팩트 투자 네트워크의 조사에 따르면, 응답자의 88%가 자신의 기대 수준 또는 그 이상으로 경제적 이익을 얻었고, 응답자의 99%가 임팩트 투자가 그들의 기대대로 또는 그 이상으로 달성되었다고 생각했다. 투자가 사회에 유익을 끼치고 투자자에게도 이익이 될 수 있다는 생각은 실제로 입증되었다.

사회적 성과와 고용과 투자를 연결하자는 사고방식의 변화가 최상층부에서 일어나고 있다. 2020년 4월 세계 최대 자산관리 기업

────테크노소셜리즘

블랙록은 글로벌 임팩트 펀드를 출시했다. 조 바이든 미국 대통령은 첫 의회 연설에서 기후변화에 대해 이렇게 말했다.

> "우리는 너무 오랫동안 기후 위기 대응과 관련해서 가장 중요한 단어를 놓쳤습니다. 바로 일자리입니다. ··· 나는 기후변화에 대해 생각할 때 일자리를 생각합니다. ··· 미국 일자리 계획은 엔지니어와 건설노동자들이 더 에너지 효율적인 건물과 주택을 짓게 할 것입니다. ··· 전기노동자들은 고속도로를 따라 50만 개의 전기충전소를 설치할 것입니다."
>
> 미국 인프라와 기후 대응에 관한 연설에서 미국 현 대통령, 조 바이든

21세기 아시아의 부상

지난 수십 년 동안 아시아태평양 국가들의 급속한 발전은 세계 경제를 형성하는 가장 중요한 힘이었다. 세계 GDP 중 아시아의 비중이 세계 인구 중 아시아 인구 비율과 비슷한 수준으로 증가하여 GDP 수준이 두 배로 늘어났다. 그에 따라 아시아 시장은 재화와 서비스 분야에서 생산자와 소비자로서의 위치가 더 중요하게 부각될 것이며, 아시아의 수요도 엄청나게 급증할 것이다. 2050년이면 세계 최대 경제국 5개 중 3개가 아시아 국가가 될 것이다. 일부 분야에서는 아시아가 벌써 다른 지역들을 능가하고 있다. 아시아인의 이민과 투자로 인해 계속 세계와 더 긴밀하게 통합되면서 아시아 국가들은 더 부유해지고 있다. 그들은 세계 경제의 모든 분야에서

경쟁력을 갖게 될 것이다. 많은 사람이 21세기를 '아시아의 세기'라고 보는 것은 타당하다.

아시아의 부상은 지정학적 재균형과 인구 변화, 소비 변화에 중대한 의미를 갖는다. 아시아태평양 국가들의 리더십과 지원 없이 세계적인 경제 프로젝트나 아이디어가 성공할 가능성이 없다는 의미다. 좋은 소식은 국가 간 협력과 동의가 이루어진다면 이 시장은 나머지 다른 지역들의 기업에 새롭고 중대한 기회가 될 것이라는 점이다.

교통과 커뮤니케이션의 발전, 지식과 기술의 국제적 유통, 현대적 물류체계, 기업 활동을 더 세분화하여 각 부분을 최적의 장소에 배치하는 다국적 기업의 발전으로 인해 경제활동이 전 세계로 확산되면서 세계 GDP 비율이 인구 비율과 비슷해졌다. 아울러 적어도 충분히 개방된 국가들은 세계 경제 시스템으로 들어갈 수 있게 되었다. 아시아의 무역과 경제 발전은 앞으로 더 중요해질 것이 확실하다. 따라서 아시아 대응 전략을 준비하는 것이 현명할 것이다.

아시아 국가에 대한 대응

G20 국가들을 바라볼 때 그들의 경제발전 덕분에 아시아의 많은 국가보다 우위에 있다는 관점이 종종 통용된다. 그렇다면 G20국가들은 아시아 국가가 경제적으로 번영하고 중산층이 크게 증가함에 따라 고부가가치 재화와 서비스를 아시아 지역에 판매할 수 있을

것이다. 한편 많은 국가들의 정책과 문화적 차이는 아시아 국가와의 공동협력 가능성을 심각하게 방해하는 요소가 될 것이다. 따라서 미국, 영국, 호주와 같은 국가는 다음과 같은 아시아 대응 전략이 필요할 것이다.

- **아시아태평양 지역의 사고방식을 이해하라** 아시아에 기회가 있다고 믿는 것과 그것을 추구하고 활용하는 것은 매우 다른 일이다. 기업이 아시아에서 기회를 활용하려면 아시아 시장의 소비자, 파트너, 경쟁자를 적극적으로 이해하고 대처할 필요가 있다. 아시아 국가들이 많은 분야에서 이미 20세기 최대 경제국을 능가하고 있다는 점을 이해하기 위해 사고방식을 바꾸어야 한다. 중국을 혁신이 부족하고 미국을 모방하는 국가로 이해하는 미국 매체들의 선입견은 경제적 협력을 가로막는 전형적인 낡은 사고방식이다.
- **아시아에 관해 교육하라** 아시아 언어를 집중적으로 가르칠 필요성이 있다. 상대적으로 극소수의 서구인들이 아시아 언어를 공부한다. 아시아의 정치적, 경제적, 사회적 시스템에 대한 지식도 극히 부족하다. '아시아에서 일하려는' 사람이라면 그가 어떤 나라 국적이든 아시아에서 성공하는 데 필요한 기술을 배워야 한다.
- **아시아를 더 잘 이해하라** 아시아와 더 긴밀하게 통합되려면 아시아의 문화, 사회, 사업 관행을 이해해야 한다. 기업은 아시아 시장이 아시아 이외의 지역과 거의 모든 차원에서 상당히 다르다는

것을 이해해야 한다.

- **아시아 경험이 있는 인재를 고용하라** 아시아 이외의 국가에 있는 기업의 이사나 고위 임원은 아시아를 직접 경험한 적이 거의 없다. 더 심각한 문제는 아시아 지역 밖에 있는 인사담당자들에게 아시아에 관한 구체적인 업무 지식이 거의 없어 아시아에서 사업을 할 수 있도록 도와줄 인재를 찾기가 힘들다는 것이다.

- **중국과 인도도 중요하지만 나머지 아시아 국가들도 마찬가지다** 아시아태평양 지역에 관한 많은 논의가 중국과 인도에 집중되어 있다. 이 두 국가는 물론 규모가 가장 크고 여러모로 가장 중요한 국가이지만 아시아의 다른 국가에도 기회는 아주 많다. 아세안(ASEAN) 국가들의 통합적 중요성, 인도네시아의 거대한 잠재력, 일본과 한국의 지속적인 경제력, 베트남과 태국의 경제 호황은 매우 중요하다.

- **자유무역협정(FTA)을 이해하고 활용하라** 아시아와 다른 지역의 국가 간의 많은 자유무역협정에 대한 이해가 빈약해 기업들은 그것을 충분히 활용하지 못하고 있다. FTA를 활용하면 상업 관계의 가능성에 관한 검토에 더 긍정적인 영향을 미치며, 실제적이고 즉각적인 사업 기회를 발견할 것이다. 그렇지 않으면 기업들은 주의를 기울이지 않을 것이고 FTA 약속은 실제로 실현되지 않을 것이다. 서구 기업들은 아시아에 있는 아주 다양한 전문지식을 활용하여 아시아 시장에 진입할 수 있다.

- **차이에 적응하라** 서구 민주 국가들의 사회적, 정치적, 문화적 체계는 아시아의 많은 국가와 아주 다르다. 아시아 국가들의 인터

　　　　　　　　　　　　　테크노소셜리즘

넷 사용 방식도 다르다. 이런 차이점을 이해해야 하며, 서구 국가들이 아시아에서 더 많은 사업을 하려면 이것을 어느 정도 받아들여야 한다. 무역을 최적화하고 모두를 위한 미래 세계 경제를 발전시키려면 공통점을 찾고, 아울러 글로벌, 지역적 정책 변화와 대응도 필요하다.

- **외국인 투자를 권장하라** 엄청난 분야에서 외국인 투자와 기회가 존재한다. 과거에 어려움과 문제를 겪은 소수의 사례 때문에 이를 무시해서는 안 된다. 대부분의 국가는 외국인 투자가 자국의 전반적 발전에 유익하다는 것을 알 것이다. 정치적 이해집단이나 기득권층이 잘못된 이유로 외국인 투자를 무시하는 것은 부끄러운 일이 될 것이다. 예컨대 최근 화웨이에 대한 미국의 공격은 국가 사이버안보 논쟁을 배경으로 하고 있지만 실질적인 이유는 5G와 엣지 컴퓨팅 분야에서 화웨이의 엄청난 기술 지배력 때문이다.

│ 글로벌 규제 개혁 │

규제는 필요하지만 중요한 것은 규제가 합리적이어야 하며, 불필요하게 기업에 족쇄를 채워서는 안 된다는 점이다. 현대 세계를 지배하는 법들은 대부분 수 세기 전, 아주 다른 시대에 만들어진 것들이다. 글로벌 규제개혁에는 정부 간 협력과 기업과 지역사회와의 논의, 미래의 경제, 환경, 기업, 사람들의 필요에 대한 통찰이 필요하다. 규제는 잠재력을 제한하지 않고 실현할 수 있어야 한다. 오늘날 규제는 여러모로 경제의 시스템 리스크를 줄이기 위해 고안된 것이지만 산업의 운영방식에 대한 매우 경직된 역사적인 관점을 강요한다. 예를 들어, 미국에서 금융 수용성을 통제하는 핵심 법률은 지역사회재투자법(CRA)Comnunity Reinvestment Act(1977년)이다. 지난 10년 동안 우리는 CRA가 금융 소외를 강화하고, 휴대폰이 미국과 같은 국가들이 50년 전에 시행한 어떤 법률보다 금융서비스 접근성에 더 많은 영향을 미친다는 것을 알게 되었다.

세계화가 확대되면 글로벌 규제가 필요하다. 하지만 더 중요한 것은 국가와 세계적 차원에서 지배구조가 자동화된다는 것이다. 인공지능에 의한 규제는 문서로 된 법률이 목적에 맞게 세심하게 개정된다는 뜻이다. 여기에는 윤리학, 기계언어 편견 제거 필터, 핵심 규정 준수 기술 인프라와 같은 매우 다른 기술이 필요할 것이다. 세계적 차원의 규제를 요구하는 다른 힘들로는 직업과 그것을 통제하는 기관의 세계화, 세계은행, 세계무역기구, 유럽연합, 유엔의 다양한 산하 기구와 같은 다양한 다국적 기구의 활동이 있다.

기존의 초국가적 규제를 손봐야 할 많은 요인이 이미 2008년 세계 금융 위기 전에 나타났다. 지난 100년간 나타난 최대 경제 위기에 비추어보면, 위기는 늘 변화를 위한 더 큰 촉매제가 되어 왔다. 이외에도 국경을 뛰어넘는 기술과 무역의 발전, 여러 시장을 넘나드는 이동성 증가, 소셜미디어 플랫폼, 슈퍼 앱, 여러 주식시장에 상장된 기업들과 같은 기술기업들의 세계적 확장, 기업과 정부의 위험 평가 변화와 같은 상황은 기존의 초국가적 규제에 변화를 요구하고 있다.

인공지능은 앞으로 이런 방식으로 분명히 규제할 수 있는 핵심 대상이다. 글로벌 협력은 규제 시스템에 고착된 불필요한 비용을 줄이며, 어떤 식으로든 인공지능을 중심으로 더 바람직하고 효율적인 규제가 이루어질 가능성이 매우 크다. 이민, 여권, 국경 통제, 우주 탐사, 기후 완화, 자율 교통, 공급망 시스템과 같은 분야에서 보듯이 금융 범죄와 자금세탁을 방지하는 유일하게 효과적인 방법은 초국가적인 규제다.

우선 새로운 규제가 경제에 미치는 영향을 평가하여 그 효과를 파악해야 하며, OECD의 규제 영향 평가(RIA)가 이를 위한 잠재적 모델을 제공한다. 또한 현재 균형점을 가장 잘 파악하여 정부 규제의 부담을 줄인 국가들로부터 교훈을 얻을 수 있다. 이 책을 쓰는 지금 정부 규제 부담에 관한 세계은행 최신 자료에 따르면, 136개국 중 싱가포르가 가장 부담이 적고 베네수엘라가 가장 부담이 크다. 싱가포르 또한 스마트국가를 향한 통합 계획을 갖고 있으며 디지털 경제, 디지털 정부 청사진 개발, 디지털 포용 사회 창출 측면에서 다른 국가들보다 훨씬 앞서 있다. 다른 국가들이 규제를 개선할 수 있는 한 가지 방법은 싱가포르와 다른 선도적인 국가들을 벤치마킹하는 것이다.

현재 세계는 변곡점에 서 있다. 우리는 세계적 차원에서 규제에 관한 합의를 도출하는 일이 얼마나 어려운지 과소평가하지 않는다. 하지만 이것은 인류 전체를 보호하기 위한 기본적인 약속이 되어야 한다. 우리가 계속 표류하면서 분열된 세계를 상징하는 규제의 차이와 파편화로 인한 막대한 비용을 부담한다면 혼란스럽고 배타적인 분열에 빠질 위험이 있다. 세계 최대 경제강국들이 함께 모여 앞장서 발전적이고 효과적인 규제에 초점을 맞추어 합의를 이끌어간다면 분명 다른 국가들도 따를 것이다. 여러 국가들이 이러한 세계적 차원의 규제 인프라에 동참할 것이다.

선진국들은 UBI를 실행해야 한다

보편적 기본소득(UBI)은 오랫동안 논쟁의 중심에서 논의되었고, 시범적으로 실시되었다. 우리는 앞에서 성공적인 시범사업을 몇 가지 살펴보았다. 그 증거에 따르면 UBI는 거의 대부분 의도한 대로 목적을 달성했으며 보수 정치인들이 주장하는 '무위도식하는 사람'을 만들지 않았다. 실제로는 그 반대였다. UBI는 사람들이 중요하게 생각하고 열정을 품었던 일과 활동을 하도록 자극한다. 지금 UBI 계획이 필요한 것은 조만간 다가올 인공지능과 자동화가 너무 빨리 진행되어 실시간으로 대처할 수 없기 때문이다. 특정 산업의 생산성은 크게 올라가지만 다른 분야는 붕괴될 것이다.

우리는 선진국들이 UBI를 실행하기 위해 노력할 것을 제안한다. UBI가 시행되면 더 완전한 경제적 포용을 위한 큰 걸음을 내딛게 될 것이고, 디지털 KIC 경제로 이행하기 더 좋은 상태가 될 것이다. UBI가 실행되면 격차를 줄이고, 더 효과적이고 의도하지 않은 결과를 해결하기 위해 조정할 수 있다. 언젠가는 경제가 발전하여 UBI

테크노소셜리즘

가 더 이상 필요하지 않게 될 수도 있다. 현재 예측 가능한 도전과 제를 극복하는 일은 일시적인 과업일 수도 있다. 시간이 지나면 알게 될 것이다.

UBI에 반대하는 이유는 대부분의 사람들이 가능성과 당위성 그리고 모든 인류에게 최선의 것보다는 지금 가진 것과 그에 대한 상실의 두려움에 초점을 맞추기 때문이다. 우리는 더 장기적인 경제적 사고와 계획이 필요하다. 이것은 정부 차원과 시민 차원에서 모두 필요하다. 사람들에게 생각하고, 계획하고, 성찰하고, 새로운 기술을 배우고 습득할 시간을 주어야 한다. UBI는 이런 시간을 제공한다. UBI는 소득 불평등을 만들지 않고 공평한 결과를 만들어내는 더 평평한 운동장을 만들어낼 것이다. 개인은 자신의 선택에 책임을 지고 더 똑똑하고 재능 있는 사람들, 더 열심히 일하는 사람들이 그렇지 않은 사람들보다 더 많은 성공과 보상을 누릴 것이다. 하지만 빈곤은 사라지고 불평등이 줄어들 것이다. 어떤 사람도 사회적 아웃사이더라고 느끼지 않을 것이다.

안식년 갖기

노동자들이 노후까지 일하도록 권장하기 위해, 앞으로 많은 사람이 두 가지 또는 세 가지(또는 더 많은) 직업을 갖게 될 것이라는 사실에 비추어, UBI에 기반한 안식년이 도입될 필요가 있다. 풀타임 직장에서 15년을 일한 뒤 1년의 안식년을 갖는 형태가 될 수 있다. 이

기간에 학교로 돌아가서 새로운 기술을 배우고 새로운 아이디어를 탐색하는 혜택을 제공한다. 안식년을 통해 원기를 회복하고 역량을 쌓고 (새로운 아이디어를 통해) 생산성을 향상할 수 있다.

1년의 안식년에 융통성을 부여해 이 기간에 직업 외의 관심사나 취미를 개발하고, 가족, 친구와 시간을 보내고, 지역사회와의 관계를 심화할 수 있다. 노년 시기의 재교육은 다른 사람의 멘토가 되는 방법이나 그동안 직장생활에서 개발한 핵심적인 소프트 역량을 다른 사람에게 가르치는 방법, 또는 인생의 황혼기에 지역사회에 기여하는 방법에 중점을 둘 수 있다.

그런데 현재 의약품, 의학, 생활방식 변화의 발전 속도를 비추어 볼 때 당신이 2040년 즈음에 77세의 나이라면 은퇴해 아무 일도 하지 않기에는 너무 젊다고 생각될 것이다. 노년이 쓸모없고 타인에게 더 많이 의존하는 시기라는 생각은 의료기술과 유전자치료의 발전을 통해 의료에 대한 인식이 개선되면서 과거의 일이 될 것이다.

제로섬은 유효하지 않다

미래 경제가 사회적으로 조화로운 방식으로 작동하려면 제로섬이 되어서는 안 된다. 인류 전체가 승자가 되어야 한다. 모든 사람이 똑같은 방식으로 승리할 필요는 없지만, 거부당하고, 소외되고, 무시되고, 불우하다고 느끼지 않아야 한다. 인공지능과 기후변화가 지구에 충격을 주는 상황에서 이런 일이 더 많은 사람에게 일어날 가능성이 엄청나게 크다. 우리는 함께 협력하지 않으면 완전히 무너진다. 자신이 패배한 대가로 다른 사람들이 승리하고 있다고 느껴서는 안 된다. 우리 인간이 부족주의를 넘어서 공동 번영으로 성장할 수 있는 공정과 평등의 의식을 회복하고 확신하려면 아직도 많은 노력이 필요하다.

기회균등은 필수 요소다. 모든 사람들의 노력과 성과는 금전과 인정 측면에서 동등하게 보상받아야 한다. 이런 일이 가까운 미래에 이루어질 리 없겠지만 장기적으로는 사는 지역에 상관없이 반드시 이루어져야 할 것이다. 세계화가 기회균등이 반드시 보장된다는 뜻은 아닐 것이다. 글로벌 인터넷 위성, 국제적인 의학 연구, 자동화된 운송망 등과 같은 새로운 커뮤니케이션 기술이 기회균등을 촉진할 것이다. 21세기 디지털 경제의 인공지능, 로봇공학, 알고리즘, 새로운 분산 금융 시스템, 비약적으로 늘어난 수명, 미래 스마트도시 설계, 새로운 인구 역학, 새로운 교육 모델 등은 세계의 시장과 국가가 서로 협력하며 움직여야 한다고 요구한다.

아시아 경제가 부상한다는 것은 서구사회가 오랫동안 신성시했던 이데올로기를 바꾸어야 한다는 뜻이다. 이것은 언젠가 받아들여야 할 현실이다. 새로운 현실이 자신의 권위를 약화할 것으로 믿는 선진국의 저항은 모든 국가에 피해를 주는 글로벌 경제 갈등을 유발할 수 있다. 중국의 GDP와 무역 성장이 미국의 우위를 위태롭게 할 시기가 온다면 미국은 군사력을 이용하여 중국의 부상을 막는 것이 남아 있는 유일한 옵션이라고 생각할 수 있다. 미국이 전통적인 산업과 인프라에 더 많은 노력을 기울일수록 기존의 정책을 고

집할수록 중국과 미국의 격차는 더 뚜렷해질 것이다. 이것이 상향식으로 미국 경제를 KIC 경제로 개조하는 방식과 관련된 최대 논쟁점이다.

21세기의 최대 경제국인 미국, 중국, 인도, 그 외 다른 선진국들은 다른 국가들을 참여시키는 것은 물론 평등을 중요하게 여기는 환경을 만들 책임이 있다. 인간의 지속 가능한 번영과 안전한 환경이 보장되어야 한다는 것이 모두가 받아들이고 지지해야 할 원칙이 되어야 한다.

요약하면 우리는 미래에도 지속 가능한 경제가 필요하다. 소통하지 않고 서로 이해하려고 노력하지 않는 태도는 서로의 차이점을 부각시키고 사람들을 분리한다. '우리' 대 '그들'을 분명히 구분한다고 생각하는 사람들은 변화와 불확실성에 직면할 경우 경쟁의식, 질투, 두려움에 사로잡히는 경향이 있다. 코로나19 팬데믹 기간만큼 이것이 분명하게 드러난 적이 없었다. 경쟁을 부추기는 것은 시민들의 경제나 건강을 개선하는 데 아무런 도움이 되지 않았다. 우리가 이런 경쟁을 계속한다면 유토피아적인 미래는 없고 세심하게 계획된 풍요로운 미래가 불가능하다.

그럼에도 불구하고 함께 일하려고 노력하고, 경쟁의식, 질투, 두려움을 버리고, 인간을 발전시키는 유용한 힘의 원천을 잘 활용한다면, 우리는 미래의 경제적 불확실성과 혼란스러운 변화 속에서도 훨씬 더 나은 생존 기회를 갖게 될 것이다.

—— 테크노소셜리즘

PART 10

테크노소셜리즘의
부상

인류는 변곡점에 서 있다. 기회는 단 한 번뿐이다. 이 책에서 살펴본 이슈들은 인류 전체를 근본적으로 변화시킬 것이다. 이런 변화의 지향점은 우리가 붙들고 씨름해야 할 가장 근본적인 질문이다. 우리는 이익 추구를 우선하는 시스템을 조직원리로 계속 강조할지, 인류 전체의 번영, 지속가능성, 건강, 행복을 우선할지 선택해야 한다. 단순하게 보면 어려운 선택이 아니지만 지구 전체가 경제적 경쟁과 계획적인 희소성 안에 있고, 당신의 개인적 권리, 또는 한 국가의 국민로서의 권리가 다른 국가의 것보다 더 중요하다고 믿는다면 엄청나게 복잡한 문제가 된다. 이것은 부와 강점에 대한 아주 오래된 독단적인 분류에 기초하여 다른 국가와 대립하게 만드는 현대판 부족주의다.

인류는 협력할 때 항상 가장 강력하고 계몽적이고 성공적이었다. 하지만 자본주의, 민족주의, 종교 등은 인류의 큰 가치와 폭넓은 목적에 계속 상반되는 방식으로 인간들을 분열시켰다.

이런 점을 이해한다면 당신은 기후변화를 전면적으로 부정하는 사람은 아닐 것이다. 하지만 인간이 지금 나타나는 기후변화에 책임이 있는지 여전히 의심할 수도 있다. 기후변화의 원인이 무엇인지는 크게 중요하지 않다. 원인과 상관없이 우리는 변화에 적응해야 한다.

지구 온도 상승은 쉽게 확인할 수 있다. 지난 150년 동안 지구 온도는 점점 더 빨리 상승했고 21세기 말에는 1.5~3℃ 이상 상승할 것으로 예상된다. 빙하는 수백 년 만에 가장 빠른 속도로 녹고 있다. 생각해보자. 유리병 안에 떠 있는 얼음덩어리가 아니라 땅 위에 있는 얼음이다. 그래서 빙하가 녹으면 매년 수조 리터의 물이 바다로 유입되며, 북극 빙하에서만 초당 14,000톤의 물이 유입되어 해수면이 상승할 것이다. 따라서 해수면 상승은 충분히 예측 가능하고 어떤 도시가 가장 먼저 범람하여 파괴될지 미리 파악할 수 있다.

극단적인 기후 현상이 가속화되고 있다. 해마다 100년만의 홍수, 100년만의 허리케인, 100년만의 가뭄, 100만의 산불이 자주 발생하고 있다. 이로 인해 인명 피해와 경제적 피해도 매년 증가하고 있다. 이런 문제를 계속 뒤로 미루는 이유는 추세를 되돌리는 일이 상상할 수 없을 정도로 큰 문제이고 일부 사람들이 이것은 정상적인 기후 주기일 뿐이라고 주장하기 때문이다. 어느 시점이 되면 이러한 재해로 인한 피해가 장기적인 회복과 완화 대책에 따른 비용보다 더 많아질까? 언제 세계 보험산업이 무너질까? 보험사가 더 이상 연간 보험금을 보장할 수 없으면 존속할 수 없을 것이다. 그때가 되면 이미 너무 늦게 될 것이다. 이 경우 기후와 싸우기 위한 전시 상태가 될 것이며 아마 우리끼리도 서로 싸울 수 있다.

"2019년 기후 관련 위험으로 140개국의 2,490만 명의 이주민이 발생했다."

유엔 난민 고등판무관실 통계(2020.11.30.)

중국 인구의 약 20~30%가 이주하게 될 것이다. 방글라데시와 인도는 심각한 타격을 받고, 지금부터 2050년까지 2억 명 이상이 이주하게 될 것이다. 베트남, 인도네시아, 태국, 필리핀, 일본 역시 영향을 받을 것이다. 통가, 몰디브와 같은 국가는 향후 30년 동안 해수면 상승으로 치명적인 영향을 받아 국토의 80%가 파괴될 것이다. 마이애미, 뉴욕은 영구적으로 다시 재편되고, 도시의 많은 지역이 살 수 없게 되고, 영구적으로 물에 잠길 것이다. 유럽, 네덜란드, 이탈리아, 그리스, 런던은 가장 심각한 영향을 받은 지역이 될 것이다.

아프리카의 경우 라고스, 카이로, 케이프타운, 킨샤사를 포함한 적어도 20개 도시가 해수면 상승에 특히 취약할 것이다. 이 목록 중 가장 위에는 나이지리아의 라고스가 있는데, 2050년 3,300만 명의 예상 거주자의 절반이 피해를 당할 것이다.

이런 현상은 이미 오래전부터 진행되고 있었다. 역사적으로 보면 지금 일어나는 현상을 막기 위한 적절한 조치를 하지 않았다. 우리는 이제 적응해야 할 것이며, 그것도 신속하게 그렇게 해야 할 것이다. 시간은 불과 30년밖에 남지 않았다. 이것은 단순한 '기후변화'가 아니라 지구상의 모든 사람과 국가에 영향을 미치는 세계적 기후재난이다.

이런 상황 가운데 지구상에 탁월한 정보 인프라가 등장하고 있다. 인공지능의 등장하고 난 후 초기 영향은 단순할 것이다. 사회의 대규모 자동화는 대량 실업을 초래해 우리는 노동, 자원 활용, 상거래, 자본주의와의 관계를 재구성하게 될 것이다. 더 효율적인 정부, 더 효율적인 자원 활용, 길어지는 수명, 대규모 부의 발생은 인류 역사상 전례가 없는 경기 호황을 유발할 것이다.

인공지능의 등장과 기후재난이 지구에 미치는 영향은 인류가 이전에 본 적이 없는 획기적인 변화다. 우리는 이 두 가지를 동시에 경험할 것이다. 이 두 가지 영향은 현재의 경제적 인센티브 때문에 대체로 반응적이며 단기적인 것에 초점을 맞추었던 것에서 벗어나 인류와 지구에 장기적으로 헌신하는 사회로 바꾸기 위해 협력하도록 요구한다. 변화하지 않으면 사회가 붕괴할 때까지 GDP 성장이나 어떤 국가의 경제가 더 강력한지, 어떤 정치와 경제 형태가 더 나은지, 인종차별주의와 민족주의가 왜 정당한지 따위를 가지고 계속 논쟁해야 한다.

︱ 아직 더 나은 선택을 할 수 있다 ︱

그럼에도 불구하고 믿기 어려울 정도의 무한한 낙관주의를 가질 만한 이유가 있다. 인간은 지금처럼 지구를 다시 형성할 정도의 힘을 가져 본 적이 없다. 21세기에 우리는 지구공학을 정교한 기술로 발전시키고, 도시와 주택을 회복력이 있고 지속 가능하게 만들 것이다. 21세기 말까지 약 20억 명을 해수면 상승에 영향을 받는 해변

테크노소셜리즘

에서 새로운 스마트도시와 지속 가능한 삶을 더 잘 뒷받침하는 도시로 이주시킬 것이다. 우리는 기술을 이용해 공기에서 이산화탄소를 추출하여 탄소를 분리한 다음 탄소 나노튜브와 같은 특이한 물질로 바꿀 것이다. 또한 방파제를 건설하고 인프라 시설을 현대화할 것이다. 바다에서 오염물질을 추출하고, 대규모 수산업에서 벗어나 지속 가능한 수자원과 실험실에 기반한 대안적 수산업을 만들 것이다.

우리는 농업을 자동화하고 식량 공급망을 다시 설계하고, 자동 시스템을 이용해 도시와 농작지 간의 식량 생산량을 재분배할 것이다. 지금 농장에서 사육하는 소와 가금류는 대부분 실험실에서 생산한 단백질로 대체될 것이다. 채소는 도시의 아파트형 수직 농장을 통해 예전보다 적은 양의 물을 이용해 수경재배될 것이다. 우리는 더 건강하게 먹고, 20세기의 농업 방식보다 훨씬 더 적은 탄소 발자국을 남길 것이다.

오늘날 전 세계 상거래의 50%가 에너지에 기반한 것이다. 하지만 향후 10년 동안 우리는 저비용의 재생에너지에 기반해 깨끗하고 값싼 글로벌 에너지 인프라를 발전시킬 것이다. 우리는 자동화된 수송 수단을 갖게 될 것이다. 지능형 보건의료, 교통, 지배구조, 응급서비스, 재활용 등에서 자동화가 이루어질 것이다.

인공지능은 우리를 일상적인 경제적 노역의 짐에서 해방시키고, 많은 사람의 삶에서 노동은 생존 수단이 아니라 열정을 펼치는 장이 될 것이다. 최저임금을 받으며 주당 70시간씩 일하면서도 굶주려야 했던 사람들은 더 이상 존재하지 않을 것이다. 또한 인공지능은 우리가 더 오래 더 건강하게 살도록 도와주는 도구를 제공할 것이다. 또한 우주의 최대 문제에 대한 해답을 찾도록 도와주고, 컴퓨팅 능력을 엄청나게 발전시켜 한때 공상과학으로만 여겨졌던 일들이 일상이 될 것이다.

자동화된 정부, 큰 정부를 작게 만든다.

무엇보다 사회의 가장 큰 변화는 인공지능을 이용한 정부 자동화라는 의도하지 않은 결과일지도 모른다. 앞에서 이 여정을 시작할 때 인공지능이 큰 정부를 근본적으로 개혁하리라는 전망이 사회주의에 대한 부정적인 태도를 바꾸게 만드는 특징이었다는 점을 기억하라. 자동화를 통해 큰 정부를 작은 정부로 만들면 세금을 절약해 시민을 위한 의료와 교육, 폭넓은 서비스와 인프라에 재투자할 수 있다.

2030년대 중반쯤 되면 규제 내용이 입력된 인공지능은 사람이나 기관이 법을 위반했는지를 쉽게 판단할 수 있을 것이다. 이것은 정치, 인종, 성, 종교적 편견을 없애도록 설계된 인공지능에 기반한 판결로 이어질 수 있다. 인공지능 기반 계약법은 공정하게 법을 해석하고, 성문법, 판례, 계약서에 기초해 판결할 것이다. 우리 주변에 설치된 이미지 인식, 카메라, 센서들은 범죄자를 더 빨리 찾을 수 있게 해줄 것이다. 더 나은 경찰력과 빈곤을 줄이는 UBI 덕분에 범죄가 줄 것이다. 준법 감시와 법 집행 비용은 급격히 감소하고 교도소는 텅텅 빌 것이고, 시민들은 법규 위반 때문에 경찰을 두려워할 필요가 없을 것이다. 하지만 똑같은 기술이 기존의 편견을 강화하고 반대자를 억압하는 데 이용될 수도 있다는 점도 유의할 필요가 있다.

몇몇 국가는 이미 정부와 도시 서비스 분야에서 자동화를 활용하고 있으며 인공지능의 이점과 함정을 입증하고 있다. 따라서 초기의 인공지능과 관련된 분명한 정책 결정이 매우 중요한 이유를 구체적으로 보여주는 몇 가지 사례를 살펴보려고 한다.

중국의 얼굴인식 기술

중국은 광범위한 얼굴인식 기술을 활용하고 있다. 주로 금융서비스에 이용되고 있지만 다른 분야로 확대되고 있다. 중국 전역의 학생들은 얼굴인식을 이용해 학교 캠퍼스로 들어가는데, 이는 긍정적인 보안대책으로 널리 인식되고 있다. 중국인은 현금이나 신용카드 대신에 얼굴을 이용해 상점에서 재화나 서비스를 결제할 수 있다. 팬데믹 기간 이 시스템을 이용해 완전한 비접촉 거래가 가능했다.

앤트그룹 연차보고서에 따르면 알리페이는 휴대폰에 등록된 지문과 얼굴인식, 판매점에서의 얼굴인식을 포함한 생체자료를 이용하여 중국 전역에서 신원 도용과 사기 발생률을 크게 낮추었다. 2020년 '싱글데이' 동안(미국의 블랙프라이데이와 비슷하지만 중국에서는 싱글들을 위한 날로 시작되었다) 알리바바와 징동닷컴은 1,150억 달러의 매출액을 달성했으며, 이 중 70%는 생체 결제 기술을 이용했다.

반면, 2018년 중국의 〈인민일보〉는 트위터에서 중국의 얼굴인식 시스템이 단 1초에 14억 명의 시민의 얼굴을 스캔할 수 있다고 주장했다. 2017년 12월 BBC TV 기자 존 서드워스는 중국에서 여행할 때 중국의 얼굴인식 능력의 중요성을 절감했다. 중국 당국은 중국의 외딴 마을에 '숨어 있는' 서드워스의 위치를 단 7분 만에 찾아냈다. 그는 지역 주민들처럼 시스템에 얼굴을 등록한 적이 없는데도 말이다. 서구 사람들은 얼굴인식이 정부에 의해 남용될 가능성이 있다고 거듭 주장한다. 하지만 지금 중국은 광범위한 디지털 서비스 접근성 측면에서 디지털 신원 증명 인프라를 선도적으로 개척하고 있다. 반면 장기적으로는 남용을 막기 위해 인공지능과 얼굴인식과 같은 기술과 관련한 더 많은 논의, 규제, 정책 설정이 매우 중요하다는 점에 동의한다.

사실 중국 시스템은 디지털 신원 증명 인프라와 관련하여 세계의 다른 국가의 본보기가 되어야 한다. 21세기에는 일상생활의 대부분이 디지털 기반을 통해 제공될 것이다. 서명, 출생일, 주소(금방 낡은 것이 될 수 있다), 어머니의 결혼 전 성 등이 더 이상 고정된 것이 아닐 때 신원을 안전하게 증명하려면 기술은 훨씬 발전해야 한다. 가장 발전된 서비스, 즉 자녀 교육, 아파트 임대, 건강관리, 사이버 화폐 거래에 접근할 수 있는 핵심적인 신원 증명 인프라가 필요하다. 신원 증명 혁신은 21세기 KIC 경제의 선결 요건이다.

중국의 미래를 보여주는 스마트도시

선전은 아마 지구상에서 가장 자동화된 스마트도시일 것이다. 암스테르담, 도쿄, 뉴욕과 같은 도시들도 자동화를 일부 이용하고 있지만(인공지능 기반 등록 태그톨게이트 자동차번호판 판독, 자율주행 알고리즘 등), 선전은 이런 것을 '인텔리전트 트윈Intelligent Twin'이라는 도시 전역 인공지능 시스템을 통해 완전히 새로운 차원으로 끌어올렸다. 이 시스템은 전자 정부를 넘어 스마트 정부를 가져왔다.

선전에는 약 350만 대의 자동차가 있으며 이에 비해 뉴욕시에는 약 200만 대가 있다. 선전은 중국에서 자동차 밀도가 가장 높은 도시다. 선전의 교통경찰은 늘어나는 자동차를 잘 관리하기 위해 인공지능5G엣지 컴퓨팅을 이용해 교통단속, 교통혼잡 감소, 기본적인 통제와 지휘 문제와 씨름하고 있다. 이를 통해 교차로 대기시간이 약 20% 줄고, 교통용량이 10% 증가했다.

선전의 자동차도로에서 사고가 발생하면 이미지 인식 장비가 경찰 통제, 앰뷸런스 출동, 화재나 다른 응급서비스 차량이 필요한지 자동으로 판단한다. 이런 대응 덕분에 경찰이 현장에 도착하기 전에 차량이 원활하게 이동한다. 앰뷸런스와 소방차가 사고 현장에 가는 동안 자동시스템을 통해 녹색불이 켜진다. 미국 국립보건원 연구는 111개의 앰뷸런스 대기 장소와 500대 이상의 앰뷸런스를 보유한 선전이 미국의 911 대응 시간과 응급의료서비스(EMS) 비용 효과 측면에서 크게 앞선다고 밝혔다.

오늘날 선전에서 경찰은 과속, 안전벨트 미착용, 후미등 미점등 때문에 차를 세우지 않는다. 그 대신 운전자의 휴대폰으로 벌금통지서가 발급된다. 교통법을 여러 차례 위반하면 시스템이 이런 사실을 이미 파악하고 있지만 처음 법규를 위반한 경우 경고장만 받는다. 이것을 기본적인 인권에 대한 침해라고 주장할지도 모르지만 당신이 미국에 사는 아프리카계 미국인이라면 이런 시스템이 순찰차에 제지당하고 학대 위험에 노출되는 것보다 훨씬 더 나을 것이다. 이미지 인식 능력이 있으면 경찰이 단속을 위해 차를 세울 필요가 없다. 이것은 경찰의 단속 비용을 크게 낮추고, 정확성과 공정성을 엄청나게 높인다. 궁극적으로 자율주행차가 일상화되면 차량의 법규 위반 단속과 벌금 체계는 완전히 바뀔 것이다.

대만의 인공지능 정책

대만에는 현재 행정부를 위해 디지털 플랫폼을 운영하는 30명의 천재가 있다. 오드리 탕은 대만에서 10명의 가장 탁월한 컴퓨터 엔지니어 중 한 사람으로 평가받는 프리랜서 소프트웨어 프로그래머다. 그는 차이잉원 내각에 참여한 관료 중 최초로 제3의 성non-binary을 가진 사람이었다. 탕의 첫 사업은 g0v 프로젝트(의도적으로 알파벳 'o'을 숫자 '0'으로 바꾸었다)를 실시하는 것이었다. 그리고 그들은 전국의 해커들을 클라우드를 통해 집단적으로 동원하여 코로나19와 싸웠다. 특히 구글 지도와 같은 기술을 이용해 마스크 분배 문제를 해결했다. 또한 탕은 인공지능과 소셜 미디어를 이용해 이전에 대

——— 테크노소셜리즘

만 유권자를 분열시켰던 이슈에 대한 합의에 도출하기 위해 g0v 플랫폼의 일부로 정책 토론 플랫폼을 만들었다.

> "적대 세력에 의해 계획된 허위정보 유포에 대한 싸움이든, 거세게 휩쓸고 있는 바이러스의 위협에 대한 싸움이든, 단순히 우버를 규제하는 방법을 찾는 것이든, 대만은 시민 사회의 에너지와 인재를 정부 관료의 행정력과 통합하기 위해 기술을 가장 잘 활용하는 방법을 보여주고 있다."
>
> <와이어드>(2020.07.23.)

이 플랫폼은 지금 v대만 또는 '가상 대만'으로 알려진 것의 일부다. 이 시스템이 지금까지 거둔 성과는 많다. 소유 집중 기업에 관련하여 대중적 합의에 기초한 법안이 의회를 성공적으로 통과했고, 인터넷상의 주류 판매에 관한 시민사회 활동가들 사이의 의견 불일치가 해결되었다. 아울러 승차 공유(우버) 규제에 관한 몇몇 조항에 대해 승인이 이루어졌다.

이것들은 전체적으로 보면 매우 작은 정책적 입장들이다. 하지만 이 플랫폼은 유권자들에게 성공적으로 정보를 전달하고 합리적인 토론을 통해 폭넓은 합의에 이르게 할 수 있다. 딥러닝, 데이터 마이닝data mining(대규모 자료를 이용해 새로운 정보를 찾는 기술), 행동 맵핑behavioral mapping(특정 지역과 시간에 행동을 관찰, 기록하는 조사 도구)을 이용해 이런 이슈들에 접근하여 어느 지점에서 합의에 이를 수 있는지 찾아냈다. 이 플랫폼을 통해 v대만은 정치인들이 회피하는 영역에서 사람들을 통합할 수 있는 입장과 주장이 무엇인지 인공지능을 이용해 찾을 수 있었다.

v대만은 참여적 통치행정에 관한 성공 가능성이 큰 실험이다. 이 프로세스는 다양한 의견, 집단 간에 건설적인 대화와 합의 도출을 촉진하기 위해 고안되었다. 이 프로세스는 몇 가지 단계로 구성된다. 우선 사실과 증거를 집단적으로 수집하는 최초의 객관적 단계, 그다음 대중적 숙의 도구인 Pol.is를 이용하는 성찰 단계로 대략적인 합의를 도출하는 단계가 있고 마지막으로 핵심 이해관계자들이 초대되어 실시간 중개되는 대면 회의를 통해 구체적인 권고안을 도출하는 단계가 있으며 이 내용은 차후에 법으로 제정된다.

v대만은 기술을 활용해 주요 이슈에 대해 실시간 통치행정을 실행하고, 이슈에 대해 시민들을 교육하고 합의를 이끌어내는 방법을 보여준다. 이를 통해 단순히 자기 편에 투표하는 행위보다는 한층 더 참여적인 통치행정이 가능하다. 이것은 정치 지형의 논리적 진화이며, 국회의원에 의한 대의적 통치에서 벗어나게 해준다. 무엇보다도 최소한의 행정부와 내각 구성원들이 국민의 뜻을 실행할 수 있게 해준다.

21세기에 해결해야 할 정치적 이슈

정책은 법과 정부 예산을 바꾼다. 하지만 우리는 세계적 차원에서 일어나는 거시적 변화, 다양한 도전과제, 예측할 수 없는 발전 탓에 늘 불가피한 정책 결정을 해야 할 때가 있다. 이에 대해 전부

———테크노소셜리즘

합의하지는 못하겠지만, 격렬한 토론과 집단적 응답을 통해 인류가 어떤 경로를 따를 것인지 결정해야만 한다.

불평등·차별·인종차별주의

불평등, 차별, 인종차별주의는 경제적 불확실성의 영향과 인간을 소외시키는 자본주의의 지속적인 영향 간의 싸움이 될 것이다. 아울러 종교, 인종, 성, 계급에 관한 인간의 지배력 또는 우월성에 대한 반계몽적 관점들과의 싸움이 될 것이다. 21세기 후반기에 모든 시민의 최소한 삶의 질을 보장하는 것이 지구 경제를 위한 의무임에 동의하지 않는다면 인류는 영구적인 계층 갈등에 굴복하게 될 것이다. 인간 실존의 윤리는 최종적인 시험에 직면하고 있다. 성 정체성이 복잡한 문제라고 생각한다면, 트랜스휴머니즘transhumanism(과학기술을 이용해 인간의 신체적, 정신적 능력을 개선하거나 발전시켜려는 운동)이 주장하는 인공두뇌학적으로 개선된 인간, 유전자치료, 유전형질 전환이 발전할 때까지 기다릴 수도 있다.

기후변화

- **흉작, 식량, 농업의 민첩한 적응**: 온도 상승은 농법, 작물 적합성, 토지이용에 중대한 변화를 유발할 것이다. 프랑스의 포도주 생산 지역과 같은 곳은 온도 증가에 상당히 민감한 영향을 받아 수확량이 감소하고 있다. 우리는 변화에 적응해야 한다. 실험실에서 배양된 고기, 수직적인 도시 농법 등 여러 다른 전략이 필요할 것이다.

- **지속가능성, 재사용, 재활용:** 가급적 환경에 최소한의 영향을 미쳐야 한다는 사회적 압력이 커질 것이다. 일회용 플라스틱을 이용하거나 매년 스마트폰을 교체하는 것은 트렌드에 맞지 않거나 사회적으로 혐오스러운 일이 될 것이다.

- **기후 회복:** 바다에서 플라스틱을 제거하고, 공기에서 탄소를 포집하고, 멸종위기종의 서식지에 대한 접근을 제한하고, 광범위한 어업을 금지하고, 소 농장을 줄이고, 지구를 재녹화(1조 그루 나무 심기 사업)해야 한다.

- **대량 이민과 생태 난민:** 기후변화의 가장 크고 직접적인 결과로 수억 명의 기후 난민이 발생할 것이다. 이 문제를 무시하면 인간의 삶은 더 악화될 것이다.

인공지능과 로봇공학

- **인공 일반 지능(AGI)**Artificial General Intelligence**의 지각력:** 향후 20년 이내 인공지능 알고리즘이 인간의 지각력 및 자기의식과 동등하다는 것을 알게 될 것이다. 우리는 지능과 감각을 갖춘 이 비인간 존재가 우리 사회의 어느 분야에 적합할지를 찾아야 한다. 이런 존재를 격리하고 통제하려는 시도도 있겠지만 이는 대부분 실패할 수밖에 없을 것이다. 21세기에 우리가 동료 인간으로서 함께 사는 방식은 AGI의 등장에 대응하는 방식을 보여주는 대리지표가 될 것이다. 불평등이 더 커질수록 AGI의 등장은 말썽을 일으킬 것이다.

- **로봇과 함께 살아가기:** 2035년이 되면 로봇이 인간보다 더 많아질

테크노소셜리즘

것이다. 우리는 모든 생활 영역에서 물리적 로봇과 소프트웨어 로봇(알고리즘)과 함께 살 것이다. 로봇과 함께 일하는 법을 배우고 로봇을 우리의 삶에 통합하는 것은 전화, 텔레비전, 인터넷이 사회에 미쳤던 영향과 비슷할 것이다.

- **지능 증강과 신경 인터페이스:** 인공지능의 등장과 싸우기 위해 인간은 지능을 증강하는 법을 찾겠지만 그 이전에 우리는 뉴럴링크와 같은 뇌 · 컴퓨터 인터페이스(BCI)를 이용하여 우리의 뇌를 엣지 컴퓨터 클라우드와 직접 연결할 뿐만 아니라, 로봇학, 인공두뇌학과의 통합을 통해 장애를 극복하고 인간의 능력을 개선할 것이다.

- **트랜스휴머니즘과 인공두뇌학을 이용한 증강:** 지능 확장은 신체 능력 증강 기술과 인공두뇌학을 이용한 인간 능력 증강과 밀접한 관련이 있다. 이것은 먼저 인간의 팔다리를 능가하는 로봇 인공기관, 만성질환을 제거하는 체외 유전자치료, 당뇨환자의 인슐린 수치를 조절하는 이식 장치와 같은 것에서부터 시작된다. 여기서 완전히 새로운 증강 분야로 발전한다. 가령 시력과 청력의 개선, 이식 유전자를 가진 기관, 신체 개조 등의 분야를 생각해볼 수 있다.

- **인공지능 규제:** 인공지능이 사회에서 수행하는 역할이 늘어나면서 인공지능 이용과 관련하여 완전히 새로운 내용을 담은 법률과 규제가 등장할 것으로 예상된다.

스마트도시와 인프라

- **스마트 인프라**: 에너지, 물, 폐기물 관리부터 광범위한 자동화된 교통, 응급서비스, 경찰 단속에 이르기까지 시민들을 위한 자원 관리가 인공지능 덕분에 상당히 최적화될 것으로 예상된다.

- **저렴하고 깨끗한 재생에너지 원천**: 화석연료가 없는 스마트 에너지 관리, 에너지 분배망, 그리드 수준의 에너지 저장 능력은 에너지 비용과 탄소 발자국을 20세기 말보다 훨씬 더 적은 수준으로 낮출 것이다. 아울러 21세기 후반기에 훨씬 더 심각해질 기후 영향을 예방하는 데 매우 중요한 역할을 할 것이다.

- **기후 회복력**: 기후가 인프라와 도시에 미치는 영향을 감안할 때 도로, 철도, 전기 및 수자원 인프라를 홍수, 화재, 폭염에 견딜 수 있도록 만들어야 한다.

- **식량 공급망 관리**: 기후변화가 농업, 식량 공급망에 미치는 영향 탓에 지속 가능성과 환경 영향이 적은 농법에 대한 요구가 더욱 커질 것이다.

- **자율주행 교통**: 자율주행 교통으로 수백만 명의 트럭 운전사, 택시 운전사, 배달 운전기사가 실직하고, 매년 수백만 명의 목숨을 앗아가던 교통사고의 위험에서 벗어나고 수백만 명의 노동자들이 이직하게 될 것이다.

디지털 세계

- **가상 세계**: 가상 세계에 존재하는 다른 현실들이 우리의 현실 세계와 경쟁할 것이다. 스노 크래시Snow Crash와 레디 플레이어 원Ready

Player One이라는 메타버스 세계가 곧 하나의 현실이 되어 사람들에게 도피처나 가상공간상의 직업을 제공하며 실제 세계와 나란히 경쟁할 것이다.

- **디지털 복제**: 인공지능과 아바타가 결합되면 우리는 자신을 대신해 가상의 영상전화에 응답하는 대리인을 가질 수 있다. 아바타 대리인을 적절하게 잘 훈련하면 우리의 행동을 거의 비슷하게 따라 할 수 있을 것이다.

- **디지털 부활**: 이미 세상을 떠난 배우가 컴퓨터그래픽 영상을 통해 재탄생해 연기를 펼치고 있다. 이 기술은 곧 가상의 배우와 실제 배우를 구별하지 못하게 만들 것이다.

- **디지털 의식 업로드**: 신경 스캐닝, 신경망, 의식에 대한 이해가 발달하면서 21세기에는 인간의 의식을 디지털 영역으로 로딩하는 시도를 하게 될 것이다. 이것은 생물학적 수명 연장보다 더 저렴한 수명 연장 형태다.

우주 탐사와 식민지 건설

- **우주 관광**: 우주 관광 비용은 현재 수백만 달러 수준에서 회당 200,000~250,000달러로 급격히 낮아지고 있다. 이것은 비행기 일등석을 타고 세계 일주를 하는 비용과 같거나 더 낮은 수준이다.

- **우주 제조업과 광산업**: 우주 광산업은 2030년대 말 또는 2040년대 이후에나 가능하겠지만 이것은 앞으로의 지구 경제를 실질적으로 바꿀 것이다. 지구 자원을 더 이상 이용하지 못하게 될 때가

오면 우주 광산으로 갈 수밖에 없다. 광산업은 조용히 사라지지 않을 것이다.

- **영구적인 달 정착지**: 국제 우주 정거장에서 보았듯이 향후 10년 이 내에 영구적인 달 정착지를 볼 수 있을 것이다. 중국, 러시아, 미국 간의 또 다른 우주 경쟁이 시작될 수 있다는 것이다. 기후 변화, 대규모 실업 문제가 심각한 상황에서 이러한 시도는 역사 적으로도 그랬듯이 터무니없는 공공지출로 크게 비판받을 수 있다.

- **화성 식민지 건설**: 화성과 그 너머의 행성에 도시를 건설하는 것은 인간의 운명이다. 일론 머스크가 지적하듯이 이것은 인류가 공 룡을 멸종시킨 유성처럼 지구에 위협적인 또 다른 유성이나 자 멸적 행동으로 인한 멸종 가능성을 피하기 위한 매우 중요한 보 험이다.

보건의료와 장수

- **의료기술의 혁신**: 유전체학, 유전자치료, 3차원 생체 프린팅, 미세 유체공학칩 형태의 실험실, 인공지능 진단, 로봇 인공 기관, 맞 춤형 의약품 등을 포함한 의료 분야의 혁신, 아울러 관리행정, 공급망, 규제 시스템의 근본적인 단순화로 독점적인 보험사와 제약기업이 사라져 모두에게 훨씬 저렴하고 더 효과적인 의료 서비스가 제공될 것이다.

- **계속 발생하는 팬데믹**: 코로나19는 21세기의 마지막 팬데믹이 아닐 것이다. 빙하가 녹으면서 영구동토층의 미생물과 오래된 바이

러스가 노출되고 있으며, 북극과 시베리아 영구동토층에 오랫동안 잠복해 있던 고대의 질병이 아직 면역력을 획득하지 못한 우리 신체를 공격할 수 있다.

- **장수 요법**: 인간 수명을 연장하는 능력은 인간의 노화 시기, 인구 증가와 안정, 우주에서의 인간의 위치에서부터 가정, 일, 유산의 개념까지 모든 것을 바라보는 관점을 바꿀 것이다. 이런 발전의 가장 큰 문제는 접근성이 될 것이다. 가장 부유한 사람들만 이용할 수 있다면, 되돌릴 수 없을 정도로 왜곡된 방식으로 계층 갈등이 격화될 것이다.

경제 발전

- **노동력 발전**: 교육과 훈련에 대한 투자는 아동기부터 55세 이상의 노동자까지 모든 연령을 포함하여 고려되어야 한다. 또한 근무 시간 내에 직원 개발 시간을 갖도록 기업에 인센티브를 제공할 필요가 있다.

- **무료 아동 보육 및 여성의 노동 참여 확대**: 파트타임 일자리를 포함하여 여성들이 더 많이 직업을 갖도록 인센티브를 제공하는 것은 매우 중요해질 것이다. 인구가 줄기 때문에 여성을 고용하고 노동시장에 더 많이 참여시키는 것은 매우 중요한 일이다. 2017년 S&P 글로벌이 수행한 연구에 따르면, 미국 여성이 노르웨이와 비슷한 수준으로 노동시장에 참여하여 계속 일한다면, 미국 경제는 1.6조 달러 더 성장할 것이다. 이것은 미국 GDP가 8% 이상 증가한다는 뜻이다. 다른 지역에서 수행한 연구 역시 여성

의 노동시장 참여가 늘어나면 GDP가 매우 긍정적으로 개선된다고 밝혔다. 하지만 이렇게 하려면 아동 보육과 세금 인센티브가 바뀌어야 한다.

- **노인 노동력**: 노인에 대한 차별과 편견은 노인 노동력의 이점을 활용하지 못하게 막는다. 연금 연령을 상향 조정하고, 설령 파트타임 일자리라도 더 높은 연령에 도달할 때까지 연금 이용을 제한하면 GDP가 증가할 것이다. 2040년대에는 인간의 수명이 분명히 개선되기 때문에 과도기적인 준비로 의무 노동 연령을 현재 45세 이하인 사람은 10년 정도, 현재 50~55세인 사람은 7년, 55세 이상인 사람은 2년 각각 증가시킬 필요가 있다. 이것은 지금 45세 이하는 77세까지 풀타임 노동을 할 것이라는 뜻이다. 이런 변화가 도입되면 GDP가 최소 20% 증가할 것으로 추정된다. 오늘날 미국이 이런 조치를 한다면 GDP가 매년 4조 달러 이상 증가할 것이다. 앞의 두 가지 아이디어가 실제로 시행되면 GDP가 5.6조 달러 이상 증가할 것으로 예상되며, 이 금액은 약 5.3조 달러에 달하는 미국의 팬데믹 대응 비용도 충당할 수 있는 수준이다.

- **연구 및 개발**: 앞에서 21세기 산업과 역량을 창출하기 위해 연구 및 개발이 필요한 수십 개의 분야를 제시했다. 하지만 현재 이런 분야에 이용할 수 있는 R&D 재원이 거의 없으며, 대체로 민간 투자 영역에 맡겨져 있다. 벤처자본 또는 사모펀드 시장이 아직 발달하지 않은 것이다.

- **장기 계획과 인프라 개발**: 우리는 단기에 초점을 맞춘다. 장기 계획

——— 테크노소셜리즘

과 프로젝트가 우리 경제의 핵심적인 기능적 요소가 되어야 한다는 점을 시민에게 교육할 필요가 있다. 아울러 미래 세대를 위한 장기 투자가 필요하다는 점도 교육해야 한다. 또한 은행 계좌에 쌓여 있는 세상을 떠난 갑부들의 재산과 기업의 사내 유보금을 잘 활용할 필요가 있다.

정치 개혁과 정책 토론

- **보편적 돌봄**: 유엔에 따르면, 의료, 주거, 교육, 의복, 인터넷에 대한 접근성은 기본적인 인권이다. 하지만 이른바 개발국가의 상당수는 이런 기본적인 서비스를 이용할 수 없고, 일부 선진국에서도 여전히 논란의 대상이 되고 있다. 중국은 불과 8년 만에 가장 빈곤한 1억 명의 굶주림을 성공적으로 퇴치했다. 따라서 이런 기본적인 서비스는 해결될 수 있는 문제다.

- **미국과 중국의 경제적 경쟁**: 미국은 향후 10년 동안 중국 경제의 지배력을 달갑게 여기지 않고, 거짓 경제 통계에 대한 불신과 비난은 물론, 중국이 인공섬을 조성해 군사기지를 설치한 남중국해 지역에서의 잠재적 갈등에 대응할 것으로 예상한다. 미국은 경제적 지배력을 확보한 중국으로 인해 약해진 글로벌 리더로서의 역할에 잘 적응하지 못할 것이다.

- **윤리와 사법제도 개혁**: 경찰 단속과 재판에서 편견을 제거하기 위해 인공지능이 판결하고 벌금 통지서를 발부할 것으로 예상된다. 인공지능에 기반한 판결을 계속 기각하는 판사는 해고될 것이다. 점차 판결은 징역형을 줄이고 정신 건강 지원이나 기후

완화와 인프라 개선을 위한 지역사회 봉사 활동을 하는 쪽으로 움직일 것이다.

- **이민 정책**: 기후 난민의 대량 이민, 출생률 감소, 경제 성장 정체로 인해 숙련된 인적 자원 확보 경쟁과 비숙련 이민자를 위한 경제적 지원 압력이 전 세계적으로 높아질 것으로 예상된다.

- **실업과 UBI**: 자동화 기술에 의한 실업 증가로 보편적 기본 소득(UBI)이 널리 확산될 것이다.

- **사회불안과 시위 확신에 대한 대처**: 실업은 범죄율, 시위 증가에 영향을 미친다. 실업이 증가하고 지속되고 아울러 기후 영향이 형편없는 정부 대응과 결합될 경우(예컨대 보험제도 붕괴, 이직, 계절적 정전, 홍수 등의 재해, 대기질 문제 등) 정부에 대한 불만이 확산될 것이다. 소요에 대한 강경 진압이 점점 증가해 정점에 도달하면 시위자들을 통제할 능력을 잃게 되고 혁명이나 진정한 개혁이 일어날 것이다.

특정 정책 이슈에 대한 대응은 결과에 따라 분류되며, 다양한 결정에 따라 서로 다른 결과가 나올 것이다. 전략이 실패할 경우 일반적으로 최악의 시나리오가 주어진다. 예컨대 인공지능 규제와 관련하여, 인공지능이 인간의 노동을 대체할 때 우리는 UBI를 지원하기 위해 인공지능에 세금을 부과하든지, 인간 노동을 대체한다는 이유로 인공지능을 전면 금지할 수 있다. 일자리를 지키는 것은 바람직하지만 인공지능 없이는 정부 규모를 줄일 수 없고, UBI와 같은 메커니즘을 이용하는 데 필요한 비용을 마련할 수 없어 광범위한 편리함과 평등을 누릴 수 없을 것이다.

화성에서 살게 된다면?

인류, 자본주의, 인공지능, 지구, 미래의 관계가 어떻게 재편될지 구체적으로 이해하기 위해 마지막 사고 연습을 시작해보자. 일론 머스크는 인류를 다중행성 생물종으로 만들기 위해 열심히 노력하고 있다. 그와 미 우주항공국(또는 국제 협력을 통해)이 백만 명이 거주하는 화성 식민지 건설에 성공한다면 화성 경제는 어떤 모습일까?

제일 먼저 깨달아야 할 것은 일단 인간이 화성에 도착한 이상 자본주의는 아무런 쓸모가 없을 것이며, 건설적이지 않다는 점이다. 화성의 자원은 지구로 운송되지 않을 것이며 화성 경제는 모두 지속 가능한 자립에 초점이 맞춰질 것이다. 머스크는 화성 식민지의 첫 번째 목표는 화성을 오가는 우주선이 화성 경제에 공급을 중단해도 식민지의 생존을 보장하는 것이라고 거듭 말했다.

공상과학 소설가 킴 스탠리 로빈슨은 화성 식민지 건설에 관한 소설에서 근본적으로 다른 형태의 경제를 제안했다. 이것은 최적의 자원배분에 기초한 경제로, 사람들은 재산을 축적하지 않고, 창조적으로 살고, 존속하기 위해 경쟁한다. 화성 경제의 자산은 풍부한 에너지와 지속 가능한 자원이 될 것이다. 소설 속 화성의 식민주의자들은 소비량보다 더 많은 에너지, 식량, 공기, 물, 자원을 생산하는 데 자부심을 느낀다. 화성 식민지는 처음부터 지구로부터의 독립을 중심으로 돌아간다. 로빈슨은 화성인들은 다국적 기업, 장수하는 부유한 엘리트, 지구인의 붕괴하는 시장경제와는 매우 다른 동기를 가질 것이라고 말했다.

우리가 화성에 가서 화성 식민지를 자급자족한 곳으로 만들려고 한다면 새로운 원칙이 필요할 것이다. 원칙의 목표는 단순히 이익과 투자수익이 아니라 지속 가능한 번영이다. 자본주의자들은 머스크가 인간을 화성에 보내는 프로젝트를 시작할 수 있었던 유일한 이유가 자본주의의 성공 덕분이라고 주장할 것이다. 머스크가 이 프로젝트를 완성할 수 있는 것도 오로지 그가 기업가로서 탁월한 능력을 발휘해 수십억 달러의 재산을 모았기 때문이다. 하지만 이런 주장도 있다. 자본주의도 없고 정치적 분열도 없었다면 우린 이미 화성에 살고 있을지도 모른다. 인류는 현재 시스템이 허용하는 수준보다 더 훌륭한 기술적 진보를 이룰 수 있었을 것이다.

똑같은 논리가 미래의 화성 식민지에도 적용된다. 수익을 창출하고, 화성의 환경을 훼손하며 자연 자원을 개발하고, 지구의 주주들을 위해 전리품을 나누는 것은 어떤 행태로든 우선적인 목표가 되어서는 안 될 것이다. 그것은 화성 정착민들에게 완전히 비생산적인 행동이 될 것이다.

이런 관점에서 바람직한 방향의 화성 '중앙은행' 통화를 만들 수 있다. 이것은 식민지의 자급자족에 기반하여 가치를 교환한다. 당신의 화폐 보유량은 당신이 경제와 상호작용하는 방식에 따라 증가하거나 감소한다. 당신이 자원을 사용하는 것보다 경제에 기여하는 것이 더 많다면 당신의 부는 늘어난다. 당신이 지구로부터 대체품을 가져오는 대신 장비를 수리해 사용한다면 당신의 부는 늘어난다. 지속 가능한 생활방식으로 살고, 다른 사람을 도와준다면 당신은 행성의 번영과 공동체 전체의 생존 가능성에 기여하는 것이다.

테크노소셜리즘의 최종 목표는 모두 행복하게 살 수 있도록 지원하는 시스템, 경제가 시장과 주주들만이 아니라 모든 인류를 위해 더 나은 삶을 지향하는 방향으로 나아가게 하는 시스템이다. 이 시스템은 물론 경쟁을 허용하지만, 경쟁은 자원 이용을 최적화하고 사업의 혜택을 최적화하고 주변 사람들을 위한 집단 이익을 최적화하기 위한 것이다. 이것은 마르크스주의자의 사회주의와는 다르며, 이 생태계에서는 소유권이 크게 중요하지 않다. 우리는 지구에서 생명을 공유하며, 건강하고 행복한 삶을 누릴 수 있어야 하며, 지구에 사는 다른 종들과 조화를 이루어야 한다.

우리가 화성에서 이런 시스템을 가능하게 할 수 있다면 지구에서도 이 시스템이 가능할 것이다. 하지만 이것은 자본과 부가 상층부 위주로 흘러가도록 고안된 사회경제적 피라미드의 꼭대기에 앉은 사람들의 힘을 약화시킨다. 자본주의의 단적인 예인 피라미드 경제는 최상위 1% 부자들을 위해 여러 세대가 부를 창출하고, 주변 동료들이 아니라 최상위 1% 부자들의 가족과 부족의 이익만을 증진하도록 고안된 시스템이다. 궁극적으로 자본주의는 그 본질상 성공한다 해도 행복하고 건강하고 지속 가능한 삶이 아니라 경제적 분열을 만든다. 자본주의는 지난 100년 동안 최악의 팬데믹 기간에도 세계 최고의 갑부들에게 막대한 부를 안겨준 반면, 다른 계층의 사람들은 집과 직장을 잃거나 심지어 죽음에 이르게 했다. 이것이 자본주의의 최대 결함이다. 자본주의는 모두의 유익을 위해 협력하도록 장려하지 않고 서로 잡아먹도록 경쟁을 부추기기 때문이다. 이런 시스템에서 혜택을 보는 사람들은 공동선에는 관심이 없고 승리에만 관심을 두게 된다.

미래를 위한다면 과거에서 벗어나라

한 국가의 기후변화 정책이 세계적 차원의 기후 문제를 해결할 수는 없다. 기후변화는 어떤 식으로든 지구상의 모든 사람에게 영향을 미칠 것이다. 우리는 기후변화의 가장 나쁜 영향에 맞서 인류를 지킬 구체적인 세계적 차원의 대책이 필요할 것이다. 모든 국가는 지식재산권으로 이익을 얻는 사람들만이 아니라 모든 사람이 혜택을 입을 수 있는 생산적인 목표에 경쟁적으로 집중해야 한다. 우리는 점점 더 국경을 넘어 협력할 필요가 있을 것이다. 코로나19 팬데믹, 기후변화와 같은 이슈는 최대 문제를 해결하려면 국경을 초월해 훨씬 더 많은 협력이 필요하다는 것을 보여준다.

이런 문제를 해결하기 위해 혁신의 엔진을 점화하는 단순하지만 근본적인 입장을 제안한다. 알고리즘과 자동화를 통해 국가 예산을 대폭 줄이고, 20세기 국가 예산보다 극히 적은 비용으로 큰 정부에서 획기적으로 더 작고 효율적인 정부로 바꿀 수 있다. 또한 국가 채무를 면제하고, 면제한 부채를 전 세계의 기후 완화 활동에 투자해야 한다. 아울러 기업들이 주주에게만 배당이익을 돌려주지 않고 모든 이해당사자를 위한 가치를 창출하는 데 자원을 투입하도록 권장하는 글로벌 단일 법인세율을 도입할 필요가 있다.

이런 조치들을 통해 세계가 지금껏 본 적 없는 최대 규모의 자본이 확보될 것이다. 하지만 이것은 실업을 유발하는 인공지능과 취약한 계층에 타격을 줄 기후변화에 질서 있고 효과적으로 대응하는 데 필요한 막대한 비용을 충당하기 위한 것이다. 이를 통해 자본주의는 부자와 가난한 자의 양극화를 심화하는 대신 인류 발전을 위한 훨씬 더 조화로운 발판을 마련할 수 있다. 물론 이것이 자본주의의 핵심적인 본질에 상반된다고 주장하는 사람들이 있을 것이다. 그들에게 핵심은 협력이 아니라 경쟁이기 때문이다.

오늘날 우리는 국경을 초월해 새로운 기후 완화 기술을 공유하는 대신 기업의 이익을 도모하는 데 사용한다. 이윤과 배당금은 인간 생명의 경제적 가치와 비교될 수 없지만 오늘날 우리는 은연중에 그렇게 평가한다. 우리는 역사상 가장 뛰어난 경제적, 기술적 능력을 갖고 있지만 이것을 세계의 거대기업, 도지코인, NFTS, 억만장자를 만드는 데 사용하고 있다. 10억 명의 사람들이 기후 난민에 직면해 있고, 코로나19 팬데믹 탓에 최소 1억 5,000만 명이 극단적인 빈곤과 노숙상태로 추락했다. 전 세계 노동자의 절반이 향후 20년 동안 자동화로 인해 실직할 것이다. 지금이 우리가 우선순위를 바로잡을 절대적인 시간이다. GDP 성장과 주식시장의 성장을 시민들의 미래 건강과 행복, 지구에 사는 모든 생물의 생존과 대등한 층위에 둘 수는 없다.

미래의 팬데믹을 방어할 최선의 길은 무엇일까? 최대한 빨리 모든 사람에게 백신을 접종하고 충분한 치료자원을 확보하는 것이다. 노숙인을 막는 최선책은 무엇일까? 사람들에게 집을 주는 것이다. 빈곤을 막는 최선책은 무엇일까? 중국이 10년 만에 어렵사리 달성했듯이 모든 사람에게 생활 임금을 보장하는 것이다. 직업을 통해 그렇게 할 수 없다면 보편적 기본소득을 만들어야 한다. 기후변화의 최악의 영향을 막는 최선책은 무엇일까? 세계 경제를 동원해 그 영향을 줄이는 것이다. 기술 유발 실업의 영향을 완화하는 최선책은 무엇일까? 인공지능, 기술, 로봇을 금지하는 것일까? 아니면 보편적 기본소득을 지급하는 것일까? 당신은 이런 선택지 중 어느 것을 선택해야 한다고 생각하는가?

인류는 앞으로 20~30년 동안 이러한 매우 근본적이고, 철학적이며, 실천적인 문제에 대답해야 할 것이다. 새로운 세대들은 자본주의, 민주주의, 계층, 인종, 경제를 둘러싼 부모들의 소중한 가치에 의문을 제기하는 것 같다. 지금부터 2040년 사이 언젠가 처음으로 우리는 경제의 핵심 목표에 관한 중요한 정치적 변화를 목격할 것이다. 이를테면 경제의 최우선 목표는 부를 창출하고 GDP를 증대하는 것이 아니라 시민을 행복하고, 건강하고, 오래 살게 하는 것이다. 역사상 최초로 우리 경제의 목적이 인류를 향한 최적의 경로와 조화를 이루게 될 것이다.

자본주의는 세계 최대 경제국들을 탄생시켰지만 여전히 엄청난 결함이 있다. 자본주의는 역사상 가장 큰 불평등을 낳았고, 팬데믹 기간에 제대로 대처하지 못했고, 화석연료 사용, 오염물질과 유독

물질 방출, 해양 플라스틱 투기로 지구 환경이 파괴되고 수많은 생물이 멸종되었다. 우리는 이미 50년 전에 탄소 중립을 이룰 수 있는 기술을 갖고 있었지만 지구의 건강 대신 단기적 이익과 투자 수익을 선택했다. 자본주의는 인류에게 적대적이다. 자본주의는 전체가 아니라 소수를 위해 움직인다.

몇몇 사람들은 자본주의가 이런 문제를 해결할 수 있다는 거의 종교적 수준의 믿음을 갖고 있다. 하지만 또 다른 사람들은 자본주의가 바로 이런 문제를 발생시켰다는 사실 때문에 자본주의를 불신한다. 지난 1만 년 동안 자본주의가 인류가 만든 가장 훌륭하고 유일한 경제시스템이라는 생각은 합리적이지 않다. 따라서 우리는 더 잘할 수 있으며, 자본주의 개혁이 필요하다는 점을 받아들여야 한다. 너무 오래 기다릴 필요는 없다.

자신이 속한 지역, 경제 계층, 피부색과 성에 따라 차별받지 않는 유토피아와 같은 안정적인 미래로 가는 유일한 길이 있다. 수십 년에 걸친 장기적인 계획과 프로그램을 만드는 것이다. 이를테면 완전히 다른 미래를 위한 포괄적이고 장기적인 협약을 맺고 글로벌 및 국가 경제발전 프로그램을 만들어 투자하는 것이다. 이것은 지구와 우리가 지금까지 밝히지 못한 생물종들의 미래를 위한 여러 세대에 걸친 약속이다. 이를 위해서는 시장의 합리성과 국경을 초월하는 철학에 기초해야 한다. 아울러 더 이상 정치시스템이나 경제이론에 기초해 우리를 분열시키지 않고 전 세계를 단합시키는 협약이 되어야 한다.

21세기는 많은 미래 세대를 위해 인류를 재형성할 사건들이 다가올 것이다. 기술 진보는 우리가 탁월한 일을 할 수 있는 수단과 비전을 제공할 것이다. 지금은 인류 역사에서 변곡점이다. 테크노소셜리즘은 정치운동도 아니고 경제이론도 아니다. 테크노소셜리즘은 오래된 두 세계가 부딪쳐 불가피하게 초래된 결과다. 이를테면 전 지구적으로 영향을 미치는 기후변화의 결과이자, 인류에게 운명에 대한 통제권을 부여하는 엄청나게 발전한 인공지능과 기술의 결과다.

이제는 인류가 최적 상태, 곧 수십억의 다른 생물들과 공유하는 이 지구에서 지속 가능한 삶과 우리의 자손과 가정을 위한 최적의 미래를 위해 노력해야 할 때다. 도저히 감당할 수 없는 전 세계적인 부채, 실업, 기아, 생태 난민 위기, 계속되는 팬데믹과 의료 문제, 계속 우리를 분열시키는 혼란스러운 시스템과 이데올로기에서 벗어나야 할 때다. 우리를 이렇게 만든 기존의 사고방식과 철학을 포기할 때만 우리에게 미래가 있다.

테크노소셜리즘

초판 1쇄 2022년 7월 25일

지은이 브렛 킹·리처드 페티
펴낸이 서정희
펴낸곳 매경출판㈜
옮긴이 안종희
책임편집 정혜재
마케팅 김익겸 이진희 장하라
디자인 김보현 김신아

매경출판㈜
등록 2003년 4월 24일(No. 2-3759)
주소 (04557) 서울시 중구 충무로 2(필동1가) 매일경제 별관 2층 매경출판㈜
홈페이지 www.mkbook.co.kr
전화 02)2000-2641(기획편집) 02)2000-2636(마케팅) 02)2000-2606(구입 문의)
팩스 02)2000-2609 **이메일** publish@mk.co.kr
인쇄 · 제본 ㈜M-print 031)8071-0961
ISBN 979-11-6484-441-8(03320)